KB213334

전문적
상담 현장의 윤리

한국상담심리학회 편

최해림 · 이수용 · 금명자 · 유영권 · 안현의 공저

학지사

'상담자'라는 전문가는 매우 상반되는 특성을 가지고 있다. 사람의 내면을 다루기 때문에 대체로 비활동적이고 소극적이지만, 다른 사람의 인생에 관여하고 사회적 정신건강에 기여하는 면에서 그 어떤 영역보다도 활동적이고 적극적이다. 상담의 목적이 내담자의 심리적·사회적 안녕에 있기 때문에 내담자의 인간적 권리와 사회적 권리에 대해 민감하고 진취적이다. 그러다 보니 상담자는 자신의 복지나 경제적 활동 등에 소극적이고 경계적인 태도를 갖기 일쑤다.

바야흐로 사회는 전문적 상담자를 요구하고 있으며, 동시에 활발한 활동을 요구한다. 그러다 보니 상담자의 전문적 활동에 개입되는 변수도 매우 다양해졌다. 단순히 자신이 가지고 있는 상담심리학적 지식이나 경험만으로 윤리적인 평가를 하거나 딜레마에 대한 판단을 하는 것은 어림없다. 이러한 전문적 상담의 학문적, 직업적 특성과 시대의 요청이 이 책의 발간을 재촉하였다.

이 책을 처음 기획한 해는 2007년이었고, 집필진은 당시 한국상담심리학회(이규미 회장 역임) 윤리위원회의 위원이었다. 그중 몇 분은 이미 윤리위원장을 역임하셨던 분이었고, 그 이후 윤리위원장이 되실 분도 계셨다. 윤리위원회 위원이었던 집필진은 상담자의 윤리적 문제에 대한 제소가 많아지는 것을 보면서 전문 상담자의 윤리의식을 높이기 위한 필요성을 절실히 느끼고 있었다. 그렇게 기획되었던 책이 2010년 말에나 비로소 출간하게 되었으니 민망할 따름이고, 일찌감치 원고를 완성하셨던 분들께는 죄송한 마음이 가득하다. 어떤 분은 시중에 이미 좋은 상담윤리 관련 서적들이 발행되어 있으니 우리는 그냥 없었던 일로 하자고 의견을 내시기도 하셨다. 실제로 시중에 나와 있는 몇 권의 상담윤리 관련 서적은 그 내용에서 흠잡을 것 없이 상담윤리에 대해 이론적으로나 실제적으로 탄탄하게 구성되어 있었다. 그래서 더 고민되었다. 그러나 2010년 한국상담심리학회 임원진(강순화 회장과 유계식 윤리위원장)은 단호히 이 책의 발간을 종용하셨다. 만약 이분들의 소신과 추진력이 없었다면 이 책은 아마 영원히 묻혔을 것이다. 거의 만 명에 육박하는 한국상담심리학회 회원들이 겪고 있는 전문성 훈련의 갈증과 윤리적 딜레마로 인한 어려움 때문에 학회 차원에서 성의 있는 활동을 보여 주기를 소원하였기에 가능하였다.

이 책은 집필진의 현장성과 경험을 대변한다. 1장과 2장은 당시 윤리위원장이었던 금명자 선생님이 집필하였으며, 전문적 윤리 서적의 필요성을 구현하고자 하였다. 3장을 집필하신 안현의 선생님은 젊은 교수로 전문적 상담이 발달된 미국의 윤리문제와 적용을 국내에 소개하셨고, 문화적 차이를 민감하게 비교하시며 현장에 적용하시는 분이다. 4장을 집필하신 유영권 선생님은 이미 『상담 수퍼비전 이론과 실제』라는 제호의 전문서적을 발행하신 명실공히 수퍼비전과 윤리 전문가이시다. 5장을 집필하신 이수용 선생님은 오래전(1986년에 '구조화된 가치명료화 프로그램'을 학계에 발표하셨다.)부터 집단상담의 현장을 지켜오셨고, 최근에는 경상북도 성주에 집단상담을 상시적으로 운영할 수 있는 상담소를 설립하신 현장의 상담자이시다. 마지막으로 6장을 집필하신 최해림 선생님은 이미 상담윤리와 관련된 많은 연구를 발표하셨고, 상담심리학계에서는 '윤리통'으로 이미 정평이 나신 분이다.

　우리나라 전문적 상담자 훈련의 체계성은 아직도 열악하다. 각 대학원에서 이루어지는 교육과 훈련은 일관성이 부족하고, 아마 일부 대학원에서는 '상담윤리'를 다루는 교과목이 아예 없을지도 모른다. 실습 훈련은 상담자 개개인에게 맡겨져 있다 해도 과언이 아니다. 석사과정만으로는 상담 이론과 실제를 완성하기 어렵기 때문에 윤리 관련 과목은 우선순위에서 밀리기 쉽다. 그렇다고 박사과정에서는 상담윤리가 수퍼비전 과목의 한 귀퉁이에 덧붙여져 다루어지기도 한다. 심지어 한국상담심리학회 자격 검정에도 따로 윤리과목은 없으며, 상담이론에 포함되어 시험문제에 출제된다. 그렇기 때문에 상담을 전공하는 대학원생은 상담자로서의 윤리의식을 갖지 못한 채 상담 현장에 투입되는 경우가 많다. 어쩌면 이러한 현상이 나타나는 이유는 상담자가 이미 윤리적이기 때문에 수업을 하지 않아도 알아서 잘 처리할 수 있을 것이라는 안일한 위로가 전제되어 있을지 모르겠다. 그러나 학회의 윤리위원회에 제소되는 건수가 늘고 그 내용도 다양해지고 있다. 이는 내담자나 상담자의 인권적 민감성과 윤리적 민감성이 높아졌음을 의미한다. 그래서 이 책은 이론적 부분보다는 현장성을 강조하였다. 이론적 부분을 빼어 책의 부피를 적게 한 것은 상담자들이 쉽게 읽어 보라는 의미가 있다.

이 책의 구조는 2부로 나누어 1부는 상담윤리의 기초를 다루었고, 2부는 다양한 상담 현장의 윤리를 다루었다. 1장은 상담 현장의 윤리에 들어가기 전에 윤리와 관련한 개념을 이해하기 위한 장으로 오리엔테이션 성격이 크다. 2장은 한국상담심리학회 윤리강령 전문을 내용적으로 구분하면서 소개하고 있는데, 상담자의 전문성과 그 활동을 이해하는 데 도움이 될 것이다. 3장은 상담윤리 중 핵심에 해당하는 비밀보장과 사전 동의만을 다루었다. 2부 상담 현장의 윤리에서 4장은 상담교육 현장의 윤리를 다루었고, 5장은 상담 접근방식(mode)에 따른 상담윤리와 개설된 상담소의 윤리를 다루었다. 마지막으로 6장은 특별한 상담 문제와 관련한 윤리를 다루었다. 특별히 윤리적 민감성이 요구되는 문제들로 뽑아 다루었다.

앞서 언급했듯이 이 책이 발간되기까지는 많은 우여곡절이 있었다. 현재 한국상담심리학회의 임원진께서도 많은 도움을 주셨지만, 무엇보다도 상담심리학계에 대한 깊은 애정과 관심을 가져 주시며 이 책의 발간을 흔쾌히 허락해 주신 학지사 김진환 사장님께 많은 감사를 드린다. 또한 발간이 2010년을 넘기면 안 된다는 집필진의 생떼에 가까운 요구를 수용해 주시며, 전문적 안목으로 교정과 편집을 맡아 주신 편집부의 이근호 선생님께도 특별한 감사를 드린다.

전문 상담자의 길에 들어선 분들의 전문성과 윤리적 민감성의 발전에 이 책이 기초적이지만 중요한 안내서가 되기를 기대한다.

2010. 12.

집필진 일동

제2장

한국상담심리학회 윤리강령의 이해 … 57

제5장

현장별 윤리문제 … 199

제6장

대상별 윤리문제 … 251

1. 자살 위험이 있는 내담자 251

상담자 윤리의 이해

제 1 장

상담자의
가치와 윤리

금명자

1. 전문성과 윤리

1) 윤리에 대한 관심 대두

1970년대에 앞으로 지식정보화 시대가 올 것이라고 예언했던 앨빈 토플러(Alvin Toffler)는 이러한 변화에 맞추어 요구되거나 인기가 있을 대학 전공을 '종교학과'라고 한 바 있다. 당시에는 쉽게 이해가 되지 않았지만 지금은 충분히 이해가 된다. 전에는 한 개인이 얼마나 많은 정보를 소유하고 있느냐가 힘이나 권력의 중요한 요소였으나, 오늘날과 같이 눈만 뜨면 지식과 정보가 쏟아지는 세상에서는 많은 정보 중에서 어떤 정보를 선택하느냐가 관건이다. 바로 이러한 선택의 원칙을 제공하는 것이 윤리이고 철학이기 때문에 이 시대가 종교학이나 윤리학을 요구한다는 것이다. 다시 말해, 세상이 과학성과 전문성을 더욱 요구함에 따라 '윤리성'도 함께 요구한다는 것이다. 경제적 발전에 따라 한 개인의 삶의 질에 대한 관심이 높아졌고, 삶의 각 영역은 과학적 전문성을 필요로 하게 되었다. 어떤 집단이 과학적 전문성을 수행하는 데 있어 공통적 행동이 나타나는데, 이것이 마치 명령처럼 그 집단에게 받아들여져 윤리 행동이 된다. 미국의 사회학자 로버트 머튼(Robert Merton)은 과학자 집단에 속한 사람들은 특정한 윤리의식을 가지고 행동한다고 하면서, 네 가지 행동 명령— 지식의 공유성, 보편성, 사적 이익의 배제 그리고 철저한 회의주의— 이 있음을 지적하였다. 과학자들은 이러한 행동을 암묵적인 명령으로 지키고 있기 때문에 윤리적 규범이 된다고 한다.

　'상담심리'는 단연코 '과학적 전문' 영역이다. 내담자가 상담을 받으러 올 때는 상담과 상담자에 대한 특정 기대를 가지고 내방한다. 상담자는 그 영역에 전문적 의견과 지식을 가지고 있으며, 자신을 내담자로서 정중하면서도 능숙하게 대해 주기를 기대한다. 실제로 미국의 대학생들은, 내담자는 상담에 적극적으로 참여해야 한다는 것과 상담자는 전문성과 양육성을 가지고 있을 것으로 기대하였다(Tinsley, Workman, & Kass, 1980). 뿐만 아니라 우리나라의 대학생들도 상담자는 전문성과 전문적 기술이 있을 것이고, 인격적 자질도 있을 것으로 기대하였다. 특히, 상담자가 내담자의 이야기를 듣고 문제를 규명하고 어떻게 하라는 조언적 지시를 할 정도로 상담자의 전문성을 기대하고 있다(금명자, 이장호, 1991). 이처럼 상담자는 전문가로서의 책무와 의무가 있다. 상담자가 전문가로서 책무와 의무를 진다는 것은 내담자의 복지를 존중하며 증진시키고, 내담자가 원하는 것을 성취시키려고 노력한다는 것을 의미한다. 이러한 노력이 상담자의 행동원칙이 되고 기초적 윤리 원칙이 된다.

2) 상담자의 전문성 발달과 윤리성 발달

상담자의 전문성과 윤리성은 불가분의 관계를 가지고 있기 때문에 전문성의 발달은 곧 윤리성의 발달과 직결된다. 일찍이 Stoltenberg, McNeill 그리고 Delwarth(1998)은 4단계의 상담자 전문성 발달과정을 제안한 바 있다. 대학원생이 수업을 받고 실습을 막 마친 상태가 첫 번째 단계라면, 필요한 상담 기법이나 기술을 철저하게 익혀 이것들을 내담자에게 맞게 통합적으로 사용할 수 있는 동시에 자신이 상담을 잘 할 수 있을지에 대한 의심 없이 늘 안정된 상태로 상담에 임하는 상태가 네 번째 단계다.

한편 이러한 전문성의 발달에 따라 윤리성도 함께 발달한다. 전문성 발달의 첫 번째 수준에 있는 사람들은 자신의 상담 능력에 대해 걱정하고 심지어는 두려워하며 상담을 진행하는데, 윤리성에 있어서도 두려운 심정으로 정해진 윤리기준을 글자 그대로 적용하려고 한다. 즉, 상담의 전문성 발달과 윤리성 발달이 서로 연결되어 있다는 것을 의식하지 못한다. 그러나 자신이 능숙하게 적용할 수 있는 상담

기법이나 기술을 편안한 마음으로 융통성 있게 내담자에게 맞추어 적용할 수 있는 고수들은 윤리성과 전문성을 하나라고 본다. 다시 말해, 윤리적 문제의 궁극적 목적을 잘 알고 있으며, 법적 윤리와 소망적 윤리 간의 균형을 잡을 수 있는 수준으로까지 발달한다. 상담자의 전문성 발달과 윤리성 발달을 연결시켜 단계별로 살펴보면, 〈표 1-1〉과 같다. 수준에 맞추어 상담자의 전문성 발달과 윤리성 발달을 연결하여 표를 통해 살펴본다.

〈표 1-1〉 상담자의 전문성 발달과 윤리성 발달

	전문성 발달	윤리성 발달
1 단 계	• 부족한 자신에 대해 너무 집착해서 내담자에게 실수할까 봐 혹은 수퍼바이저에게 평가받을까 봐 걱정한다. • 내담자의 문제를 해결하는 데만 관심을 갖는다. • 수퍼바이저에게 의존하고 있으며 칭찬을 바라고 직면에 대해서는 저항한다. • 상담 기술 습득에 관심이 높다.	• 특정 사안에 대해 비판도 없고 의문도 없다. 윤리기준을 두려움을 가지고 지키려 한다. • 글자 그대로 지키려 하는 경향성이 있기 때문에 윤리기준은 잘 기억한다. 윤리적 문제에 대해 아주 방임적인 입장을 취하기도 하고 아주 관심 없는 듯 행한다. • 전문가로서의 발전과 윤리를 별개의 문제로 생각한다.
2 단 계	• 내담자에 대한 관심도 높고 공감도 잘 하나, 내담자가 말하지 않은 문제나 주변의 문제를 다루지 않는다. • 수퍼바이저에 대한 의존과 독립을	• 윤리기준을 지켜야만 하는 법으로 보는 것이 아니라 안내지침으로 생각한다. • 경우에 따라 윤리기준을 공개적으로든 혹은 암묵적으로든 너무

2 단 계	갈등하며, 가끔씩 수퍼바이저에게 저항하는 면을 보이기도 한다. • 어떤 때는 상담자로서 자신이 있다가도 혼란에 빠지는 등 오락가락한다.	가볍게 보는 경향도 있다. • 윤리적 문제가 있을 때 자기와 뜻을 같이 하는 사람에게만 자문을 받는다. • 아직까지 전문성과 윤리를 따로 생각한다.
3 단 계	• 상담자로서의 자신을 잘 알고 있으며, 내담자가 호소한 문제를 다루면서도 동시에 내담자의 고유한 반응을 살펴 이를 상담에 활용한다. • 전문가로서 자신감을 가지고 있으며, 수퍼바이저와는 동료와 같은 관계가 된다. • 자신의 전문성을 발전시키는 데 지속적으로 관심을 가진다. • 간혹 자신이 진행한 상담에 대해 잘 했나 하는 의구심이 있기는 하다.	• 윤리기준을 윤리 문제를 바라보는 시작점으로 생각한다. • 권리와 책임의 균형을 이루려 애쓰며, 상담자 자신과 전문가로서의 균형에 관심을 가지고, 의무로서의 윤리보다는 소망적 윤리를 이루려 애쓴다. • 서서히 윤리에 대한 관심과 민감성이 전문가로서의 자신의 발전과 밀접하게 관련되어 있음을 알고 있다.
4 단 계	• 최고의 수준으로 자신에 대해 잘 알며, 내담자와 동료에게 미치는 영향력을 잘 알고 있다. • 어떤 유형의 내담자라도 융통성을 가지고 효과적으로 상담할 수 있다. • 후배 상담자에게 아량과 배려를 보이고 동료에게는 존중을 받는다.	• 의무적 윤리와 소망적 윤리의 균형을 잡는다. • 윤리기준에 명기된 요구가 최소한의 규범임을 인식한다. • 자기만의 특성과 선을 이루려 하며, 상담자 자신의 입장과 전문가적 입장을 통합한다. • 자신의 전문성과 윤리성을 하나라고 본다.

초심 상담자 시절에 윤리 문제를 교과서적으로 혹은 기법적으로만 바라보던 상담자들도 경험이 누적되면서 윤리 문제를 맥락에 근거해서 생각한다. 이런 상태를 '긍정적 윤리' 혹은 '법정신에 입각한 윤리' 라고 부르기도 한다(Pope & Bajt, 1988).

2. 상담에서의 윤리 문제

1) 미국의 사례

(1) 타라소프 사례

현대 상담심리에서 윤리에 대한 관심은 미국의 타라소프 사례 (Tarasoff vs. Board Regents of University of California, 1976) 에서 촉발되었다고 해도 과언이 아니다. 이 사례는 자기가 상담하고 있는 내담자가 다른 사람을 해치고자 하는 계획이 있다는 것을 알았을 때, '비밀유지' 라는 상담의 원칙적 약속을 저버리고 피해자의 발생을 막기 위해 이러한 사실을 알려야 하느냐 마느냐와 관련된 윤리적 딜레마가 포함된 사건이었다. 먼저 사건의 개요를 살펴보면 다음과 같다.

> 이 사건은 미국 캘리포니아 법정 사건으로서, 타라소프(Taniana Tarasoff)라는 여자의 가족이 캘리포니아 대학 학생건강서비스센터의 상담자인 무어를 대상으로 소송을 한 사건이다. 1969년 8월 캘리포니아 대학교 학생건강서비스센터의 외래환자인 포다(Prosenjit Poddar)가 무어

(Moore)라는 심리학자에게 상담을 받고 있었다. 포다는 무어에게 어떤 여성을 수학여행지인 브라질에서 돌아오면 죽이겠다고 말했다. 이 여성이 바로 타라소프다. 상담자 무어는 대학의 다른 상담자의 자문을 받아 포다가 위험 인물이고 정신과 병원에 입원하여 얼마간의 관찰을 해야 할 필요가 있다고 평가하였다. 무어는 곧 학교 경찰에 그가 누군가를 죽이려고 하는 위험한 존재라는 이야기를 전했다. 학교 경찰은 일단 처음에는 포다를 감금했으나 그가 매우 합리적으로 행동하고 타라소프에게 떨어져 있겠다고 약속을 했기 때문에 그를 놓아 주었다. 그 후 포다는 센터에 나타나지 않았다. 물론 상담은 더 이상 이루어지지 않았다. 무어는 학교 경찰의 지원을 요구하는 공식적 편지를 쓰고 전화를 걸었다. 그러나 나중에 무어의 수퍼바이저는 편지를 되돌려 받을 것을 요청했고, 편지와 무어의 사례 노트를 파쇄하라고 명령하였으며, 이 사례에 대해 더 이상의 어떤 조치도 취하지 말라고 했다. 타라소프와 그의 가족은 이러한 잠재적 위협에 대해 전혀 모르고 있었다. 타라소프가 브라질에서 돌아오자 곧 포다는 그녀를 죽였다. 타라소프의 부모는 그러한 의도된 위험에 대해 부모에게 알리지 않은 것을 가지고 대학 평의회와 상담자를 대상으로 법원에 제소하였다. 1974년 1차 법정에서는 이 제소가 기각되었으나, 부모는 상소하여 1976년 캘리포니아 대법원에서 승소하였다. 승소 내용은 의도된 폭력에 대해 경고하지 않은 것은 전문가들의 의무에 대한 무책임이었다. 법정은 치료자가 다른 사람의 일반적 복지와 안전이 문제가 될 때에는 비밀유지를 파괴할 것을 요구하였다.

물론 이 사건에 대해서 상담자가 아무 일도 안 한 것이 아니다. 상담자는 학교 경찰에 알렸고 경고의 의무를 어느 정도 수행하기도 하였다. 몇몇 사람들은 수퍼바이저가 왜 경고의 편지를 회수하고 사례

노트를 없애라고 했는지 의문을 가질 수도 있다. 또는 경찰이 전문가들의 판단을 무시하고 포다를 풀어 준 탓이 아니냐고도 반론할 수 있다. 그러나 죽은 자의 가족에게는 이러한 위험이 알려지지 않았고 결국 타라소프는 죽었다. 법정은 전문가라면 경고하는 정도가 아니라 희생자가 보호받을 수 있을 때까지 조치를 취해야 한다고 결정을 내렸다. 이 사건은 상담자로 하여금 자신이 지키고 있는 윤리적 행위가 그 사회의 법과 갈등할 수 있다는 것을 새삼스럽게 인식시켜 주었고, 이런 갈등상황일 때 상담자는 도대체 어떻게 행동하는 것이 옳으며, 그러한 결정을 어떻게 내려야 하는지에 대해 생각하게 하였다.

(2) 레드몽 사례

타라소프 사례가 비밀보장과 통보의 의무 간의 윤리적 갈등 사례였다면, 레드몽 사례(Jaffee vs. Mary Lu Redmond, 1996)는 법정에서 상담사례 기록의 공개와 관련한 윤리적 갈등 사례다. 경찰관인 레드몽이 총을 쏴 사람을 죽였고, 레드몽은 임상사회복지사와 상담을 하였다. 사망자 가족은 경찰관 레드몽을 고소하였고, 임상사회복지사와의 상담기록을 요청하였다. 이 사건은 심리치료사가 정보를 공개하지 않아도 되는 특권과 관련된 법을 제정하게 하였다. 미국에서의 사례들은 윤리와 법이 갈등하면서 상담자의 윤리에 대해 관심을 갖게 하였고 법을 제정하게 하였다. 사건의 개요를 살펴보면 다음과 같다.

근무 중이던 경찰관인 레드몽(Mary Lu Redmond)이 피의자를 체포하는 과정 중에 총을 쏴 죽게 하였다. 레드몽은 사건이 있은 후에 임상사회복지사인 베이어(Karen Beyer)와 상담을 했었다. 죽은 피의자 가족은 피의자의 기본 권리가 침해당했다는 이유로 재소하였고, 지방법원은 임상사회복지사인 베이어에게 레드몽과의 상담기록지를 제출하라고 명령하였다. 베이어는 심리치료자－내담자 특권(Psychotherapist-Client Privilege)에 의한 비밀보장을 근거로 제출을 거절하였다. 법정은 이를 무시하고 그 가족에게 545달러를 지불하도록 하였다.

The Court of Appeals for the Seventh Circuit(일종의 재심 법정)는 이러한 결정에 대해 재심을 청구하였고 공소 법정은 레드몽과 베이어 사이의 비밀보장이 보호받지 못했다는 것은 잘못된 판결이었다고 결론지었다. 그러자 죽은 피의자의 재산권 대리인 야페(Jaffee)는 이러한 결정을 다시 대법원에 재소하였다.

그러나 대법원은 심리치료자－내담자 특권을 인정해야 한다는 공소 법정의 결정을 인정하였다. 뿐만 아니라 이러한 특권은 사건에 따라서 달라지지 않으며, 어떤 사전에도 적용되어야 함에 분명히 하였다. 이사건으로 인해 임상사회복지사뿐 아니라 전문상담자, 정신건강상담자, 결혼 및 가족상담사와 같이 다양한 영역의 정신건강 자격증이 있는 심리치료자들에게도 심리치료자－내담자 특권이 공식적으로 적용받게 되었다.

2) 우리나라의 사례

한국상담심리학회의 상벌 및 윤리위원회에는 해마다 상담자의 윤리적 행동과 관련하여 제소되는 사건이 늘어나고 있다. 필자가 기억하는 제소 사건 중 대부분은 상담자의 책무와 관련된 내용이었다. 상담자의 전근으로 상담이 불가피하게 조기 종결된 경우가 있었는데,

상담자는 내담자에게 이러한 사실을 종료 2주 전에 통보하여 내담자가 상담자의 비윤리성을 제소한 사례가 있다. 다른 사례로는 상담자와 내담자가 서로 충분히 논의되지 않은 상태에서 시도된 상담자 개입의 성적인 측면(상담자는 상담 접근방법 중 하나라고 주장하였고, 내담자는 수용하기 어려운 성적 개입이었다고 주장함)이 내담자에 의해 제소되기도 하였다. 이 사례는 상담자의 상담심리사 자격증 박탈과 학회회원 제명 관례가 되었다. 방금 소개한 사례들은 비윤리적 문제인지혹은 비전문적 문제인지가 분명하지 않다. 또한 수퍼바이저와 수퍼바이지 사이의 이중 관계가 제소되기도 한다. 대개 상담에서 이중 관계가 언급되는 경우는 '성적 관계'일 때가 많으나, 수퍼바이저와 수퍼바이지가 서로 친인척 관계라든지, 지도교수와 지도학생 관계일 때도 이중 관계의 문제에 해당된다.

윤리위원회에 제소되지는 않았지만 윤리적 딜레마를 가지고 이루어지는 상담도 있다. 일반 중·고등학교에서 이루어지는 학교상담은 상담만을 전문적으로 하는 전문상담교사보다는 일반 과목 교사나 담임교사에게 이루어지는 경우가 많다. 이들은 학생들의 학과공부를 평가하는 교사인 동시에, 상담을 하는 상담자이기도 한 이중 관계에 노출되어 있다. 윤리강령에 엄연하게 지적되어 있는 이중 관계가 학교상담의 특징이기도 하지만, 상담의 성과에 영향을 미치는 요소이기도 하다. 교사는 평가하는 사람이기 때문에 그만큼의 권위가 있어따로 관계를 형성할 필요 없이 상담이 진행되고, 오히려 상담성과에 긍정적 영향을 미칠 수 있다. 그러나 이러한 권위는 학생의 솔직한 개방성을 방해할 수도 있다. 학교상담의 이중 관계는 지금까지는 정책이나 여건이 마련되어 있지 않은 상황에서 어쩔 수 없는 부분이었고, 오히려 긍정적으로 받아들여지기까지 했지만 윤리의식이 고취되면서 신중하게 검토되어야 할 문제로 남아 있다.

3. 윤리와 관련된 개념

윤리를 다루다 보면 매우 다양한 용어가 등장한다. 그 의미들이 비슷하기도 하고 서로 연결되어 있기 때문에 혼란스럽게 여겨지지만, 사실은 우리가 윤리와 관련하여 익숙하지 않기 때문에 생긴 일이다. 먼저 그 용어들을 정리해 보면, 윤리이론, 윤리적 가치, 윤리적 원칙이 있고, 전문적 · 윤리적 · 법적 행동 등이 있다. 이 개념들은 서로 연결되어 있기 때문에 그 관계성을 이해하는 것이 상담자의 윤리 행동에 도움이 될 것이다.

1) 윤리이론

윤리이론이란 어떤 것이 가치 있는 것인가를 선택하는 방법을 의미한다. 즉, 무엇을 가치 있는 것으로 볼 것인가를 결정하는 윤리관을 말한다. Sperry(2007)는 여섯 가지 이론을 소개하였다. 이론들이 나뉘는 이유는 무엇에 근거하여 우선순위가 정해지는지, 가치들 간에 갈등이 생겼을 때 무엇에 근거하여 해결하는지가 서로 다르기 때문이다. Sperry의 여섯 가지 윤리이론을 살펴보면 다음과 같다.

(1) 결과주의 윤리관

결과주의 윤리관(Consequentialism)이란 가능한 한 가장 좋은 것을 이룰 수 있으면 윤리적이라고 보는 것이다. 모든 사물이나 사건, 행동에는 좋은 점과 나쁜 점이 있게 마련이므로 나쁜 것보다는 선한 것을 더 많이 만들 수 있도록 행동하면 옳다고 여겨진다. 그래서 목적론적 정당성이라고도 하며, '최대 다수의 최대의 선'이 이에 해당한다. 그러나 목적이 수단을 정당화한다는 점과, 선과 악의 판단을 과연 누가 하느냐에 따라서 그 결과가 달라진다는 점 때문에 또 다른 비판을 받기도 한다.

(2) 의무 윤리관

의무 윤리관(Duty Ethics)은 선택하는 의도나 수단이 선하면 윤리적이라고 보는 이론이다. 의무를 다하기 위해 행동을 했다거나 선한 동기를 가지고 행동이 이루어졌다면 윤리적으로 옳은 것이다. 또한 허용된 수단이거나 행동 자체가 선한 것이면 옳은 것이다. 그러나 여러 개의 선한 동기가 동시에 작용할 때 어려움이 생긴다. 예를 들어, 생명을 살려야 하는 의사에게 총 맞은 살인범에 대한 생사 여부를 묻는 경찰이 있을 때 이 의사는 갈등할 수 있다. 또 다른 예로 총 맞은 유대인이 나치가 운영하는 병원에 몰래 들어가 독일인 의사에게 치료를 요구한다면 그 독일인 의사는 매우 갈등할 수 있다. 그 유대인 환자를 신고하면 치료는커녕 죽임으로 몰기 때문에 생명이 아닌 정직을 의무로 선택한 윤리는 해악을 일으킬 수 있다.

(3) 권리 윤리관

권리 윤리관(Right Ethics)는 모든 사람은 누구나 권리를 가지고 태어났다는 가정을 가지고 있다. 따라서 그 권리가 존중되면 옳은 것이고, 그 권리를 해치면 그른 것으로 판단한다.

(4) 미덕 윤리관

미덕 윤리관(Virtue Ethics)는 그 사람이 지닌 인격이나 품격에 따라 윤리성을 결정한다. 겉으로 보이는 행동이나 행위보다는 그 사람이 가지고 있는 성품과 특성으로 도덕성을 결정한다.

(5) 돌봄 윤리관

돌봄 윤리관(Care Ethics)은 사람들 간의 관계성에 근거하여 윤리성을 결정한다. 의무나 권리, 결과보다는 그 결정이 관계에 어떤 영향을 미쳤는지에 따라 옳고 그름이 결정된다. 한 행동이 돌봄을 드러내거나 돌보는 관계를 유지시키는 데 기여하였다면 그것은 윤리적으로 옳은 행동이다.

(6) 이야기 윤리관

이야기 윤리관(Narrative Ethics)는 윤리적 결정을 내리는 데 있어 이 야기나 맥락이 중요하게 작용한다는 이론이다. 한 사람의 살아온 문 화나 전통에 비추어 볼 때, 또 그 사람의 삶에 지속적으로 계속되는 맥락을 반영하고 있다면 그것은 윤리적으로 옳은 것이다.

사람마다 가치 있게 여기는 윤리관이 다르기 때문에 무엇이 윤리 적으로 옳은 행동인지 갈등할 수밖에 없다. 상담자는 돌봄의 윤리관 을 가지고 있지만, 상담기관 관리자는 결과주의 윤리관을 가지고 있 을 수 있다. 이는 분명히 갈등을 야기할 것이다. 상담자는 자신이나 주변의 동료 혹은 기관의 책임자가 어떤 윤리관을 가지고 있는지 알 고 있으면 윤리적 결정을 하는 데 도움이 될 것이다. 실제로 상담자 는 자신이 가지고 있는 윤리관에 근거해서 상담을 관리한다. 당신은 어떤 윤리관을 가지고 있는가?

2) 윤리적 가치

윤리적 가치에 대해 여러 학자가 나름대로의 이해를 가지고 설명한 다. Kitchener(1984)는 선의(beneficence), 비해악성(nonmaleficence), 자율성(autonomy), 충실성(fidelity), 그리고 정의(justice) 등이 전문적 상담과 심리치료에 적용될 수 있는 윤리적 가치라고 하였다. Brincat 와 Wike(2000)은 여기에 정직(integrity)와 인간 존중(respect for persons)을 첨가하였다. 미국심리학회(American Psychological Association: APA) 윤리기준(2002)은 Brincat과 Wike가 제시한 일곱 가지 가치를 비슷한 것끼리 서로 짝지어 선의와 비해악성, 충실성과 책임감, 정의와 정직과 인간 존중을 윤리적 원칙으로 제시함으로써 윤리적 표준을 삼았다. Corey 등(Corey, Corey, & Calanan, 2003)은 윤리적 가치를 매일의 삶을 안내하는 데 유용한 신념, 태도, 또는 도덕적 미덕이라고 하였다. 또한 Skovholt와 Jennings(2004)는 심리치료 대가들을 연구해서 이들이 가지고 있는 상담 윤리 가치들을 제시하였는데, 상담 능력, 관계, 비해악성, 자율성 그리고 선의였다. 그러면 여기서 이 가치들, 즉 자율성, 선의, 비해악성, 정의, 정직, 인간 존중, 능력, 관계 등이 무엇이고 상담에서는 어떻게 적용되는지 알아본다. 마지막 두 개—능력, 관계—는 상담 대가들이 가치 있게 여기는 것으로 추가된 것이다.

(1) 자율성

자율성은 스스로 결정하고 스스로 자기를 주도해 나갈 수 있는 권리다. 자율성에 의해 선택의 자유도 주어진다. 그러나 이 선택의 자유는 다른 사람의 '자율성'을 제한하기 때문에 윤리적 주제가 된다. 예를 들어, 살인하거나 아이를 유괴할 자유는 아이의 자율성을 제한하기 때문에 자유로운 행동을 하지 못하게 하는 것이 오히려 윤리적이다. 상담자에게도 상담자의 자율성과 내담자의 자율성이 부딪칠 때가 있다. 상담자가 너무 지나치게 내담자를 간섭하여 내담자가 스스로 결정할 수 있는 것을 방해한다면 윤리적으로 문제가 된다. 이때는 상담자가 지나친 선도나 조언, 지도를 자제하는 것이 윤리적이다. 대신 상담자가 내담자에게 필요한 정보를 단도직입적으로 정직하게 주거나 내담자에게 적절한 방법으로 정보를 제공하여 내담자가 스스로 그 정보를 활용할 수 있게 하면 내담자가 자신의 자율성을 기를 수 있을 것이다. 상담윤리에서 자주 등장하는 상담자의 역량, 전문적 자기 공개, 주지된 동의, 사적 권리, 비밀보장 등이 이 자율성과 관련된 개념이다.

(2) 선의

선의는 기본적으로 다른 사람에게 유익하게 행동할 책임 또는 의무가 있다는 것을 의미한다. 현재의 내담자는 물론이고 잠재 내담자, 더 나아가 일반인을 도와야 하는 의무까지도 포함한다. 상담자는 조력의 정신을 가지고 전문적 활동을 해야 하지만 자신이 할 수 있는 범위 내에서 해야 하고, 개인뿐 아니라 공공의 복지를 위해서도 활동을 해야 한다. 다시 말해, 상담자는 내담자가 기대하고 있는 전문성을 발휘해야 하며, 이미 공지되고 있는 서비스를 제공해야 한다. 그래서 선의와 관련된 윤리규범은 상담자의 전문적 상담 역량이 확보되어야 하는 것, 주지된 동의와 이중 관계와 관련한 것이다.

(3) 비해악성

비해악성은 고의적이든지 비고의적이든 내담자에게 고통을 가하는 것을 피하거나 극소화시키거나 예방하는 것이다. 그래서 비해악성은 상담자와 같이 조력하는 전문가에게는 가장 근본적인 윤리 가치다. 상담자는 의도하지 않게 내담자를 괴롭힐 수 있다. 사실 내담자는 약자에 해당하고 상담자의 주도성을 순순히 따르는 경우가 많다. 상담자가 개인적 갈등이나 방어 등 자신의 미해결 과제에 의한 역전이 문제를 일으킬 수 있다는 것은 많은 교과서에서 지적하고 있다. 그래서 상담자에게 여행, 운동, 개인 심리치료와 같은 자기 치료를 권장하는 이유도 여기에 있다. 비해악성은 의도하지는 않았지만 어쩌다 발생할 수 있는 해까지도 고려해서 상담을 해야 한다는 것으로, 상담자의 전문 역량, 주지된 동의, 이중 관계, 공적 발표와도 관련되어 있다.

(4) 정의

정의는 치료하는 과정이나 평가, 혹은 치료에 필수적인 자원이라도 공정해야 하고 공평해야 한다는 것을 말한다. 즉, 동일한 상담기관에서 일하는 상담자들도 그 전문적 역량이 다를 수 있지만, 그렇다고 해서 상담할 때 내담자에게는 그러한 차별성이 있어서는 안 된다는 것을 말한다. 내담자가 가난하거나 타 문화의 사람이라는 사회적 약자라고 해서 미숙한 상담자가 담당하는 등의 태도는 정의 가치에 위반된다.

(5) 충실성

충실성은 정직, 충성 등 끝까지 성실하게 상담하겠다는 약속을 의미한다. 실제로 상담에서 신뢰 있는 관계는 상담의 성과에 가장 중요한 요소다. 그래서 충실성이 상담에서는 매우 중요한 가치가 된다. 상담자는 내담자에 대해 더 이상 흥미가 없어졌다고 해서 상담을 그만둘 수 없다. 만약 그만두면 이것은 유기가 될 수 있기 때문이다. 일반 사람들은 관계가 싫으면 자발적으로 끊을 수 있지만 상담자는 그렇지 않다. 즉, 충실성은 상담자와 내담자가 맺는 사회적 계약의 성격을 갖기 때문에 법적인 문제로 여기는 경우도 있지만, 그보다는 상담자가 전문적 자기 공개, 주지된 동의, 비밀보장의 유지, 사실의 은폐 부인, 이중 혹은 다중 관계를 갖지 않는 등의 상담 실제와 관련되는 가치다.

(6) 정직

정직은 더욱 정확하게, 더욱 정직하게, 더욱 진실되게 상담하는 것을 의미한다. 또한 훔치거나 속이거나 거짓말하지 않는 것을 말한다. 더 나아가 내담자와 맺은 약속을 지키려 애쓰고 잘 모르는 기법이나 개입은 실시하지 않는다는 것을 의미한다. 해보다는 이득이 많기 때문에 필요에 따라 거짓이 있었다 할지라도 그 이후의 책임을 지는 것까지 정직에 포함된다. 상담에서의 주지된 동의, 비밀보장, 이중 및 다중 관계의 부인 등이 정직과 관련된 개념이다.

(7) 인간 존중

인간 존중은 모든 사람의 존엄과 가치를 존중하고, 개인의 사생활, 비밀보장 그리고 자기 결정 등에 대한 권리가 있음을 의미한다. 이런 면에서 상담자가 비밀보장이나 사생활, 자기 결정 등이 쉽게 깨질 수 있는 사람들의 권리와 복지를 보호하는 것이 필요함을 인식해야 한다. 따라서 나이, 성 정체감, 문화, 인종, 민족, 문화, 종교, 장애, 언어 및 사회경제적 지위에 의해 권리가 쉽게 위협받을 수 있다는 것을 인식하는 것과 이로 인한 편견이나 의도하지 않은 방해 등을 제거하기 위해 노력하는 것이 중요하다. 상담의 주지된 동의, 비밀보장, 다문화에 대한 민감성, 영적 민감성 등이 인간 존중의 가치와 관련이 있는 것이다.

(8) 능력

상담의 대가들을 연구해서 나온 가장 명쾌한 가치는 뛰어난 상담 능력이었다(Skovholt & Jennings, 2004). 대가들은 현재의 실력에 안주하지 않고 더 높은 수준에 이르려고 지속적으로 노력하였다. 역량을 키우려는 욕구는 한계에 부딪히는 자신을 발견하는 데서 비롯되며, 이러한 욕구는 평생학습자로의 모습을 가지게 한다. 이들은 자신의 사례를 통해서뿐만 아니라 자문이나 수퍼비전을 하면서 학습할 기회를 얻는다. 이렇게 역량을 키우다 보면 자연스럽게 윤리적 민감성이 발달된다. 또한 모호함에 대해 더 잘 견디게 되고, 아무리 복잡하거나 아무리 독특한 사례라도 견디는 힘이 생긴다.

(9) 관계

상담에서 관계만큼 중요한 것이 있을까? 상담 대가들은 관계를 만들고 유지하고 중요하게 여기는 것이 상담에서 매우 중요한 가치라고 하였다. 그들은 내담자와의 관계도 중요하게 생각하지만 동료, 가족, 친구와의 관계도 가치 있게 여긴다. 특히, 동료와 굳건한 전문적 관계를 만드는 것을 매우 중요하게 여기는데, 이러한 관계가 대가들의 역량을 유지하게 하는 데 기여하기 때문이다. 물론 가장 중요한 관계는 내담자와의 관계이며, 내담자와의 관계는 상담성과에 직접적으로 영향을 미친다.

〈표 1-2〉 상담자에게 요구되는 윤리적 가치

	개념	상담 적용 예
자율성	스스로 결정하고 스스로 자기를 주도해 나갈 수 있는 권리	• 상담자의 지나친 선도와 조언은 내담자의 자율성을 위협한다.
선의	다른 사람에게 유익하게 행동할 책임 또는 의무가 있음을 의미	• 상담자는 내담자가 기대하는 전문성을 발휘해야 한다. • 상담자의 공지된 서비스를 제공해야 한다.
비해악성	고의적이든 비고의적이든 내담자에게 고통을 가하는 것을 피하고 예방하는 것	• 상담자의 역전이는 내담자에게 고통을 줄 수 있다.
정의	상담과정의 공정·공평함	• 내담자가 사회적 약자(가난하거나 타 문화의 사람)라고 해서 경

		험 없는 초심 상담자가 담당하게 하는 것은 정의 가치에 위반하는 것이다.
충실성	끝까지 성실하게 상담하겠다는 약속	• 상담자가 내담자에게 더 이상 흥미를 느끼지 못한다고 해서 상담을 그만둘 수 없다.
정직	더욱 정확하고, 정직하게, 진실하게 상담하는 것을 의미	• 내담자와 맺은 약속을 지킨다. • 잘 모르는 기법이나 기술은 실시하지 않는다. • 혹시 해보다는 이득이 많기 때문에 필요에 따라 거짓이 있었다 할지라도 그 이후를 책임진다.
인간 존중	모든 사람의 존엄과 가치를 존중하고, 개인의 사생활, 비밀보장 및 자기 결정 등을 내릴 수 있는 권리	• 인구학적 조건에 따라 편견이나 사례라도 견디는 힘이 있다.
능력	현재의 실력에 안주하지 않고 더 높은 수준의 실력에 이르려고 지속적으로 노력하는 것	• 아무리 복잡하고 독특한 사례라도 견디는 힘이 있다. • 자문이나 수퍼비전을 받으면서 평생학습자로의 모습을 경주한다.
관계	관계를 만들고 유지하고 중요하게 여기는 것	• 동료, 가족, 친구와의 관계도 가치 있게 여긴다. • 동료와 전문적 관계를 만든다.

3) 전문적·윤리적·법적 행동

윤리가 강조되다 보니 어떤 때는 비전문적인 행동을 비윤리적 행동이라고 지적할 때가 있다. 예를 들어, 상담자가 상담 시간에 늦는다거나 통보 없이 상담 시간에 나타나지 않는다면 이것은 비윤리적 행동일까? 윤리기준에는 상담자가 시간을 엄수해야 한다거나 상담시간을 지키지 못할 때에는 반드시 미리 통보해야 한다는 조항은 없다. 다만, 이러한 행동은 그 상담자 집단이나 상담자가 일하는 기관에서는 수용하기 어려운 행동이다. 이러한 행동은 비윤리적 행동이기보다는 비전문적 행동이며, 분명 상담성과에도 영향을 미칠 수 있는 행동이다. 여기에서는 전문적·윤리적·법적 행동을 살펴본다. 윤리적 행동은 오랜 시간 동안 사회와 문화가 수용해 온 결과에 의해 그 사회의 기본적 규범이 된 것이고, 법적 행동은 역사적 사건에 의해 명문화된 결과에 따라 결정되는 행동이다. 그러나 윤리적 행동은 전문적 행동과 법적 행동과 달리 오히려 윤리기준에 한해서 규정된다는 점을 강조한다.

(1) 전문적 행동

전문적 행동은 상담자가 속해 있는 기관에의 직무 규범에서 정하는 행동을 말한다. 즉, 전문인을 고용한 기관이 요구하는 최소한의 규범이다. 약 30년 전 필자가 한때 일했던 대학교의 학생생활상담센터에서는 블루진 스커트나 민소매 옷, 슬리퍼 등을 금하는 상담자의 복장 규정이 있었는데, 이것은 비윤리적 행동이 아니라 기관규정에 의한 비전문적 행동에 해당한다. 30년이 지난 현재 대개의 상담센터에서는 이러한 행동이 비전문적 행동으로 인식되지 않으며, 청소년 상담기관에서는 보다 캐쥬얼하게 옷을 입는 것이 권장되기도 한다. 이처럼 전문적 행동은 기관의 규정과 더 관련 있다. 그래서 상담자들은 자신이 일하는 곳에서 명문화되어 있거나 암묵적으로 요구되는 전문적 행동이 있는지 확인하는 것이 필요하다. 암묵적으로나 명시적으로 요구되는 전문적 행동은 시대에 따라, 삶의 원칙에 따라 다르다. 만약 수용하기 어려운 행동의 요구가 있을 때는 동료나 수퍼바이저와 논의하는 것이 필요하다.

(2) 윤리적 행동

원래 윤리적 행동은 보편타당한 기준에 의해 이루어진 행동이다. 보편타당성은 역사적으로 오랜 시간 동안 그 사회와 문화가 수용해 온 결과다.

윤리적 행동은 특정 전문 분야가 명문화해 놓은 조직의 규정에 의해 좌우된다. 대부분의 윤리적 행동은 내담자의 권리, 적절한 상담관계, 상담 자격 조건과 관련되어 있다. 즉, 내담자의 존엄과 복지를 촉진하고 해악을 피하며, 지식의 기본과 능력을 확립하고 유지하며, 비밀보장을 확실하게 하고, 이중 관계와 이익의 갈등을 피하고 전문직의 청렴을 강조한다. 이러한 윤리적 행동은 법, 자신이 자격증을 받은 단체나 학회에서 정한 윤리기준 및 자신의 사회도덕적 가치관 등 세 가지 출처에 근거한다. 한국상담심리학회의 윤리강령은 내담자를 보호하기 위해 만들었지만, 상담자를 보호하기도 한다.

(3) 법적 행동

때로는 비윤리적 행동이 비법적, 즉 범법 행동일 때가 있다. 초등학교에서 일하는 전문상담교사가 학생을 상담하는 중에 부모가 아이를 자주 굶기고 때리기까지 한다는 말을 듣고도 아이의 마음과 행동만을 대상으로 상담한다면 이것은 분명 범법 행동이다. 왜냐하면 아동복지법 제26조(아동학대 신고의무와 절차)에는 누구든지 아동학대를 알게 된 때에는 아동보호전문기관 또는 수사기관에 신고해야 한다고 명시해 놓고 있으며, 이러한 의무를 가지는 제1항의 대상이 초·중등교육법 제19조의 규정에 따른 교원이기 때문이다. 아동학대를 알게 된 누구든지 신고를 할 수 있다는 임의규정이 아닌 교사는 강제규정이기 때문에 이를 시행하지 않으면 법에 저촉된다. 이처럼 동일한 행동도 누구에게는 윤리적 행동이지만 다른 사람에게는 법적 행동이 된다.

사실 상담자가 예고 없이 상담에 늦거나 빠진다는 것은 비윤리적 행동이고 비전문적 행동이다. 그러나 윤리기준에 예고 없는 상담자의 결석이 명시되어 있지 않다면 이는 비전문적 행동에 해당한다. 상담자가 내담자의 사적 정보를 자신의 가족에게 이야기하였다면 이것은 비전문적 행동이며 동시에 비윤리적 행동이다. 특히, 비밀보장 관련된 내용은 대개의 전문가 집단의 윤리기준에 명시되어 있다. 상담하는 아동의 학대를 무시하는 것은 분명 비전문적 행동이고 비윤리적 행동이다. 그러나 학대받는 아동에 대한 신고는 상담자의 의무로서 법에 명시되어 있기 때문에 비법적 행동, 즉 범법 행위로 간주된다. 다시 말해, 전문적 행동과 윤리적 행동 그리고 법적 행동은 그 정하는 내용이 어디에 명시되어 있느냐와 관련된다. 다음에 제시된 〈표 1-3〉은 각 행동이 잘 이루어지지 않았을 경우다.

〈표 1-3〉 비전문적 행동, 비윤리적 행동 및 비법적 행동의 판단기준 비교

	비전문적 행동	비윤리적 행동	비법적(범법) 행동
판단 기준	일하는 기관의 직무 규범에 어긋난 행동	조직의 강령에 어긋난 행동	법령에 어긋난 행동
예	• 상담자의 상담시간 지각, 고지하지 않은 결회 • 너무 화려하거나 선정적 복장	• 상담자의 일방적 상담 종료 • 비밀 누설 • 이중 관계	• 상담자가 상담 중 알게 된 아동학대를 신고하지 않는 것

4) 소망적 윤리의무와 법적 윤리의무

윤리적 의무를 두 가지로 나누어 생각해 보면 우리가 지켜야 하는 의무의 범주를 가늠할 수 있다. 아주 최소한의 기준은 윤리의 가장 기초에 해당하는 것으로 법적으로 정해 놓은 윤리적 의무다. 가장 이상적인 수준은 윤리의 최상을 의미하는 소망 수준의 의무다(Gert,

1981). 일반적으로 사람들은 법적 의무를 지키지 못하면 비판을 받거나 벌을 받는다. 그렇다고 해서 그것을 아주 성공적으로 이행했다고 해서 칭송을 받는 것은 아니다. 반대로 소망적 의무를 따르지 못했다고 해서 아무도 비판하거나 벌을 주지 않는다. 그러나 그러한 기준들을 잘 따른 사람은 칭송을 받는다. 대체로 '하지 말아야 할 것'은 법적 의무에 해당하고, '해야 할 것'은 소망적 의무에 해당한다. 도둑질 하지 말아야 하는 것은 법적 의무에 해당하고, 친구를 위해 기꺼이 희생하는 것은 소망적 의무에 해당한다. 이런 면에서 윤리기준에 있는 조항들은 법적 의무에 해당한다.

이러한 소망적 의무와 법적 의무를 혼돈하지 않는 것은 중요하다. 만약 어떤 사람이 소망적 의무를 법적 의무로 오해하고 있다면 자신은 '매우 윤리적이지 못하다.'고 하면서 자책할 수 있다. 내담자를 인격적으로 존중하고 문제를 잘 해결해 주는 것은 매우 소망적 의무에 해당한다. 초심 상담자들은 이러한 소망적 의무를 법적 의무로 생각해 자신을 한없이 질책하면서 위축되기도 한다. 반대로 법적 의무를 소망적 의무라고 혼돈하면 분명히 하지 말아야 하는 것을 지키면 좋고 안 되어도 할 수 없다는 식으로 되어 버린다. 비밀보장이 되면 좋지만 안 되어도 그렇게 문제가 되지 않는다는 태도가 있다면 여기에 해당한다. 이렇게 생각하는 상담자는 없겠지만, 이러한 태도는 전문가로서 책임감 있는 태도를 도모하는 훈련에 상당 부분 실패한 셈이다.

〈표 1-4〉 소망적 윤리의무와 법적 윤리의무

	소망적 윤리의무	법적 윤리의무
수준	가장 이상적 수준의 윤리적 의무	최소한 윤리적 의무
지키지 못할 때	비판하지 않는다.	비판받거나 벌을 받는다.
지킬 때	친송을 받는다.	당연하게 생각한다.
일반적 특징	해야 하는 것	하지 말아야 하는 것
예	내담자를 존중하고 문제를 잘 해결하는 것	비밀보장

4. 윤리문제 결정과정

상담자들은 윤리적 선택을 피할 수 없다. 윤리적으로 적절하고 임상적으로 탄탄한 서비스를 하려면 일관성 있고 조심스러운 결정을 해야 한다. 대개의 윤리적 문제는 매우 복합적으로 엮여 있기 때문에 선택이 어렵다. 두 가지 가치가 갈등하고 있거나 한 문제에 연루된 내담자와 내담자 가족 혹은 공공기관이 서로 다른 것을 요구한다. 여기에서는 이러한 윤리적 갈등을 해결해 가는 데 필요한 원칙들을 살펴본다.

1) 1단계: 확인 과정

윤리적 결정을 내리기 위해서는 먼저 무엇이 문제이고, 이 결정으로 인해 관련된 사람들에게 미치는 영향력 그리고 이 문제와 관련된 윤리적 혹은 법적 기준은 무엇인지 등을 확인하는 과정이 필요하다.

(1) 윤리적 문제의 확인

대두된 문제가 '과연 윤리적 문제인가?'를 확인하는 과정이다. 자신의 자녀와 상담한 상담자에게 자녀가 무슨 말을 했는지 부모로서 알고 싶다고 할 때 상담자는 윤리적 갈등에 빠진다. 그러나 현장에는 윤리적 문제처럼 보이지만 실제로 윤리적 문제가 아닐 경우가 많다. 대개 기술적 문제를 윤리적 문제로 생각하고 갈등한다. 그 내담자의 문제에는 어떤 접근방법이 적절할까 하는 것은 기술적 갈등이지 윤리적 갈등이 아니다.

윤리적 문제의 확인은 두 가지 과정으로 이루어지는데, 첫째는 과연 그 문제가 윤리적 문제인지 확인하는 과정이고, 두 번째는 윤리적 갈등에 이르기 전에 미리 조치해서 기술적 문제로 변환시킬 수 있는 문제는 아닌지 확인하는 것이다. 이 두 번째는 앞에서 들었던 예를 가지고 말하자면, 자녀의 상담내용을 요구하는 부모에게 상담 전에 미리 비밀유지에 대한 고지와 꼭 필요한 경우 부모에게 알려서 도움을 받아 내담자에게 이롭게 하겠다는 구조화를 한다면 윤리적 문제를 피할 수 있다. 구조화의 문제는 윤리적 문제가 아니라 기술적 문제다. 이처럼 잘 관리된 상담은 윤리적 문제를 통제할 수 있다.

(2) 윤리적 선택의 영향력 확인

윤리적 딜레마에 빠져 있다는 것은 한 가지 결정이 관련된 모든 사람을 동일하게 기쁘게 하지 않는다는 것과 같다. 앞의 예에서 상담자가 부모가 원하는 이야기를 해 주면 부모는 감사하면서 상담비를 낸 보람을 느끼고 자녀를 통제할 수 있다는 마음으로 감사를 하겠지만 상담한 자녀 내담자와의 신뢰는 깨진다. 반면, 비밀을 유지하면 상담비를 내고 상담실을 데리고 다니는 부모의 노력에는 아무런 보상을 주지 않는 것처럼 보인다. 이 윤리적 문제가 마치 부모와 자녀 중 누구를 더 중요하게 여기냐의 문제로 보이지만 실은 상담자도 관여되어 있다. 상담자는 아무런 이득이 없는가? 당장 부모의 요구를 들어준다면 상담비가 지속적으로 들어올 것이고, 자녀 내담자와의 신뢰가 확보되지 않은 상담은 상담사례비를 보장해 주지 못할 수도 있다. 윤리적 선택은 관여된 사람들—상담자, 내담자, 내담자의 가족이나 교사, 관련인—에게 어떤 영향을 주는지, 그것이 즉각적으로 이루어지는지, 혹은 지연되어 영향을 미치는지 등을 확인해야 할 것이다.

(3) 관련된 기준의 확인

자신이 속해 있는 학회의 윤리강령, 자신의 자격증을 발행한 기관의 윤리강령, 기관의 내규, 관련 법조문 등 우선 성문화되어 있는 내용을 검토한다. 그다음에는 수퍼바이저나 경험 많은 동료, 다른 영역의 전문가 등의 의견을 구하여 문제를 확인하는 방법은 매우 강조되는 방법이다.

2) 2단계: 윤리적 결정의 논리성 확보

필요한 확인 과정이 끝나면 몇 가지 질문을 해서 결정이 얼마나 논리적이었는지, 반대에 대해 얼마나 합리적이고 정당하게 방어할 수 있는지에 대한 답을 준비해 놓는다. Haas와 Malouf(1995)가 제안한 세 가지 윤리적 결정의 논리적 배경은 첫째, 윤리적 원칙에 입각해서 이루어졌다는 점, 둘째, 이 결정으로 인해 내담자에게 결국 도움이 되었다는 실용적 성과물이 있다는 점, 마지막으로 매우 보편적 결정이었음에 대한 확보 등이다. 다음에는 Hass 등(1995)이 검토하는 11가지 요소들을 소개한다. 윤리적 결정을 내릴 때, 얼마나 많은 생각을 해야 하는지 보여 준다.

(1) 관련된 전문가, 관련된 법, 관련된 사회적 기준이 존재하는가
문헌조사와 동료들의 자문을 통해 확보한다. 이러한 질문에 답을 하려면 매우 특별한 것에서부터 아주 넓은 범주를 포함시켜야 한다.

(2) 기준에서부터 벗어난 정당한 이유가 있는가
혹시 제시된 윤리기준이나 강령을 벗어난 경우 이에 대한 답변을 준비해야 한다. 얼마나 자율적으로 선택이 이루어졌는지, 궁극적으

로 내담자를 위하는 선택이었는지, 그 결정이 얼마나 보편적이었는지를 설명할 수 있다면 최소한의 논리성은 확보하였다고 할 수 있다.

(3) 이슈의 윤리적 차원은 무엇인가

상담자에게 윤리적 갈등을 일으켰던 문제가 무엇인지를 정리한다. 'AIDS 환자에 대한 비밀보장과 대중의 보호' 는 타당한 윤리적 갈등 문제다. '아동 학대자의 고발' 문제도 상담자를 혼란스럽게 한다. 분명히 고발은 법적 조치이지만, 이러한 고발에 의해 치료적 호기를 놓칠 수 있기 때문에 상담자의 윤리적 갈등을 야기한다.

(4) 우선순위를 무시하고 있지는 않은가

현재의 문제에 적용되는 윤리적 원칙이 무엇인지 확인하고, 혹시 이러한 원칙을 지키기 위해 그 상위의 가치를 무시하고 있는 것은 아닌지 확인한다. 내담자의 개인적 정보에 대해 비밀보장을 지켜야 한다는 윤리적 원칙은 때로 내담자에 도래된 엄연한 위험으로부터 내담자를 지키지 못하게 할 수도 있기 때문이다.

(5) 가능한 결정들을 열거한다

결정 대안들을 열거해 보는 과정이다. 브레인스토밍 방법을 사용할 수 있다.

(6) 관련된 사람들의 요구를 만족시킬 만한 새로운 결정은 없는가

지금까지의 판례나 도움이 될 만한 결정이 없는 경우, 대안을 열거해보면서 내담자의 입장에서 내담자의 요구에 따른 결정을 생각해 본다.

(7) 한 가지 결정을 내리면 다른 윤리적 문제를 발생시키지 않는가

일단 결정을 했을 때, 이러한 결정을 나만이 내릴 수 있는 것인지, 다른 사람들도 이러한 결정을 내릴 수 있는지 확인해 본다. 다시 말해 보편성을 확인해 본다.

(8) 현실적 문제를 생각해 보기

결정을 내리기 전에 그러한 결정을 내림으로써 발생할 수 있는 현실적 문제를 모두 검토해야 한다. 일단 결정이 내려지면 하나는 단순히 이 문제에 머무르지 않고 사회 전반에 영향을 미칠 수 있다는 점과 누군가는 헌신도 해야 하고 때로는 손해를 보아야 한다는 점이다. 윤리적 문제의 해결을 위해 내린 결정들은 사회적 의식변화를 촉구하는 경우가 많다. 또한 윤리적 결정을 내리는 과정은 매우 험난하기도 하고, 지리한 과정이기도 하다. 그러나 이러한 과정을 거치는 것이 윤리적 발전에 기여한다.

(9) 여타의 능력 검토하기

윤리적 결정을 내릴 때 윤리성 외에 다른 능력도 필요하다. 이러한 결정에 대한 확신과 자신감이 있어야 한다. 자신의 결정을 누구든지

잘 이해할 수 있는 용어와 논리로 의사소통할 수 있는 능력도 요구된다. 또한 이러한 결정을 지지해 줄 수 있는 사람들과 단체를 확보하는 것도 필요하다.

(10) 자문, 윤리강령 검토, 문헌 검토, 윤리적 원칙 숙고

이는 정보 수집의 문제다. 가능한 한 이 문제와 관련된 객관적이고 명백한 정보를 수집한다.

(11) 제한점 알기

이상의 10가지 검토사항을 제시함에도 불구하고 여전히 문제가 있다는 점을 아는 것이 중요하다. 의사결정 방법은 합리성을 표방하고 있기 때문에 모든 사람의 개인적 합리성을 담아낼 수 없다. 또한 모든 법조문과 판례를 살펴볼 수도 없다. 법이라는 것은 진리이기보다는 사람들이 합의한 것이기 때문에 만장일치된 것이 아님을 아는 것이 필요하다.

〈표 1-5〉 2단계 윤리문제 결정과정

단계	단계의 목표	점검 내용
1	윤리적 문제의 확인	• 윤리적 문제의 확인 • 윤리적 선택의 영향력 확인 • 관련된 기준의 확인

2	윤리적 결정의
	논리성 확보
		• 기준이 존재하는가?
		• 기준에서부터 벗어난 정당한 이유가 있는가?
		•이 이슈의 윤리적 차원은 무엇인가?
		•우선순의를 무시하고 있지는 않은가?
		•가능한 결정들은 어떤 것들인가?
		•관련인들의 요구를 만족시킬 수 있는 새로운
		  결정은 없는가?
		•한 가지 결정을 내리면 다른 윤리적 문제를
		  발생시키지는 않는가?
		•현실적 문제는 없는가?
		•설득 능력이 있는가?
		•또 다른 정보는 없는가?

3) 다양한 윤리적 결정의 전략

(1) Sperry(2007)의 윤리적 · 전문적 결정 전략

7단계의 전략과정을 소개한다. Sperry 전략의 특징은 윤리적 문제가 생기기 전에 윤리적 민감성을 높이는 0단계를 설정하고 있다는 것이다.

- 0단계: 아직 결정지어야 할 문제는 없지만 문제에 대한 준비 차원으로서, 윤리적 민감도를 높이고 전문가의 입장에서 윤리적 숙고를 하는 단계다.
- 1단계: 문제가 무엇인지 확인한다.

- 2단계: 결정에 의해서 누가 영향을 받게 되는지 확인한다.
- 3단계: 그 결정이 수행될 수 있는 가능한 과정들과 또 그에 따라 관여된 사람들에게 어떤 이득과 위험이 있을지를 확인한다.
- 4단계: 전문가적 입장, 맥락적 입장, 그리고 윤리적 입장에 따라 얻어지는 이득과 위험을 평가한다.
- 5단계: 동료와 전문가들에게 자문을 받는다.
- 6단계: 가장 있을 법한 선택지를 결정하고 결정과정에 대하여 기록한다.
- 7단계: 적용하고, 평가하고, 실제 행해진 결정을 기록한다.

(2) Hill, Glaser 그리고 Harden(1995)의 윤리적 의사결정 과정

역시 7단계를 상정하고 있지만 문제의 정의에서 대안 마련, 대안 검토, 실행과 평가의 일반적 의사결정 과정이 많이 반영되어 있다. 적용을 실천해 보고 이를 지속적으로 살핀다는 것이 특징이다.

- 1단계: 문제를 확인한다.
- 2단계: 문제를 정의한다(이 단계에서는 내담자와 협력하는 것이 필수적이다.).
- 3단계: 여러 가지 해결책을 만든다(내담자와 함께).
- 4단계: 한 가지 해결책을 선택한다.
- 5단계: 지금까지의 과정을 검토하고 다시 선택한다.
- 6단계: 적용하고 평가한다.

• 7단계: 결정의 결과들을 지속적으로 살핀다.

(3) Welfel과 Hannigan-Farley(1996)의 윤리적 결정과정 10단계

• 1단계: 상담의 도덕적 차원에 대한 민감성을 높인다.
  – 상담자는 내담자의 문제나 사회 문제들에 내재되어 있는 도덕
    적 가치 등에 대해 생각하고, 주변의 동료 상담자들과 논의하
    는 등의 활동을 하다 보면 쉽게 윤리적 문제를 탐지할 수 있을
    것이다.
• 2단계: 딜레마의 유형을 확인하고 대안을 생각해 본다.
  – 갈등의 핵심이 무엇인지, 선택할 수 있는 가치는 어떤 것들이
    있는지 열거해 본다. 또한 대안들의 결과를 예상해 보는 과정
    이 필요하다.
• 3단계: 윤리강령이나 규정을 확인해 본다.
  – 자신해 속한 기관이나 학회 또는 관련 기관의 윤리강령을 살
    펴본다.
• 4단계: 다른 판례는 없는지 확인한다.
  – 고민하는 윤리적 갈등과 동일한 판례는 없더라도 그 판례의
    근거는 윤리적 결정을 내리는 데 도움이 된다.
• 5단계: 다른 조망을 가진 문헌은 없는지 확인한다.
  – 대개 결정을 내릴 때 자신의 입장을 옹호하는 근거만 보는 편
    향이 있다. 그러나 반대의 입장이나 다른 근거를 제시하는 문
    헌에 개방적 태도를 갖는 것이 필요하다.

- 6단계: 그 상황에 적용할 수 있는 근본적·철학적 원칙을 적용해 본다.
  - 결정을 내릴 때는 매우 사소한 변수가 결과에 영향을 미치기 때문에 오히려 더 중요한 근본적 원칙을 자칫 놓칠 수 있다. 그러므로 보다 상위의 원칙을 잊지 않도록 한다.
- 7단계: 주변 동료에게 자문을 구한다.
  - 내담자의 사적인 정보를 공개하거나 상담자 자신의 갈등을 노출하는 등의 문제로 동료와 논의하는 것은 쉽지 않다. 그러나 자문이라는 것은 평등한 관계에서 전문성의 공유를 의미하므로 보다 진술하게 자문하는 것이 필요하다.
- 8단계: 실제적 결과를 예상해 본다.
  - 내린 결정에 대해 어떤 결과가 나타날 것인지를 직접적 결과에서 파급적 결과까지 예상해 본다. 즉, 누가 가장 이득을 보며 어떤 이득인지, 누가 가장 손해를 보며 어떤 손해인지 등과 같은 직접적 결과뿐만 아니라, 이러한 결정이 자신과 동료, 전문적 상담 영역, 나아가 사회에 미칠 파급적 결과까지 예상해 보는 것이 필요하다.
- 9단계: 수퍼바이저에게 알리고, 결정을 적용한다.
  - 수퍼바이저에게 알리되, 지금까지의 결정과정에 대해 충분히 설명하고 기록하여 보관한다. 결정을 수행하는 과정도 수퍼바이저와 의논한다.
- 10단계: 지금까지의 과정을 되돌아본다.

– 나타난 결과들을 통해 이러한 결정이 단순히 한 사례에 머무르지 않고 일반화시킬 수 있는 요소가 무엇인지 확인하여 발전적으로 활용한다.

(4) Walden(1997)의 윤리적 자문 활용 과정

8단계의 과정으로 되어 있으며 관련된 윤리기준을 검토하고 자문을 받아 결과들을 예상해 보는 과정을 거친다.

- 1단계: 문제나 딜레마를 확인한다. 문제와 관련된 정보를 가능한 한 많이, 그리고 다양하게 수집하는 과정이다.
- 2단계: 이 문제에 포함되어 있는 잠재된 문제를 확인한다. 정보가 다 수집된 이후에는 중요한 딜레마가 무엇인지, 그렇게 크게 문제가 되지 않는 것은 무엇인지 구분한다. 가장 기본적인 도덕적 문제부터 검토한다.
- 3단계: 관련된 윤리기준을 검토한다. 자신이 속한 기관, 학회, 단체의 윤리강령에서는 이 문제를 어떻게 다루고 있는지 확인한다.
- 4단계: 적용할 수 있는 법문이나 규칙을 확인한다. 문제와 관련이 있는 판례가 없는지, 법조문이 없는지 확인하는 과정이다. 우리나라에서는 아직 전문가들의 윤리 문제가 법적 판결을 받은 경우가 드물지만 적용할 수 있는 사건들을 확인해 보는 과정이라고 하겠다.
- 5단계: 자문을 받는다. 되도록 다양한 입장을 가진 동료들의 견

해를 듣는 것이 중요하다. 자문은 자신이 볼 수 없었던 혹은 간과했던 면을 보게 해 준다.

- 6단계: 이론적으로 가능하거나 실제로 가능한 판단을 숙고한다. 가능한 대안들을 열거해 보는 단계다. 대개 브레인스토밍 방법으로 대안들을 생각해 본다.
- 7단계: 다양한 결정의 결과들을 열거해 본다. 열거해 놓은 대안에 대하여 이득과 손해 등 결과를 예상해 본다.
- 8단계: 가장 우수할 것으로 보이는 판단을 결정한다. 결정의 마지막 단계로 하나를 선택하고, 그 결정에 대한 책임을 어떻게 감당할 것인지 생각한다.

앞에서 소개한 결정 과정들은 일반적 의사결정 과정을 거친다. 그러나 그 결정으로 인하여 그 문제에 관여되어 있는 사람들이나 기관 중 누가 어떤 이득과 손해를 보는지 확인하는 과정, 관련된 가치관, 법조문, 판례들을 살피는 과정, 무엇보다 동료들의 자문이 포함되어 있다는 것은 특히 유념해야 할 과정이다.

참고문헌

금명자, 이장호(1991). 우리나라 대학생의 상담에 대한 기대. **학생연구**, **26**(1), 1-18, 서울대학교 학생생활연구소.

Brincat, C., & Wike, V. (2000). *Morality and the professional life: Values at work*. Upper Saddle River, NJ: Practice, 18, 489-491.

Corey, G., Corey, M. S., & Calanan, P. (2003). *Issue & Ethics in the Helping Professions* (6th. ed.). Pacific Grove, CA: Brooks/Cole

Haas, L. J., & Malouf, J. L. (1995). *Keeping up the Good Work: AQ Practitioner's Guide to Mental Health Ethics*. Sarasota, FL.: Professional Resource Press.

Hill, M., Glaser, K., & Harden, J. (1995). A feminist model for ethical decision making. In E. J. Rave & C. C. Larsen (Eds.), *Ethical decision making in theraphy: Feminist perspectives*. New York: Guilford Press.

Kitchener, K. (1984). Intuision, critical evaluation, and ethical principles: The foundation for ethical decisions in counseling psychology. *Counseling Psychologist, 12*, 43-55.

Pope, K., & Bajt, T. (1988). When laws and values conflicts: A dilemma for psychologists. *American Psychologist, 43*, 828-829.

Skovholt, T., & Jennings, L. (2004). *Master therapists: Exploring expertise in therapy and counseling*. Boston: Allyn and Bacon.

Sperry, L. (2007). *The Ethical and Professional Practice of Counseling and Psychotherapy*. Pearson Education Inc.

Stoltenberg, C., McNeill, B., & Delwarth, U. (1998). *IDM supervision: An Integrasted development model for supervising counselors and therapists*. San Francisco: Jossey-Bass. (Tarasoff vs. Board Regents of University of California, 551 p. 2d 334 (Cal. 1976).

Tinsley, H. E. A., Workman, K. R., & Kass, R. A. (1980). Factor analysis for counseling. *Journal of Counseling Psychology, 27*, 561-570.

Walden, S. L. (1997). The counselor/client partnership in ethical practice. In B. Herlihy & G. Corey (Eds.), *Boudary issues in counseling: Multiple roles and responsibilities*. Alexandria, VA; American Counseling Association.

Welfel, E. R., & Hannigan-Farley, P. (1996). Ethics education in counseling: A survey of faculty and student views. *ICA Quarterly, 140*, 24-33.

제 2 장

한국상담심리학회
윤리강령의 이해

금명자

우리나라의 상담심리학과 전문적 상담(전문적 심리상담, 심리치료, 상담 등을 모두 포함)을 시작해 온 한국심리학회 산하의 한국상담심리학회에서는 2003년 5월에 비로소 윤리강령을 제정하여 발표하였다. 우리나라의 상담 역사가 45년(1958년을 기점)을 넘겼을 때, 그리고 한국상담심리학회 발족(1964년 한국심리학회 산하 임상 및 상담심리학회로 발족)했을 때부터 40년이 되었을 때 전문적 상담심리학자 혹은 상담자를 위한 윤리강령이 만들어졌다는 것은 그동안 상담의 전문성 발달과 사회적 의식이 얼마나 더디게 진행되어 왔는지를 반영한다.

이러한 윤리강령의 제정도 사실은 현장의 요구에 의해 시작되었다. 2003년 즈음하여 학회 윤리위원회에 상담자의 윤리성에 대한 제소들이 있었다. 학회에서는 제소된 문제를 해결하기 위해 미국심리학회(American Psychological Association: APA), 미국상담학회(American Counsrling Association: ACA) 등의 윤리기준을 참조하여 8개의 장으로 구성된 한국상담심리학회 윤리강령을 만들었다. 그 후 사회는 점점 전문성을 요구하였고, 더불어 윤리적 사건들을 윤리위원회에 제소하는 경우가 늘어났다. 주로 내담자가 상담자의 전문적 행동의 윤리성을 문제로 삼아 제소된 사건들이었다.

학회에서도 2003년 만들어진 윤리강령을 2005년에 1차 개정하였고, 현재에는 2009년에 개정된 강령에 의거하여 학회 회원과 상담심리사 1급 및 2급 자격자들의 윤리적 행동의 소망 수준과 의무 수준을 제시하였다. 이 장에서는 먼저 현재 한국상담심리학회의 윤리강령의 구성과 내용을 살펴보고, 이후 미국상담학회 윤리기준, 한국심리학회 윤리규정을 살펴보고 비교한다.(상담자의 윤리강령을 다룬 이 책에서 특정 학회의 윤리강령만을 집중적으로 다룬 것은 첫 번째 이유는 그 대표성에 의한 것이고, 두 번째 이유는 여타 학회의 규정과 크게 다르지 않기 때문이다.)

1. 한국상담심리학회 윤리강령

한국상담심리학회 윤리강령은 윤리강령 본문과 시행세칙으로 구성되어 있다. 윤리강령 분문은 서문과 9개 영역, 36개의 항으로 구성되어 있으며, 시행세칙은 14개 조로 구성되어 있다. 윤리강령의 전문에는 학회의 목적, 즉 학회원이 지향해야 할 점과 상담심리사의 역할과 목표가 명시되어 있다. 9개 영역에는 전문가로서의 태도, 사회적책임, 인간권리와 존엄성에 대한 존중, 상담관계, 정보의 보호, 상담연구, 심리검사, 윤리문제 해결 그리고 회원의 의무 등이 포함된다. 시행세칙은 윤리강령을 실행하는 데 필요한 윤리위원회의 조직, 기능 및 활동에 관한 제반사항을 규정하고 있다.

1) 전문

전문은 윤리강령의 주 내용에 들어가지 전 강령의 목적과 목표를 제시한다. 한국상담심리학회가 추구하는 가치관과 상담심리사들의 역할이 명시되어 있다. 전문을 통해, 학회가 추구하는 가치와 가치 실현을 위한 상담심리사의 역할을 이해할 수 있다. 상담심리사의 역할은 크게 전문가로서의 지식 개발, 능력 신장, 책임성과 내담자 복지 및 사회에 대한 기여로 나누어 볼 수 있다. 전문의 내용을 살펴보면 다음과 같다.

> 한국상담심리학회는 학회 회원들이 모든 인간의 존엄성과 가치를 존중하고 다양한 조력활동을 통해, 인간 개개인의 잠재력과 독창성을 신장하여 저마다 자기를 실현하는 건전한 삶을 살도록 돕는 데 헌신한다.
> 본 학회에서 인증한 상담심리사(1급, 2급)는 전문적 지식과 기술을 개발하고 전문가로서의 능력과 자질을 향상시키며, 상담심리사의 역할을 하는

데 있어서 내담자의 복지를 최우선 순위에 둔다. 상담심리사는 전문적인 상담 활동을 통해 내담자의 개인적인 성장과 사회 공익에 기여하는 데 최선을 다하고 상담심리사로서 자신의 행동에 책임을 진다. 이를 위하여 본 학회에서 인증한 상담심리사는 다음과 같은 윤리강령을 숙지하고 준수할 것을 다짐한다.

전문의 내용을 요약해 보면 다음과 같다.

〈학회가 추구하는 가치〉
• 인간의 존엄성과 가치 존중
• 개개인의 잠재력과 독창성 신장
• 자기 실현하는 건전한 삶

〈학회 상담심리사의 역할〉
• 전문적 지식과 기술 개발
• 전문가로서의 능력과 자질 향상
• 내담자의 복지 추구
• 내담자의 개인적 성장
• 사회적 공익에 기여
• 전문 상담자로서의 행동에 대한 책임

2) 전문가로서의 태도

한국상담심리학회의 윤리강령은 전문가로서의 태도를 첫 번째 영역으로 채택하고 있다. 이 영역에는 전문적 능력, 성실성, 상담심리사 교육과 연수 그리고 자격증명서 등 4개의 항으로 구성되어 있다.

(1) 전문적 능력

상담심리사는 자신의 능력에 맞추어 상담 서비스와 교육을 제공해야 하고 있으며, 이 능력을 지속적으로 신장하기 위한 교육과 연수에 참여할 것을 권고하며, 더 나아가 수퍼비전을 책무로 지정하고 있다. 또한 한국상담심리학회 회원이 운영하는 상담 서비스 기관은 자격증을 가진 자를 고용할 것을 제안하고 있다. 이에 대한 윤리강령의 내용을 살펴보면 다음과 같다.

> (1) 상담심리사는 자기 자신의 교육과 수련, 경험 등에 의해 준비된 범위 안에서 전문적인 서비스와 교육을 제공한다. 상담심리사는 자신의 능력의 한계를 인정하고 교육이나 훈련, 경험을 통해 자격이 주어진 상담 활동만을 한다.
> (2) 상담심리사는 자신이 가진 능력 이상의 것을 주장하거나 암시해서는 안 되며, 타인에 의해 능력이나 자격이 오도되었을 때에는 수정해야 할 의무가 있다.
> (3) 상담심리사는 자신의 활동분야에 있어서 최신의 과학적이고 전문적인 정보와 지식을 유지하기 위해 지속적인 교육과 연수의 필요성을 인식하고 참여한다.

(4) 상담심리사는 정기적으로 전문인으로서의 능력과 효율성에 대한 자기
반성이나 평가가 있어야 하며, 필요한 경우 자신의 효율성을 증진시키
기 위해 지도감독을 받을 책무가 있다.
(5) 상담심리사는 윤리강령과 시행세칙을 준수할 책임이 있다.
(6) 상담기관에 상담심리사를 고용할 때는 전문적인 능력을 갖춘 이를 선
발해야 한다.

(2) 성실성

충실성으로 소개되기도 한다. '주지된 동의'로 알려진 내용이 포
함되어 있다. 상담 초기에 이루어지는 구조화의 내용과 의뢰의 이유
와 방법, 종결 방법 등이 명시되어 있다. 이에 대한 윤리강령의 내용
을 살펴보면 다음과 같다.

(1) 상담심리사는 자신의 신념체계, 가치, 제한점 등이 상담에 미칠 영향력
을 자각하고, 내담자에게 상담의 목표, 기법, 한계점, 위험성, 상담의
이점, 자신의 강점과 제한점, 심리검사와 보고서의 목적과 용도, 상담
료, 상담료 지불방법 등을 명확히 알린다.
(2) 상담심리사는 개인의 이익을 위해 상담전문직의 가치와 권위를 훼손
하는 행동을 해서는 안 된다.
(3) 상담심리사는 능력의 한계나 개인적인 문제로 내담자를 적절하게 도
와줄 수 없을 때에는 상담을 시작해서는 안 되며, 다른 상담심리사나
정신건강 전문가에게 의뢰하는 등 내담자를 도와줄 수 있는 방법을 강
구한다.
(4) 상담심리사는 자신의 질병, 죽음, 이동, 또는 내담자의 이동이나 재정

적 한계 등과 같은 요인에 의해 상담이 중단될 경우, 이에 대한 적절한 조치를 취해야 한다.

(5) 상담을 종결하는 데 있어서 어떤 이유보다도 우선적으로 내담자의 관점과 요구에 대해 논의해야 하며, 내담자가 다른 전문가를 필요로 할 경우에는 적절한 과정을 거쳐서 의뢰한다.

(6) 상담심리사는 내담자나 학생, 연구 참여자, 동료들이 피해를 입지 않도록 적절한 조치를 취한다.

(7) 상담심리사는 자신의 기술이나 자료가 다른 사람들에 의해 오용될 가능성이 있거나, 개선의 여지가 없는 활동에 참여해서는 안 되며, 이런 일이 일어난 경우에는 이를 바로잡거나 최소화하는 조치를 취한다.

(3) 상담심리사 교육과 연수

상담심리사로서 전문적 상담서비스를 실시하는 데 필요한 교육의 목적, 내용, 원칙 등이 명기되어 있다. 상담심리사가 되기 위해서는 지식, 연구, 수퍼바이저 지도하의 실습이 요구되며, 실제 한국상담심리학회의 자격관리규정에는 이러한 내용들이 채워졌을 때 자격 심사가 이루어진다. 이에 대한 윤리강령의 내용을 살펴보면 다음과 같다.

(1) 상담심리사 교육은 학술적인 연구와 지도 감독하의 실습을 통합하는 과정으로 설정되어야 하며, 교육 프로그램은 교육생들이 상담기술, 지식, 자기이해를 넓힐 수 있는 방향으로 설정되어야 한다.

(2) 상담심리사 교육에 들어가기 전에 교육 프로그램의 내용, 기본적인 기술개발, 진로 전망에 대해 알려 준다.

(3) 교육 프로그램은 개인과 사회를 위하는 상담의 이상적 가치를 교육생

63
1. 한국상담심리학회 윤리강령

들에게 고무해야 하며, 따라서 재정적 보상이나 손실보다는 직업애와 인간애에 더 가치를 두도록 한다.

(4) 교육생들에게 다양한 이론적 입장을 제시하여, 교육생들이 이 이론들의 비교를 통해서, 스스로 자신의 입장을 선택할 수 있도록 한다.

(5) 교육 프로그램은 학회의 최근 관련 지침과 보조를 맞추어 진행되어야 한다.

(6) 상담심리사 교육에서는 교육생들에 대한 지속적인 평가를 통해, 장래의 상담활동을 수행하는 데 장애가 될 수도 있는, 교육생들의 한계를 알아내야 한다. 지도 교육하는 상담심리사는 교육생들이 상담자로서 성장할 수 있도록 도와주는 한편, 교육 프로그램을 통해서 바람직한 상담활동을 할 수 없는 사람을 가려낼 수 있어야 한다.

(7) 상담심리사는 상담심리사 교육과 훈련프로그램을 전문적으로 실시하고, 윤리적인 역할 모델이 되어 교육생들이 윤리적 책임과 윤리강령을 잘 인식하도록 돕는다.

(8) 상담심리사는 상담 성과나 훈련 프로그램을 홍보하기 위해 내담자 또는 수련생과의 관계를 이용하지 않는다.

(9) 상담심리사가 교육목적으로 저술한 교재는 교육과 연수과정에 채택할 수 있다.

(4) 자격증명서

자격증명서 발부 및 내용과 활용에 대한 원칙을 제공한다. 이에 대한 윤리강령의 내용을 살펴보면 다음과 같다.

(1) 본 학회에서 인증한 상담심리사는 자신의 자격을 일반 대중에게 알릴

수 있다.

(2) 상담심리사는 자격증에 명시된 깃 이상으로 자신의 자격을 과장하지 않는다.

(3) 상담이나 혹은 정신건강 분야에 관련된 석사학위를 가지고 있으나 박사학위는 그 이외의 분야에서 취득한 상담심리사는 그들의 상담활동에서 '박사'라는 말을 사용하지 않으며, 그 상담활동이나 지위와 관련하여 박사학위를 가진 상담심리사인 것처럼 대중에게 알리지 않는다.

3) 사회적 책임

상담자가 상담 서비스를 제공하는 과정 중에 이루어지는 사회적 관계의 다양한 측면에 있어서 지켜야 할 원칙과 경계해야 할 내용을 명시하고 있다. 사회와의 관계, 고용 기관과의 관계, 상담 기관 운영자, 다른 전문직과의 관계, 자문 그리고 홍보 등 6개 항으로 구성되어 있다. 한국상담심리학회에서는 상담의 상업적 활동에 대해서는 소극적 태도를 견지하고 있다.

(1) 사회와의 관계

사회의 일원으로서, 전문가로서 사회에 기여할 의무를 명시하고 있다. 상담료와 관련된 내용으로 내담자의 경제상태를 고려하여 상담료가 책정되어야 할 것과 상담수련생들에게 특별한 배려를 하도록 명시되어 있다. 이에 대한 윤리강령의 내용을 살펴보면 다음과 같다.

(1) 상담심리사는 사회의 윤리와 도덕기준을 존중하고, 사회공익과 자신이 종사하는 전문직의 바람직한 이익을 위해 최선을 다한다.

(2) 상담심리사는 경제적 이득이 없는 경우에도 자신의 전문적 활동에 헌신함으로써 사회에 공헌한다.

(3) 상담비용을 책정할 때 상담심리사들은 내담자의 재정상태와 지역성을 고려하여야 한다. 책정된 상담료가 내담자에게 적절하지 않을 때에는, 가능한 비용에 적합한 서비스를 받을 수 있는 방법을 찾아줌으로써 내담자를 돕는다.

(4) 상담 전문가가 되기 위해 수련하는 학회 회원에게는 상담료나 교육비 책정에 있어서 특별한 배려를 한다.

(2) 고용 기관과의 관계

전문적 상담기관에서 일하는 상담심리사의 의무와 역할이 명시되어 있다. 상담심리사는 자신의 가치와 기관의 가치와의 차이점에 대해 인지와 숙고가 있어야 하고, 기관에서 이루어지는 직무 지침을 확인해야 함을 다루고 있다. 이에 대한 윤리강령의 내용을 살펴보면 다음과 같다.

(1) 상담심리사는 자신이 종사하는 기관의 목적과 방침에 공헌할 수 있는 활동을 할 책임이 있다. 만일 자신의 전문적 활동이 기관의 목적과 모순되고, 직무수행에서 갈등이 해소되지 않을 때에는 기관과의 관계를 종결해야 한다.

(2) 상담심리사는 근무기관의 관리자 및 동료들과의 관계를 통해서 상담업무, 비밀보장, 공적 자료와 개인자료의 구별, 기록된 정보의 보관과 처

분, 업무량, 책임에 대한 상호 간의 동의가 이루어져야 한다. 이러한 동의는 구체적이어야 하며, 관련된 모든 사람이 알고 있어야 한다.

(3) 상담심리사는 그의 고용주에게 손해를 끼칠 수 있는 상황이나, 기관의 효율성에 제한을 줄 수 있는 상황에 대해 미리 경고를 해 주어야 한다.

(4) 상담심리사의 인사배치는 내담자의 권리와 복지를 보장하고 증진시킬 수 있도록 해야 한다.

(5) 상담심리사는 수련생에게 적절한 훈련과 지도감독을 제공하고, 수련생이 이 과정을 책임 있고 유능하게 수행할 수 있도록 도와야 하며, 만일 기관의 정책과 실제가 이런 의무의 수행을 막는다면, 가능한 범위에서 그 상황을 바로잡도록 노력한다.

(3) 상담 기관 운영자

앞 항이 기관에 고용된 상담심리사에게 해당하는 것이었다면, 여기서는 상담기관 운영자에게 해당하는 조문이다. 기관 운영자는 자격이 보증된 전문가를 고용해야 함은 물론이고, 기관 운영 지침을 마련해야 한다. 또한 기관의 다양한 상업적 활동에 대해서는 소극적인 태도를 권고하고 있다. 이에 대한 윤리강령의 내용을 살펴보면 다음과 같다.

(1) 상담기관 운영자는 다음 목록을 작성해 두어야 한다. 기관에 소속된 상담심리사의 증명서나 자격증은 그중 최고 수준의 것으로 하고, 자격증의 유형, 주소, 연락처, 직무시간, 상담의 유형과 종류, 그와 관련된 다른 정보 등이 정확하게 기록되어야 한다.

(2) 상담기관 운영자는 자신과 현재 종사하고 있는 직원의 발전에 책임이

있다.

(3) 상담기관 운영자는 직원들에게 기관의 목표와 상담 프로그램에 대해 알려주어야 한다.

(4) 상담기관 운영자는 고용, 승진, 인사, 연수 및 지도 시에 나이, 문화, 장애, 성, 인종, 종교, 혹은 사회경제적 지위 등을 이유로 어떤 차별적인 행동을 해서는 안 된다.

(5) 상담기관 운영자는 직원이나 학생, 수련생, 동료 등을 교육, 감독하거나 평가 시에 착취하는 관계를 가져서는 안 된다.

(6) 상담심리사가 개업상담가로서 상담을 홍보하고자 할 때는 일반인들에게 상담의 전문적 활동, 전문지식, 활용할 수 있는 상담 기술 등을 정확하게 알려 주어야 한다.

(7) 기관에 재직 중인 상담심리사는 상담개업 활동에 적극적으로 종사하고 있지 않다면, 자신의 이름이 상업 광고에 사용되도록 해서는 안 된다.

(8) 상담심리사는 다른 상담심리사나 정신건강 전문가와 협력체제를 맺을 수 있는데, 이럴 때 기관의 특수성을 분명히 인지하고 있어야 한다.

(9) 상담심리사는 자신의 개업활동에 대해 내담자에게 신뢰감을 주기 위해 학회나 연구단체의 회원임을 거론하는 것은 비윤리적이다.

(10) 내담자나 교육생을 모집하기 위해, 개인상담소를 고용이나 기관 가입의 장소로 이용해서는 안 된다.

(4) 다른 전문직과의 관계

내담자들이 개인상담을 받고 있더라도 다른 상담자의 집단상담에 참여할 수 있고, 정신과 진료를 받으며, 정신과적 약물을 복용할 수 있다. 내담자가 동시에 다양한 치료를 받는 병합치료 상태에서는 다른 치료에 대한 존중과 협조를 권고한다. 이에 대한 윤리강령의 내용을 살펴보면 다음과 같다.

> (1) 상담심리사는 자신의 방식과 다른 전문적 상담 접근을 존중해야 한다. 상담심리사는 함께 일하는 다른 전문적 집단의 전통과 실제를 알고 이해해야 한다.
> (2) 공적인 자리에서 개인 의견을 말할 경우, 상담심리사는 그것이 자기 자신의 관점에서 나온 것이고, 모든 상담심리사의 견해를 대변하는 것이 아님을 분명히 해야 한다.
> (3) 내담자가 다른 정신건강 전문가의 서비스를 받고 있음을 알게 되면, 내담자의 동의하에 상담 사실을 그 전문가에게 알리고, 긍정적이고 협력적인 치료관계를 맺도록 노력한다.
> (4) 상담심리사는 다른 전문가로부터 의뢰비용을 받으면 안 된다.

(5) 자문

상담자의 중요한 역할 중 하나가 자문이다. 자문이란 전문가로서 가지고 있는 지식과 능력을 내담자와 나누어 내담자의 발전적 행위를 돕는 과정이므로 내담자와 수평적 관계를 형성하는 것에 유의해야 한다. 실제로 내담자, 즉 클라이언트(Client)는 자문자에게 정보나 지식을 구하는 고객에 해당하는 용어다. '상담자-내담자'에서의 내담자(Client)는 문제해결이 주 목적이라면 '자문자-클라이언트'에서의 클라이언트(내담자)는 정보나 지식을 구하는 것이 주 목적이다. 이에 대한 윤리강령의 내용을 살펴보면 다음과 같다.

(1) 자문이란 개인, 집단, 사회단체가 전문적인 조력자의 도움이 필요하여 요청한 자발적인 관계를 말하는데, 상담심리사는 자문을 요청한 내담자나 기관의 문제 혹은 잠재된 문제를 규명하고 해결하는 데 도움을 준다.

(2) 상담심리사와 내담자는 문제 규명, 목표 변경, 상담 성과에 서로의 이해와 동의를 구해야 한다.

(3) 상담심리사는 자신이 자문에 참여하는 개인 또는 기관에게 도움을 주는 데 필요한, 충분한 자질과 능력을 갖추었는지를 합리적인 방법으로 명시해야 한다.

(4) 자문을 할 때 개인이나 기관의 가치관을 바꾸는 데 도움을 주고자 한다면 상담심리사 자신의 가치관, 지식, 기술, 한계성이나 욕구에 대한 깊은 자각이 있어야 하고, 자문의 초점은 문제를 가진 사람이 아니라 풀어 나가야 할 문제 자체에 두어야 한다.

(5) 자문 관계는 내담자가 스스로 성장해 나가도록 격려하고 고양하는 것이어야 한다. 상담심리사는 이러한 역할을 일관성 있게 유지해야 하고, 내담자가 스스로의 의사결정자가 되도록 도와주어야 한다.

(6) 상담활동에서 자문의 활용에 대해 홍보할 때는 학회의 윤리강령을 성실하게 준수해야 한다.

(6) 홍보

전문가로서의 상담심리사의 홍보 원칙을 제시하고 있다. 전반적으로 상담의 경제적 활동에 대해서 소극적 태도를 가지고 있다. 이에 대한 윤리강령의 내용을 살펴보면 다음과 같다.

(1) 상담심리사는, 전문가로서의 자신의 자격과 상담활동에 대해 대중에게 홍보하거나 설명할 수 있으나, 그 내용은 정확해야 하며, 오해를 일으킬 수 있거나 거짓된 내용이어서는 안 된다.
(2) 상담심리사는 상담 수주를 위해 강연, 출판물, 라디오, TV, 혹은 다른 매체의 홍보에 대해 보수를 지급해서는 안 된다.
(3) 내담자의 추천을 통해서 새로운 내담자의 신뢰를 얻고자 할 때에는, 상황이 특수한 상태이거나, 취약한 상태인 내담자에게는 추천을 의뢰해서는 안 된다.
(4) 상담심리사는 출판업자, 언론인, 혹은 스폰서 등이 상담의 실제나 전문적인 활동과 관련된 잘못된 진술을 하는 경우 이를 시정하고 방지하도록 노력한다.
(5) 상담심리사가 워크숍이나 훈련 프로그램을 홍보할 때는 소비자의 선택을 위해서 적절한 정보를 제공하고 정확하게 홍보해야 한다.

4) 인간권리와 존엄성에 대한 존중

상담의 최고 목표와 가치를 세 가지 영역으로 구분하여 구체적으로 명시하고 있다. 여기에는 내담자 복지, 다양성 존중, 내담자의 권리 등이 있다.

(1) 내담자 복지

상담의 최종 목표가 내담자의 복리 증진에 있음을 천명하고 있다. 자칫 상담이 상담자의 욕구충족을 위한 행위로 변질될 수 있을 가능성과 내담자의 의존에 대해서 경계한다. 가족상담과 진로상담의 필요성과 한계를 명시하고 있다. 이에 대한 윤리강령의 내용을 살펴보면 다음과 같다.

(1) 상담심리사의 일차적 책임은 내담자의 복리를 증진하고 존엄성을 존중하는 것이다.
(2) 상담심리사는 내담자의 잠재력을 개발하여 건강한 삶을 영위하도록 도움을 주며, 어떤 방식으로도 해를 끼치지 않는다. 상담심리사는 내담자로 하여금 의존적인 상담관계를 형성하지 않도록 노력하여야 한다.
(3) 상담심리사는 상담관계에서 오는 친밀성과 책임감을 인식하고, 상담심리사의 개인적 욕구충족을 위해서 내담자를 희생시켜서는 안 된다.
(4) 상담심리사는 내담자의 가족이 내담자의 삶에 중요하다는 것을 인식하고, 필요하다면 가족의 이해와 참여를 얻기 위해 노력한다.
(5) 상담심리사는 직업 문제와 관련하여 내담자의 능력, 일반적인 기질, 흥미, 적성, 욕구, 환경 등을 고려하면서 내담자와 함께 노력하지만, 내담자의 일자리를 찾아주거나 근무처를 정해 줄 의무가 있는 것은 아니다.

(2) 다양성 존중

다양한 내담자에 대해 생길 수 있는 상담자의 편견이나 선입견을 경계한다. 상담이 주류집단을 중심으로 발달된 학문이기 때문에 소수집단에 대한 차별이나 가치 차별 등의 발생을 경계하고 있다. 이에 대한 윤리강령의 내용을 살펴보면 다음과 같다.

(1) 상담심리사는 모든 인간의 기본적인 권리, 존엄성, 가치를 존중하며 연령이나 성별, 인종, 종교, 성적인 선호, 장애 등을 이유로 내담자를 차별하지 않는다.
(2) 상담심리사는 내담자의 다양한 문화적 배경을 이해하려고 적극적으로 시도해야 하며, 상담심리사 자신의 고유한 문화적 정체성이 상담과정에 어떤 영향을 주는지를 인식해야 한다.
(3) 상담심리사는 자신의 고유한 가치, 태도, 신념, 행위를 인식하여 그것이 어떻게 다양한 사회에서 적용되는지를 깨닫고 있어야 하고, 내담자에게 자신의 가치를 강요하지 않는다.

(3) 내담자의 권리

약자일 수밖에 없는 내담자가 가지는 권리를 명시하고 있다. 특히, 자발성이 없거나 약한 집단의 내담자 권리에 대해 관심을 가질 것을 요구한다. 이에 대한 윤리강령의 내용을 살펴보면 다음과 같다.

(1) 내담자는 비밀유지를 기대할 권리가 있고 자신의 사례기록에 대한 정보를 가질 권리가 있으며, 상담 계획에 참여할 권리, 어떤 서비스에 대해서는 거절할 권리, 그런 거절에 따른 결과에 대해 조언을 받을 권리 등이 있다.
(2) 상담심리사는 내담자에게 상담에 참여 여부를 선택할 자유와 어떤 전문가와 상담할 것인가를 결정할 자유를 주어야 한다. 내담자의 선택을 제한하는 제한점은 내담자에게 모두 설명해야 한다.
(3) 미성년자 혹은 자발적인 동의를 할 수 없는 사람이 내담자일 경우, 상담심리사는 이런 내담자의 최상의 복지를 염두에 두고 행동한다.

5) 상담관계

상담에서 관계는 상담과정과 성과에서 가장 중요한 방법이자 치료 요인이다. 상담관계가 상담에서 중요한 만큼 윤리적 영역에서 자주 문제가 되기도 한다. 학회의 윤리강령은 이중 관계에서 성적 관계를 분리해서 별도로 다루고 있다.

(1) 이중 관계

이중 관계는 상담의 윤리에서 가장 빈번하게 거론되는 문제 중 하나다. 가족 관계, 사제 관계 등 영향을 잠재적으로라도 미칠 수 있는 관계는 모두 해당한다. 특히, 미국 등지에서는 성적인 관계를 이중 관계를 다루는데, 한국상담심리학회에서는 따로 분리해서 다루고 있다. 이에 대한 윤리강령의 내용을 살펴보면 다음과 같다.

> (1) 상담심리사는 객관성과 전문적인 판단에 영향을 미칠 수 있는 이중 관계는 피해야 한다. 가까운 친구나 친인척 등을 내담자로 받아들이면 이중 관계가 되어 전문적 상담의 성과를 기대할 수 없으므로, 다른 전문가에게 의뢰하여 도움을 준다.
> (2) 상담심리사는 상담 할 때에 내담자와 상담 이외의 다른 관계가 있다면, 특히 자신이 내담자의 상사이거나 지도교수 혹은 평가를 해야 하는 입장에 놓인 경우라면 그 내담자를 다른 전문가에게 의뢰한다. 그러나 다른 대안이 불가능하고, 내담자의 상황을 판단해 볼 때 상담관계 형성이 가능하다고 여겨지면 상담관계를 유지할 수도 있다.
> (3) 상담심리사는 특별한 경우를 제외하고는, 내담자와 상담실 밖에서 사

적인 관계를 유지하지 않도록 한다.
(4) 상담심리사는 내담자와의 관계에서 상담료 이외의 어떠한 금전적, 물
질적 거래관계도 맺어서는 안 된다.

(2) 성적 관계

상담자와 내담자 사이의 어떤 형태의 성적 관계도 허용하지 않으
며, 이전에 성적인 관계에 있던 내담자도 수용하지 않는다. 서양에서
와 동일하게 우리나라에서도 상담 종료 후 2년 이후로 관계를 허용
하고 있다. 이에 대한 윤리강령의 내용을 살펴보면 다음과 같다.

(1) 상담심리사는 내담자와 어떠한 종류이든 성적 관계는 피해야 한다.
(2) 상담심리사는 이전에 성적인 관계를 가졌던 사람을 내담자로 받아들이
지 않는다.
(3) 상담심리사는 상담관계가 종결된 이후 최소 2년 내에는 내담자와 성적
관계를 맺지 않는다. 상담 종결 이후 2년이 지난 후에 내담자와 성적 관
계를 맺게 되는 경우에도 상담심리사는 이 관계가 착취적인 특성이 없
다는 것을 철저하게 검증해야 한다.

(3) 여러 명의 내담자와의 관계

집단상담 혹은 가족상담 시 상담자에게 요구하는 영향력이 다를
수 있음을 인식하여 이에 대한 원칙을 제시하고 있다. 상담자는 상담
관계의 원칙을 늘 상기하는 것이 필요하다. 이에 대한 윤리강령의 내

용을 살펴보면 다음과 같다.

> (1) 상담심리사가 서로 관계를 맺고 있는 둘 혹은 그 이상의 내담자들(예: 남편과 아내, 부모와 자녀)에게 상담을 제공할 것을 동의할 경우, 상담심리사는 누가 내담자이며 각 사람과 어떠한 관계를 맺게 될지 그 특성에 대해 명확히 하고 상담을 시작해야 한다.
>
> (2) 만약 그러한 관계가 상담심리사로 하여금 잠재적으로 상충되는 역할을 수행하도록 요구한다면, 상담심리사는 그 역할에 대해서 명확히 하거나, 조정하거나, 그 역할로부터 벗어나도록 한다.

6) 정보의 보호

상담은 정보, 그것도 매우 비밀스러운 정보가 집합되고 분석·통합되는 과정이다. 그러기에 관계가 중요하고 비밀보장과 관련해서 구체적 운영 원칙이 필요하다. 사생활과 비밀보호, 기록, 비밀보호의 한계, 집단상담과 가족상담, 기타 목적을 위한 내담자 정보의 사용 및 전자정보의 보호 등 6개 항으로 되어 있다. 특히, 최근에 대두된 전자정보의 관리도 다루고 있다.

(1) 사생활과 비밀보호

내담자의 비밀유지는 상담이라는 서비스의 존재 이유일 수 있다. 이러한 필수적인 과정에 문제가 발생하지 않도록 정보로서의 한계, 관련인의 의무 등이 명시되어 있다. 이에 대한 윤리강령의 내용을 살

퍼보면 다음과 같다.

---

(1) 상담심리사는 사생활과 비밀유지에 대한 내담자의 권리를 최대한 존중
해야 할 의무가 있다.
(2) 내담자의 사생활 보호에 대한 권리는 내담자나 내담자가 위임한 법적
대리인에 의해 유예될 수 있다.
(3) 상담심리사는 내담자의 사생활 침해를 최소화하기 위해서 문서 및 구
두상의 보고나 자문 등에서 실제 의사소통된 정보만을 포함시킨다.
(4) 상담심리사는 고용인, 지도감독자, 사무보조원, 그리고 자원봉사자들을
포함한 직원들에게도 내담자의 사생활과 비밀이 보호되도록 주지시켜야
한다.

---

(2) 기록

상담보고서 등 상담과정에서는 매우 다양하고 많은 기록이 존재한
다. 내담자가 기록과 관련된 일(기록, 보관, 폐기, 활용 등)에 대해 잘 알
수 있도록 구조화해야 한다. 또한 상담자의 훈련을 위해 상담이 공개
될 때에는 서면동의서가 첨부되어야 함을 명시해 놓고 있다. 심리검
사 기록은 다른 조항에서 다루어지기 때문에 여기에서는 제외되어
있다. 이에 대한 윤리강령의 내용을 살펴보면 다음과 같다.

---

(1) 법, 규제 혹은 제도적 절차에 따라, 상담심리사는 내담자에게 전문적인
서비스를 제공하기 위해서 반드시 기록을 보존한다.
(2) 상담심리사는 녹음 및 기록에 관해 내담자의 동의를 구한다.
(3) 상담심리사는 면접기록, 심리검사자료, 편지, 녹음·녹화 테잎, 기타 문

서기록 등 상담과 관련된 기록들이 내담자를 위해 보존된다는 것을 인식하며, 상담기록의 안전과 비밀보호에 책임진다.

(4) 상담기관이나 연구단체는 상담기록 및 보관에 관한 규정을 작성해야 하며, 그렇지 않을 경우 상담기록은 상담심리사가 속해 있는 기관이나 연구단체의 기록으로 간주한다. 상담심리사는 내담자가 기록에 대한 열람이나 복사를 요구할 경우, 그 기록이 내담자에게 잘못 이해될 가능성이 없고 내담자에게 해가 되지 않으면 응하는 것이 원칙이다. 단, 여러 명의 내담자를 상담하는 경우, 다른 내담자와 관련된 사적인 정보는 제외하고 열람하도록 한다.

(5) 상담심리사는 기록과 자료에 대한 비밀보호가 자신의 죽음, 능력상실, 자격박탈 등의 경우에도 보호될 수 있도록 미리 계획을 세운다.

(6) 상담심리사는 상담과 관련된 기록을 보관하고 처리하는 데 있어서 비밀을 보호해야 하며, 이를 타인에게 공개할 때에는 내담자의 직접적인 동의가 있을 때에만 가능하다.

(7) 상담심리사는 다음에 정한 바와 같이 비밀보호의 예외가 존재하는 경우를 제외하고는, 내담자의 서면 동의 없이는 제 삼의 개인, 단체에게 상담기록을 밝히거나 전달하지 않는다.

(3) 비밀보호의 한계

비밀보장이 상담의 생명임에도 한계 상황이 발생하기도 한다. 사실 이러한 상황도 내담자의 복지라는 우선적 가치에 의한 것이다. 내용에는 한계 상황과 그러한 상황에서 처리되는 절차들이 명시되어 있다. 이러한 내용을 포함하여 진행 절차도 내담자에게 반드시 주지되어야 한다. 이에 대한 윤리강령의 내용을 살펴보면 다음과 같다.

(1) 내담자의 생명이나 사회의 안전을 위협하는 경우가 발생한 경우에 한하여 내담자의 동의 없이도 내담자에 대한 정보를 관련 전문인이나 사회에 알릴 수 있다. 이런 경우 상담 시작 전에 이러한 비밀보호의 한계를 알려준다.

(2) 내담자가 감염성이 있는 치명적인 질병이 있다는 확실한 정보를 가졌을 때, 상담심리사는, 그 질병에 위험한 수준으로 노출되어 있는 제 삼자(내담자와 관계 맺고 있는)에게 그러한 정보를 공개할 수 있다. 상담심리사는 제 삼자에게 이러한 정보를 공개하기 전에, 내담자가 자신의 질병에 대해서 그 사람에게 알렸는지, 아니면 조만간에 알릴 의도가 있는지를 확인한다.

(3) 법적으로 정보의 공개가 요구될 때에는 비밀보호의 원칙에서 예외이지만, 법원이 내담자의 허락 없이 사적인 정보를 밝힐 것을 요구할 경우, 상담심리사는 내담자와의 관계를 해칠 수 있기 때문에 정보를 요구하지 말 것을 법원에 요청한다.

(4) 상황들이 사적인 정보의 공개를 요구할 때 오직 기본적인 정보만을 밝힌다. 더 많은 사항을 밝히기 위해서는 사적인 정보의 공개에 앞서 내담자에게 알린다.

(5) 만약 내담자의 상담이 여러 전문가로 구성된 팀에 의한 지속적인 관찰을 포함하고 있다면, 팀의 존재와 구성을 내담자에게 알린다.

(6) 상담이 시작될 때와 상담과정 중 필요한 때에, 상담심리사는 내담자에게 비밀 보호의 한계를 알리고 비밀보호가 불이행되는 상황에 대해 인식시킨다.

(7) 비밀보호의 예외 및 한계에 관한 타당성이 의심될 때에 상담심리사는 동료 전문가의 자문을 구한다.

(4) 집단상담과 가족상담

집단상담과 가족상담처럼 비밀보장의 어려움이 내재되어 있는 과
정을 어떻게 관리할 수 있는지가 명시되어 있다. 이에 대한 윤리강령
의 내용을 살펴보면 다음과 같다.

(1) 집단상담에서 상담심리사는 비밀보호의 중요성을 설명하고, 집단에서
의 비밀보호와 관련된 어려움들을 토론한다. 집단 구성원들에게 비밀
보호가 완벽하게는 보장될 수 없음을 알린다.
(2) 가족상담에서 한 가족구성원에 대한 정보는, 허락 없이는 다른 구성원에
게 공개될 수 없다. 상담심리사는 각 가족구성원의 사생활에 대한 권리를
보호한다.
(3) 자발적인 언행이 불가능하거나 미성년인 내담자를 상담할 때, 상담의
과정에서 필요하면, 부모나 보호자가 참여할 수 있음을 알린다. 그러나
상담심리사는 내담자의 이익을 위해 최선을 다한다.

(5) 기타 목적을 위한 내담자 정보의 사용

저술이나 교육을 위해 내담자의 자료를 사용할 경우에도 역시 내
담자의 보호 원칙을 지킨다. 이에 대한 윤리강령의 내용을 살펴보면
다음과 같다.

(1) 교육이나 연구 또는 출판을 목적으로 의 사용 상담관계로부터 얻어진
자료를 사용할 때에는 내담자의 동의를 구해야 하며, 각 개인의 익명성
이 보장되도록 자료 변형 및 신상 정보의 삭제와 같은 적절한 조치를 취
하여 내담자의 신상에 피해를 주지 않도록 한다.

제2장 한국상담심리학회 윤리강령의 이해

(2) 다른 전문가의 자문을 구할 경우, 상담심리사는 사전에 내담자의 동의를 구해야 하며, 적절한 조치를 통해 내담자의 사생활과 비밀을 보호하도록 노력한다.

(6) 전자 정보의 비밀보호

전자정보는 그 파급력과 통제의 어려움이 크므로 내담자의 보호를 위해 보다 신중하게 다루어져야 한다.

(1) 컴퓨터를 사용하면 광범위하게 자료를 보관하고 조사 · 분석할 수 있지만, 정보를 관리하는 데 한계가 있다는 사실을 알아야 한다.
(2) 내담자의 기록이 전자 정보 형태로 보존되어 제3자가 내담자의 동의 없이 접근할 수 있을 때, 상담심리사는 적절한 방법을 통해 내담자의 신상이 드러나지 않도록 조치를 취한다.

7) 상담연구

학회에서 상담심리사가 되는 자격 규정에는 상담 지식의 습득과 수퍼바이저의 지도 아래 이루어지는 상담 실습 및 연구를 요구하고 있다. 이는 상담자의 주요 모델로 채택하고 있는 과학과 실제(Science & Practice)의 전통을 유지하는 것으로, 상담자는 지속적인 연구자의 기능을 유지하는 것이 필요하다. 실제로 상담심리사 자격 조건에 대학원에서의 석사학위 및 이에 준하는 학문적 자격을 요구하고 있다. 뿐만 아니라, 상담 관련 학술지에 사례연구를 비롯하여 조사연구 등 경험적 연구물을 발표할 수 있는 역량도 요구한다. 본 강령은 연구계획, 책임, 연구 대상자의 참여 및 동의 그리고 연구 결과 및 보고 등 4개의 항으로 상담연구를 구성하고 있다.

상담 서비스가 아닌 상담과 관련하여 연구를 진행할 때에도 상담자는 윤리적 문제를 염두에 두고 진행한다. 생각하지 않았던 연구 진행과 결과로 인한 영향력까지도 생각해야 한다.

(1) 연구계획

상담연구는 심리학의 여타 영역보다 연구진행이 쉽지 않다. 수많은 변인이 작용하기 때문에 잘 통제된 연구를 진행해 놓고 때로는 그 결과를 오히려 현장에 적용하기 어려울 경우도 있다. 그래서 과학성과 현장성, 결과의 적용성 등의 가치를 균형 있게 유지하는 것이 필요하다.

> (1) 상담심리사는 윤리적 기준에 따라 과학적인 방법으로 연구를 계획하고 수행한다.
> (2) 상담심리사는 연구가 잘못될 가능성을 최소화하도록 연구를 계획한다.
> (3) 연구를 계획할 때, 상담심리사는 윤리강령에 따라 하자가 없도록 한다. 만약 윤리적 쟁점이 명확하지 않다면, 상담심리사는 윤리위원회나 동료의 자문 등을 통해 쟁점을 해결한다.
> (4) 상담심리사는 최선을 다해 연구 대상자의 권리와 복지를 보호하기 위한 적절한 조치를 취해야 한다.

(5) 상담심리사는 국가의 법과 기준 및 전문적 기준을 준수하는 태도로 연구를 수행한다.

(2) 책임

연구를 진행하는 데 관여하는 사람들, 즉 연구 대상자, 연구자를 비롯한 연구보조 진행자의 복지와 행위에 대한 책임이 있음을 인식해야 한다.

(1) 상담심리사는 연구가 진행되는 동안 연구 대상자의 복지에 대한 책임이 있으며, 연구 대상자를 심리적, 신체적, 사회적 불편이나 위험으로부터 보호해야 한다.
(2) 상담심리사는 자기 자신 혹은 자기 감독하에 수행된 연구의 윤리적 행위에 대해서 책임이 있다.
(3) 연구자와 연구 보조자는, 훈련받고 준비된 과제만을 수행해야 한다.
(4) 연구를 수행하는 데 있어서, 필요에 따라 숙련된 연구자의 자문을 구한다.

(3) 연구 대상자의 참여 및 동의

연구의 참여는 자발적이어야 함을 동의서로 확인하고, 연구 후 설명(debriefing)으로 완성한다.

(1) 연구에의 참여는 자발적이어야 한다. 비자발적인 참여는 그것이 연구

대상자에게 전혀 해로운 영향을 끼치지 않거나, 관찰연구가 필요한 경우에만 가능하다.

(2) 상담심리사는 연구 대상자를 구하기 위하여 부적절한 유인가를 제공하지 말아야 한다.

(3) 상담심리사는 연구 대상자가 이해할 수 있는 언어를 사용하여 연구의 목적, 절차 및 기대되는 효과를 설명한 후에 연구 동의를 받아야 한다.

(4) 상담심리사는 모든 형태의 촬영이나 녹음에 대해서 사전에 연구 대상자의 동의를 받아야 한다.

(5) 상담심리사는 정보를 숨기거나 사실과 다르게 알리는 것이 연구와 관찰에 필요한 경우를 제외하고는, 모든 연구 대상자에게 연구의 목적 및 특성에 대해 사실대로 알려야 한다. 연구의 특성상 사실과 다르게 보고한 경우에는 연구가 끝난 뒤 가능한 한 빨리 사실 그대로를 알려 주어야 한다.

(6) 상담심리사는 연구 대상자의 참여에 영향을 줄 수 있는 물리적 위험, 불편함, 불쾌한 정서적 경험 등에 관하여 반드시 사전에 알려주어야 한다.

(4) 연구 결과 및 보고

상담자는 연구의 진행과 발표에 있어 정직해야 한다. 다른 사람의 연구에서 6개 단어 이상의 구절을 참고문헌에 밝히지 않은 채 발표하면 표절에 해당하며, 이는 자신의 다른 연구에 적용할 때도 해당한다. 특히, 요즈음에는 대학에서 연구업적을 평가하기 때문에 이와 관련해서 표절, 공동 연구자 문제 등 윤리적 시비가 종종 보고된다. 학회에서 정하는 윤리강령의 숙지가 요구된다.

(1) 상담심리사는 연구 대상자의 요구가 있을 경우, 연구 대상자에게 연구의 결과나 결론 등을 제공한다.

(2) 상담심리사는 연구 결과를 출판할 경우에 자료를 위조하거나 결과를 왜곡해서는 안 된다.

(3) 출판된 자신의 자료에서 중대한 오류가 발견된 경우, 상담심리사는 그러한 오류에 대해 수정, 철회, 정정하여야 한다.

(4) 상담심리사는 타 연구의 결과나 자료의 일부, 혹은 기본적인 내용에 대해서 아무리 자주 인용된다 할지라도 자신의 것으로 보고해서는 안 된다.

(5) 상담심리사는 자신이 수행한 연구 및 기여한 연구에 대해서만 책임과 공로를 갖는다. 연구에 많은 공헌을 한 자는 공동 연구자로 하거나, 공인을 해주거나, 각주를 통해 밝히거나, 혹은 다른 적절한 수단을 통하여 그 공헌에 맞게 인정해 주어야 한다.

(6) 전문적이고 과학적인 가치가 있는 것으로 판명된 연구결과는 다른 상담심리사들과 상호 교환해야 하며, 연구결과가 연구소의 프로그램, 상담활동, 기존 관심과 일치하지 않는다는 이유로 철회되어서는 안 된다.

(7) 상담심리사는 자신의 연구를 제3자가 반복하기 원하고, 그만한 자격이 있으면, 연구 자료를 충분히 이용하도록 할 의무가 있다. 단 연구 대상자의 정보를 보호해야 한다.

(8) 상담심리사는, 이미 다른 논문이나 출판물에 전체 혹은 일부분이 수록된 원고를 전 출판사의 승인이나 인가 없이 이중발표하지 않는다.

8) 심리검사

내담자의 이해는 전문적 상담에서 필수적인 과정이고, 심리검사는 이 과정에서 특히 요구된다. 상담자는 내담자의 무엇을 이해하기 위해 어떤 심리검사를 선택하여 실시해야 할지, 그리고 그것은 내담자에게 어떻게 설명하고 협조를 얻어야 할지 알아야 한다. 더 나아가 그 결과를 어떻게 설명, 활동해야 하는지에 대해서도 명백하게 설명할 수 있어야 한다. 내담자는 심리검사에 기대도 하지만 불안해하고 위협적인 마음이 든다는 것을 상담자가 알고 있어야 한다. 심리검사와 관련한 윤리강령은 상담자의 경각심을 높인다.

(1) 기본 사항

평가도구 사용 및 결과 활용의 목적, 방법 등 기본 원리가 명시되어 있다. 특히, 심리검사를 비롯한 평가를 수행할 때는 내담자에게 그 평가의 목적, 방법을 알려야 하며 그 결과에 대해서 내담자에게 적절히 설명되어야 한다. 이에 대한 윤리강령의 내용을 살펴보면 다음과 같다.

---

(1) 교육 및 심리 평가의 주된 목적은, 객관적이면서 해석이 용이한 평가도구를 제공하는 데 있다.

(2) 상담심리사는 교육 및 심리 평가 방법을 활용하여, 내담자의 복리와 이익을 추구하여야 한다.

(3) 상담심리사는 평가결과와 해석을 오용해서는 안 되고, 다른 사람들이 평가도구를 개발하고, 출판 또는 사용함에 있어서 정보를 오용하지 않도록 적절한 조치를 한다.

(4) 상담심리사는, 검사결과에 따른 상담심리사들의 해석 및 권유의 근거에 대한, 내담자들의 알 권리를 존중한다.

---

(5) 상담심리사는 규정된 전문적 관계 안에서만 평가, 진단, 서비스, 혹은 개입을 한다.

(6) 상담심리사의 평가, 추천, 보고, 그리고 심리적 진단이나 평가 진술은 적절한 증거 제공이 가능한 정보와 기술에 바탕을 둔다.

(2) 검사를 사용하고 해석하는 능력

심리검사의 활용 능력에 대해 다루고 있다. 충분히 훈련받지 않았거나 자격이 없이는 운용할 수 없는 검사를 사용하게끔 부당하게 요청받을 수 있다는 현장을 감안할 때, 상담자의 심리검사 운용 능력 신장의 필요성을 강조한다. 이에 대한 윤리강령의 내용을 살펴보면 다음과 같다.

(1) 상담심리사는 자신의 능력의 한계를 알고, 훈련받은 검사와 평가만을 수행해야 한다. 또한 상담심리사는 지도감독자로부터, 적합한 심리검사 도구를 제대로 이용하는지의 여부를 평가받아야 한다.

(2) 컴퓨터를 이용한 검사를 활용하는 상담심리사는, 원 평가 도구에 대해 훈련받아야 한다.

(3) 수기로 하든지, 컴퓨터를 사용하든지, 상담심리사는 평가 도구의 채점, 해석과 사용, 응용에 대한 책임이 있다.

(4) 상담심리사는 타당도와 신뢰도, 검사에 대한 연구 및 검사지의 개발과 사용에 관한 지침 등 교육·심리적 측정에 대해 철저하게 이해하고 있어야 한다.

(5) 상담심리사는 평가 도구나 방법에 대해 언급할 때, 정확한 정보를 제공

하고 오해가 없도록 해야 한다. 지능지수나 점수 등이 근거 없는 의미를 내포하지 않도록 특별한 노력을 기울여야 한다.

(6) 상담심리사는 심리 평가를 무자격자에게 맡겨서는 안 된다.

(3) 사전 동의

검사의 실시 목적과 검사의 특성, 절차, 결과의 활용 등에 대해 내담자에게 충분히 설명되어야 한다는 검사 실시의 원리를 명시하고 있다. 이에 대한 윤리강령의 내용을 살펴보면 다음과 같다.

(1) 평가 전에 내담자의 동의를 미리 얻지 않았다면, 상담심리사는 그 평가의 특성과 목적, 그리고 결과의 구체적인 사용에 대해 내담자가 이해할 수 있는 말로 설명해야 한다. 채점이나 해석이 상담심리사나 보조원에 의해서 되든, 아니면 컴퓨터나 기타 외부 서비스 기관에 의해서 이루어지든지, 상담심리사는 내담자에게 적절한 설명을 하도록 조치를 취해야 한다.

(2) 내담자의 복지, 이해 능력, 그리고 사전 동의에 따라 검사 결과의 수령인을 결정짓는다. 상담심리사는 어떤 개인 혹은 집단 검사결과를 제공할 때 정확하고 적절한 해석을 함께 제공하여야 한다.

(4) 유능한 전문가에게 정보 공개하기

검사 결과는 그것을 다룰 수 있는 충분한 자격을 갖춘 자에 한해서 공개할 수 있음을 명시한다. 예를 들어, 청소년상담 현장에서 청소년의 부모나 교사는 실시된 심리검사의 결과를 알기 원한다. 그들이 검사 결과를 충분히 이해하고 상담에 협조할 수 있을 때 내담자의 허락 하에 검사 결과를 공유할 수 있다. 일반적으로 검사 결과지를 교사나 학부모에게 전달되지 않는 것이 윤리규정이다. 이에 대한 윤리강령의 내용을 살펴보면 다음과 같다.

(1) 상담심리사는 검사 결과나 해석을 포함한 평가 결과를 오용해서는 안 되며, 다른 사람들의 오용을 막기 위한 적절한 조치를 취한다.
(2) 상담심리사는 특별한 경우를 제외하고는, 내담자나 내담자가 위임한 법적 대리인의 동의가 있을 경우에만 그 내담자의 신분이 드러날 만한 자료(예를 들면, 계약서, 상담이나 인터뷰 기록, 혹은 설문지)를 공개한다. 그와 같은 자료는 그 자료를 해석할 만한 능력이 있다고 상담심리사가 인정하는 전문가에게만 공개되어야 한다.

(5) 검사의 선택

표준화가 이루어진 검사에 한하여 사용할 수 있음을 명시하고 있으며, 수검자의 문화적 배경을 감안하여 검사 선택이 이루어져야 한다. 이에 대한 윤리강령의 내용을 살펴보면 다음과 같다.

(1) 상담심리사는 심리검사를 선택할 때 타당도, 신뢰도, 검사의 적절성, 제한점 등을 신중히 고려한다.
(2) 상담심리사는 다문화 집단을 위한 검사를 선택할 때, 사회화된 행동과 인지 양식을 고려하지 않은 부적절한 검사를 피할 수 있도록 주의한다.

(6) 검사 시행의 조건

검사 실시 시의 조건을 명시하고 있다. 검사에 따라서 수검자의 능력을 최대한으로 발휘해야 하는지, 평사시의 모습을 측정하는 것인지에 따라 수검 조건이 달라지므로 검사에 대한 이해가 충분해야 한다. 이에 대한 윤리강령의 내용을 살펴보면 다음과 같다.

(1) 상담심리사는 표준화된 조건과 동일한 조건에서 검사를 시행한다. 검사가 표준화된 조건에서 시행되지 않거나, 검사 시간에 비정상적인 행동이 발생할 경우, 그러한 내용을 기록해야 하고, 그 검사 결과는 무효 처리하거나 타당성을 의심할 수 있다.
(2) 상담심리사는 컴퓨터나 다른 전자식 방법을 사용하였을 때, 시행 프로그램이 내담자에게 정확한 결과를 적절히 제공하도록 보장할 책임이 있다.
(3) 인사, 생활지도, 상담활동에 주로 활용되는 검사결과가 유의미하기 위해서는 검사내용에 대한 선수지도나 내용을 언급하면 안 된다. 그러므로 검사지를 안전하게 보호하는 것도 상담심리사의 책임이다.

(7) 검사 점수화와 해석, 진단

검사 해석의 신중성, 전문성이 강조된다. 이에 대한 윤리강령의 내용을 살펴보면 다음과 같다.

(1) 상담심리사는 검사 시행과 해석에 있어서 나이, 인종, 문화, 장애, 민족, 성, 종교, 성적 기호, 그리고 사회경제적 지위의 영향을 고려하고, 다른 관련 요인들과 통합 비교하여 검사 결과를 해석한다.

(2) 상담심리사는 기술적 자료가 불충분한 평가 도구의 경우 그 결과를 해석할 때 신중해야 한다. 그러한 도구를 사용하는 특정한 목적을 내담자에게 명백히 알려 주어야 한다.
(3) 정신 장애를 진단하기 위해서 상담심리사는 특별한 관심을 가져야한다. 내담자에 대한 치료 장소, 치료 유형, 또는 후속조치를 결정하기 위한 개인 면담 및 평가방법을 주의 깊게 선택하고 사용한다.
(4) 상담심리사는 내담자의 문제를 정의할 때, 내담자가 속한 문화의 영향을 받는다는 것을 인지한다. 내담자의 정신 장애를 진단할 때 사회경제적 및 문화적 경험을 고려해야 한다.

(8) 검사의 안정성

검사도구의 표준화 작업이 지속적으로 검토되어야 함을 명시한다. 이에 대한 윤리강령의 내용을 살펴보면 다음과 같다.

(1) 상담심리사는 공인된 검사 또는 일부를 발행자의 허가 없이 사용, 재발행, 수정하지 않는다.
(2) 상담심리사는 시대에 뒤진 자료나 검사 결과를 사용하지 않는다. 다른 사람이 쓸모없는 측정이나 검사 자료를 사용하지 않도록 상담심리사는 도와준다.

9) 윤리문제 해결

제기된 윤리문제 해결 과정에 대한 내용을 다룬다. 윤리위원회의 존재 이유, 위반 시 처리 과정을 다룬다.

(1) 윤리위원회와 협력

상담심리사의 윤리강령 숙지에 대한 권고와 윤리위원회의 존재 및 활용에 대해 언급하고 있다. 이에 대한 윤리강령의 내용을 살펴보면 다음과 같다.

---

(1) 상담심리사는 본 윤리강령 및 적용 가능한 타 윤리강령을 숙지해야 할 의무가 있다. 윤리적 기준에 대해 모르고 있거나, 잘못 이해하고 있다는 사실이 비윤리적 행위에 대한 근거가 되지는 못한다.

(2) 상담심리사는 윤리강령의 시행 과정을 돕는다. 상담심리사는 윤리강령을 위반한 것으로 지목되는 사람들에 대해 윤리 위원회의 조사, 요청, 소송절차에 협력한다.

---

(2) 위반

윤리적 문제 발생 시 처리하는 순서가 명시되어 있다. 윤리강령의 검토, 동료나 수퍼바이저의 자문, 윤리위원회의 자문 등으로 이어진다.

---

(1) 상담심리사가 윤리적으로 행동하는지에 대한 의구심을 유발하는 근거가 있을 때, 윤리 위원회는 적절한 조치를 취할 수 있다.

(2) 특정 상황이나 조치가 윤리강령에 위반되는지 불분명할 경우, 상담심리사는 윤리강령에 대해 지식이 있는 다른 상담심리사, 해당 권위자 및 윤리위원회의 자문을 구한다.

(3) 소속 기관 및 단체와 본 윤리강령 간에 갈등이 있을 경우, 상담심리사는 갈등의 본질을 명확히 하고, 소속 기관 및 단체에 윤리강령을 알려서 이를 준수하는 방향으로 해결책을 찾도록 한다.

(4) 다른 상담심리사의 윤리위반에 대해 비공식적인 해결이 가장 적절한

개입으로 여겨질 경우에는, 당사자에게 보고하여 해결하려는 시도를 한다.

(5) 명백한 윤리강령 위반이 비공식적인 방법으로 해결되지 않거나, 그 방법이 부적절하다면 윤리위원회에 위임한다.

10) 회원의 의무

본 학회의 정회원, 준회원 및 종신회원은 상담심리사 자격을 취득하기 이전이라 할지라도 예비상담심리사로서 본 윤리강령을 준수할 의무가 있다.

11) 윤리강령 시행세칙

윤리문제를 해결하기 위해 학회에서는 윤리강령 아래 시행세칙을 정하여 시행하고 있다. 시행세칙은 한국심리학회 산하 한국상담심리학회의 상담심리사 윤리강령을 실행하는 데 필요한 윤리위원회의 조직, 기능 및 활동에 관한 제반사항을 규정함을 목적으로 한다. 위원회 구성, 위원회의 기능, 제소, 청문, 징계의 절차 등 14개조로 구성되어 있다(부록 참조).

2. 타 윤리기준과의 비교

여기에서는 먼저 미국상담학회의 윤리기준을 한국상담심리학회의 윤리강령과 비교하여 살펴본다. 그 후 한국상담심리학회의 모학회인 한국심리학회의 윤리규정을 일괄하여 살펴본다. 이렇게 여러 학회의 윤리규정을 소개하는 이유는 비교 검토하는 과정에서 키워지는 윤리규정에 대한 민감성 증진에 있다.

1) 미국상담학회와의 비교

미국상담학회의 윤리기준은 미국상담학회의 사명, 서문과 목적 그리고 8개의 영역으로 나뉘어 기술되어 있다.

(1) 서문과 목적

전문성의 실현을 주요 가치로 지적하면서 의무적 윤리가 아닌 소망적 윤리를 지향하여 윤리기준이 만들어졌음을 설명한다. 미국상담학회의 윤리기준은 윤리적 책임감의 특성을 회원, 즉 상담자에게 인식시켜 주며, 미국상담학회의 사명을 실현할 수 있도록 도와주고, 추구하는 윤리 행위의 최대치를 제시하며, 상담자의 우수한 상담 서비스 방법을 제시하며, 마지막으로 윤리적 문제가 일어났을 때 처리하는 방법을 명시하는 것을 목적으로 하고 있다.

(2) 윤리기준의 영역

8개의 영역으로 구성되어 있다. 상담관계, 비밀보장과 한계, 전문가 책임, 다른 전문가들과의 관계, 평가 및 해석, 수퍼비전, 훈련 및 교수, 연구 및 출판, 윤리문제 해결 등이다. 한국상담심리학회의 윤리강령과 비교해 볼 때, 상담관계와 평가 부분이 더 세분화되어 있으며, 수퍼비전, 훈련 및 교수 영역은 첨가된 영역이다. 또한 한국상담심리학회의 윤리강령에서는 전문가로서의 태도, 사회적 책임, 인간권리와 존엄성에 대한 존중 등 세 개의 영역으로 나뉘어 설명된 내용이 미국 상담학회 윤리기준에는 상담관계와 전문가의 책임에 나누어 제시되어 있다. 수퍼비전, 훈련 및 교수 영역은 4장에서 더 자세하게 다룬다.

2) 한국심리학회와의 비교

한국심리학회의 윤리규정은 서문과 6개의 장과 65개의 조로 구분되어 있다. 서문에는 심리학자의 역할과 책임 등이 명시되어 있고, 윤리규정의 시행에 관한 지침, 일반적 윤리 외에 연구, 교육, 평가, 치료 관련 등 윤리 지침이 기술되어 있다. 한국심리학회의 윤리규정은 독일심리학회와 미국심리학회의 윤리기준을 참고로 하여 제정되었음을 밝히고 있다.

(1) 서문

서문에는 심리학자에 대한 정의, 심리학자의 역할 수행 시 필요한 원칙과 기준을 윤리규정을 통해 제시함이 윤리규정의 목적임을 밝힌다. 심리학자의 윤리적 책임에는 전문적이고 과학적인 기초에서 활동해야 하고, 전문성이 남용되지 않도록 경계하고 있다. 더불어 윤리규정의 위반 시 가해지는 절차가 있음을 주지시키고 있다.

(2) 6개 윤리규정의 영역

크게는 두 개의 구조로 나뉜다. 하나는 일반적 부분으로 제1장 윤리규정의 시행에 관한 지침과 제2장 일반적 윤리가 다루어졌으며, 다음은 각론으로 제3장 연구 관련 윤리, 제4장 교육 및 수련 관련 윤리, 제5장 평가 관련 윤리, 마지막으로 제6장 치료 관련 윤리로 구성되어 있다. 제1장의 윤리규정의 시행에 관한 지침은 한국상담심리학회 윤리강령의 세부규정에 해당하는 내용이다. 제2장의 일반적 윤리에는 전문가로서의 태도, 사회적 책임, 관계, 정보의 보호 등을 포괄하고 있다.

〈타 윤리기준과의 비교〉

한국상담심리학회 윤리강령	한국심리학회 윤리규정	미국상담학회 윤리기준
전문	서문	서문
1. 전문가로서의 태도 가. 전문적 능력 나. 성실성 다. 상담심리사 교육과 연수 라. 자격증명서	제1장 윤리규정의 시행에 　　관한 지침 제1조 윤리규정 서약 제2조 윤리규정과 현행법과 　　의 갈등 제3조 윤리규정과 조직 요 　　구와의 갈등	A. 상담관계 1. 내담자 복지 2. 상담 관계에서의 사전 동 　　의 3. 타인의 서비스를 받는 내 　　담자
2. 사회적 책임 가. 사회와의 관계 나. 고용 기관과의 관계 다. 상담 기관 운영자 라. 다른 전문직과의 관계 마. 자문 바. 홍보	제4조 윤리위반의 보고 제5조 상벌 및 윤리위원회 　　와의 협조 제6조 소명 기회의 보장 제7조 징계심사 대상자에 　　대한 비밀 보호 제8조 윤리규정의 수정	4. 해 입힘 피하기와 가치주 　　입 5. 내담자에 대한 역할 및 　　관계 6. 개인, 집단, 기관, 사회 수 　　준에서의역할 및 관계 7. 복수 내담자 8. 집단작업
3. 인간권리와 존엄성에 　　대한 존중 가. 내담자 복지 나. 다양성 존중 다. 내담자의 권리	제2장 일반적 윤리 제9조 심리학자의 기본적 　　책무 제10조 전문성 제11조 업무위임	9. 불치병 내담자의 임종 보 　　살핌 10. 상담료 및 물품 교환 11. 종결 및 의회 12. 테크놀로지 적용
4. 상담관계 가. 이중 관계 나. 성적 관계 다. 여러 명의 내담자와의 　　관계	제12조 업무와 관련된 인간 　　관계 제13조 착취관계 제14조 다중관계 제15조 이해의 상충 제16조 성적 괴롭힘	B. 비밀보장, 증언거부 및 　　사생활보장 1. 내담자 권리존중 2. 예외 3. 타인들과의 정보 공유 4. 집단 및 가족
5. 정보의 보호 가. 사생활과 비밀보호 나. 기록 다. 비밀보호의 한계	제17조 비밀 유지 및 노출 제18조 업무의 문서화 및 　　문서의 보존과 양도 제19조 공적 진술	5. 사전동의 능력이 결여된 　　내담자 6. 기록 7. 연구 및 훈련

한국상담심리학회 윤리강령	한국심리학회 윤리규정	미국상담학회 윤리기준
라. 집단상담과 가족상담	제20조 광고	8. 자문
마. 기타 목적을 위한 내담자 정보의 사용		
바. 전자 정보의 비밀보호	제3장 연구 관련 윤리	C. 전문가 책임
	제21조 학문의 자유와 사회적 책임	1. 기준에 대한 지식
		2. 전문적 역량
6. 상담연구	제22조 기관의 승인	3. 홍보와 내담자 구인
가. 연구계획	제23조 연구참여자에 대한 책임	4. 전문적 자질
나. 책임		5. 무차별
다. 연구 대상자의 참여 및 동의	제24조 연구 참여에 대한 동의	6. 공적 책임
라. 연구결과 및 보고	제25조 연구를 위한 음성 및 영상 기록에 대한 동의	7. 다른 전문가에 대한 책임
7. 심리검사		D. 다른 전문가들과의 관계
가. 기본 사항	제26조 내담자/환자, 학생 등 연구자에게 의존적인 참여자	1. 동료, 고용인 및 피고용인과의 관계
나. 검사를 사용하고 해석하는 능력		2. 자문
다. 사전 동의	제27조 연구 동의 면제	E. 평가, 사정(assesment), 해석
라. 유능한 전문가에게 정보 공개하기	제28조 연구 참여에 대한 보상	1. 일반
마. 검사의 선택	제29조 연구에서 속이기	2. 검사 도구 사용과 해석 역량
바. 검사 시행의 조건	제30조 연구참여자에 대한 사후보고	3. 검사에서의 사전동의
사. 검사 점수화와 해석, 진단	제31조 동물의 인도적인 보호와 사용	4. 유자격 전문가에게 자료 제공
아. 검사의 안전성	제32조 연구결과 보고	5. 정신장애 진단
	제33조 표절	6. 도구 선정
8. 윤리문제 해결	제34조 출판 업적	7. 검사 실시 조건
가. 윤리위원회와 협력	제35조 연구자료의 이중 출판	8. 검사에서의 다문화적 현안 및 다양성
나. 위반		9. 검사 채점 및 해석
	제36조 결과 재검증을 위한 연구자료 공유	10. 검사 보안
9. 회원의 의무	제37조 심사	11. 낡은 검사 및 시기가 지난 결과

한국상담심리학회 윤리강령	한국심리학회 윤리규정	미국상담학회 윤리기준
	제4장 교육 및 수련 관련 윤리 제38조 교육자로서의 심리학자 제39조 교육 내용의 구성 제40조 교육 내용에 대한 기술 제41조 정확한 지식 전달 제42조 학생 및 수련생에 대한 수행 평가 제43조 개인치료 및 집단치료의 위임 제44조 학생 및 수련생과의 성적 관계 제45조 학생 및 수련생의 개인 정보 노출 요구 제46조 학생 및 수련생의 개인 정보에 대한 비밀 유지 제5장 평가 관련 윤리 제47조 평가의 기초 제48조 평가의 사용 제49조 검사 및 평가기법 개발 제50조 평가에 대한 동의 제51조 평가 결과의 해석 제52조 무자격자에 의한 평가 제53조 사용되지 않는 검사와 오래된 검사결과 제54조 검사채점 및 해석 서비스	12. 검사 제작 13. 법정 평가: 법정 소송 절차를 위한 평가 F. 수퍼비전, 훈련 및 교수 1. 상담자 수퍼비전과 내담자 복지 2. 상담자 수퍼비전 역량 3. 수퍼비전 관계 4. 수퍼바이저의 책임 5. 상담 수퍼비전 평가, 개선 및 인증 6. 상담자 교육자의 책임 7. 학생 복지 8. 학생의 책임 9. 학생 평가 및 개선 10. 상담자 교육자와 학생의 역할 및 관계 11. 상담자 교육 및 훈련 프로그램의 다문화와 다양성 역량 G. 연구 및 출판 1. 연구 책임 2. 연구 참여자의 권리 3. 연구 참여자와의 관계 4. 결과 보고 5. 출판 H. 윤리문제 해결 1. 기준과 법 2. 위반 혐의 3. 윤리위원회와의 협력

한국상담심리학회 윤리강령	한국심리학회 윤리규정	미국상담학회 윤리기준
	제55조 평가 결과 설명	
	제56조 평가서, 검사 보고서 열람.	
	제57조 검사자료 양도	
	제6장 치료 관련 윤리	
	제58조 치료 절차에 대한 설명과 동의	
	제59조 집단치료	
	제60조 내담자/환자와의 성적 친밀성	
	제61조 치료의 중단	
	제62조 치료 종결하기	
	제63조 다른 기관에서 서비스 받고 있는 사람에게 서비스제공하기	
	제64조 치료에 관한 기록	
	제65조 치료비	

참고문헌

한국상담심리학회 윤리강령.
한국심리학회 윤리규정.

American Counseling Association Ethical Code.
American Psychological Association Ethics Code.

제 3 장

비밀보장과
사전 동의

안현의

상담과 심리치료 활동의 가장 특징적인 점 가운데 하나가 바로 내담자와 이루어지는 활동에 대한 비밀보장이다. 상담자는 상담 활동을 하면서 알게 되는 내담자와 관련된 정보를 보호해야 하고, 비밀보장이 된다는 전제하에 치료적 관계가 형성된다. 만약 이러한 전제가 없다면 상담과 심리치료 분야는 아예 존재하기가 어려울지도 모른다. 이러한 내담자 정보의 보호와 비밀보장의 윤리는 사회 속에서 정신건강 전문가 집단으로서의 공인된 활동을 하는 데 가장 중요한 기반이 된다.

잘 훈련받은 상담자라면 내담자와의 상담 내용을 보호하고 비밀보장을 해야 하는 것이 그 무엇보다도 중요한 개인적인 책무라는 것을 알고 있을 것이다. Behnke(2005)는 "비밀보장은 우리 분야(즉, 정신건강치료분야)의 핵심 가치이고, 우리(상담자)의 뼈에 새겨져 있는 것이다."라고 표현할 만큼 내담자의 정보 보호와 비밀보장 노력은 상담자 정체성의 한 일부라 할 수 있다.

상담과 심리치료 전문가들이 내담자의 정보를 보호하고 비밀보장하는 것이 이처럼 중요하고 치료활동에서 가장 우선적인 의무라고 인식하고 있으면서도, 모순적이게도 이 비밀보장의 문제가 실무 현장에서 가장 심각한 윤리적 갈등을 유발하는 요인이 될 뿐 아니라, 다른 어떤 윤리적 갈등보다도 자주 흔하게 나타나는 문제라고 보고되고 있다(Pope & Vetter, 1992). 비밀보장의 중요성은 상담과 심리치료 분야가 생성되던 초창기부터 강조되어 왔음에도 오늘날 가장 복잡하면서 가장 흔히 발생하는 윤리적 딜레마의 원인이 된다는 것이다. 따라서 아직까지도 비밀보장 윤리에 관해서는 많은 상담 전문가들이 혼란스러워하고 불안을 느낀다(Bollas & Sundelson, 1995).

미국의 경우 1970년대에 상담이 전문적 치료 활동으로 사회제도적 인정을 받고 자리를 잡아 가기 시작하면서, 그와 동시에 필연적으로 사회의 법과 충돌을 경험할 수밖에 없었다(Everstine, Everstine, Heymann, True, Frey, Johnson, & Seiden, 1980). 1980년대에 들어서서는 몇 가지 연구자료에 따르면, 61.9%의 심리학자들이 자신도 모르게 가끔 비밀보장의 규정을 어긴 적이 있다고 보고하였고(Pope, Tabachnick, & Keith-Spiegel, 1987), 약 50% 정도가 비밀보장의 규정을 어긴다는 사실을 알고 있으면서도 행동을 했다고 보고하였다(Pope & Bajt, 1988). 1990년대로 접어들면서 비밀보장의 침해 사례는 여전히 증가하여 모든 윤리규정 위반 목록에서 1순위를 차지하였고, 미국심리학회(American Psychological association: APA)의 윤리위원회나 자격증 심의위원회에 가장 흔히 제소되는 안건 가운데 하나였다(Montgomery, Cupit, & Winberley, 1999). 2000년대에도 비밀보장의 윤리문제는 어려운 과제로 남아 있었는데, 미국심리학회의 윤리위원회에 회부된 사례 가운데서 이중 관계, 미성년자 양육권 소송, 그리고 보험/상담수임료 소송 문제 다음으로 가장 흔히 올라온 이슈였다(Pope & Vasquez, 2007). 이러한 자료들이 보여 주는 것은 비밀보장의 윤리가 중요하고도 필요한 것인 반면, 실무 현장에서 활동하는 상담자에게는 가장 해결하기 어려운 문제 가운데 하나라는 사실이다.

우리나라의 경우 오늘날 상담과 심리치료 분야가 매우 크게 성장하여 상담자 양성 과정이 더욱 강화되고 전문화되는 동시에, 상담의 실제 소비자들로부터 효과적인 치료분야로 인식되어 자리를 잡아 가고 있고, 점진적으로 법적·정책적·제도적 변화에도 영향을 미치고 있다. 외국의 선례를 보면 상담 활동이 제도적으로 의료보험 적용을 받게 되고, 상담자의 증언이 법정에서 중요한 판결의 근거로 사용되는 등의 법적·정책적·제도적 지위를 얻게 되면서, 상담자 집단에서 오랫동안 중요한 가치로 여겨 왔던 윤리기준과도 부딪히는 사례가 증가한다는 것을 알 수 있다. 따라서 이러한 성장과 변화 과정에서 상담자는 상담윤리를 재검토하고, 경우에 따라서는 재조정하거나 세부화해야 하는 작업이 뒤따를 것에 대비해야 한다. 왜냐하면 앞서 언급한 대로 비밀보장의 윤리는 누구에게나 너무도 명백하고 당연한 사실인 것처럼 보이지만, 실무 현장에서는 결코 간단한 문제가 아니기 때문이다.

상담자가 실무 현장에서 비밀보장과 관련된 딜레마를 겪는 이유 가운데 하나는 윤리기준의 비구체적인 특성 때문이다. 한 전문가 집단에서 갖고 있는 윤리기준은 그 분야의 기본 철학과 가치를 잘 반영하고는 있지만, 세부지침을 제시하고 있지는 않기 때문에 실무 현장에서 다양한 내담자 사례와 상황을 접하는 상담자의 입장에서는 적용의 어려움이 뒤따를 수밖에 없다. 이것은 본래 윤리기준이 지닌 특성이기도 하다. 즉, 한 전문가 집단의 윤리기준은 제재적이거나 구속적인 목적보다는 해당 분야에 몸담고 있는 전문가들이 추구하고 지향하는 가치와 최소한 지켜야 하는 전문성 기준의 한계를 제시하는 데 더 큰 의미가 있기 때문이다.

한국상담심리학회 윤리강령을 보면 상담심리사는 내담자의 사생활과 비밀유지에 대한 권리를 존중해야 할 의무가 있으며(5.가.(1).), 이를 타인에게 공개하는 경우에는 반드시 내담자의 직접적인 동의를 받아야 한다(5.나.(6).)는 요지의 항목들이 기술되어 있고, 내담자의 동의 없이도 정보를 공개할 수 있는 상황에 대해서도 내담자의 생명과 사회의 안전을 위협하거나(5.다.(1).), 치명적인 감염성 질병이 있는 경우(5.다.(2).)가 해당된다는 것을 제시하고 있다. 하지만 이때 '정보를 공개해야 하는 경우'가 구체적으로 어떤 것인지는 명시되어 있지 않으며, '내담자의 생명과 사회의 안전을 위협하는 경우'에 해당하는지 여부를 판단하는 것도 결국 실무 현장에서 일하는 상담자 개인의 몫으로 남아 있는 것이다.

예를 들면, 치명적이지만 타인에게 감염이 되지 않는 질병에 걸린 내담자가 의사가 처방한 약을 복용하기를 거부하면서 소극적 자살의 방법으로 생을 포기하려는 경우 이 사실을 가족에게 알려야 하는지, 또는 내담자가 범죄의 가해자로 지목되었으나 현재 연락이 불가능하여 동의를 구할 수 없는 상태에서 법원으로부터 상담기록을 제출하라는 연락을 받았을 경우 이를 그대로 실행해야 할지 상담자는 어려운 윤리적 결정을 해야 한다. 이러한 경우 상담자는 윤리강령을 중요한 행동 지침으로 삼는다 하더라도 구체적인 행동결정은 자신의 전문적 판단과 직관, 그리고 개인적 가치관에 따라 내릴 수밖에 없다. 즉, 전문가 집단의 윤리기준은 윤리적 딜레마를 해결하는 과정에서 큰 틀을 잡아주지만, 그 속에서 이루어지는 세부 결정은 사례별로 여러 요인을 고려하여 달라질 수 있는 것이다.

상담자가 윤리적 딜레마를 겪는 또 다른 이유는 상담자에게는 전문가로서의 윤리적 의무와 더불어 사회공동체 일원으로서의 의무가 공존하기 때문이다. 상담과정에서 내담자로 인하여 내담자의 가족, 동료, 고용주, 기관이나 기업, 또는 정부기관과 같은 다양한 사회구성체의 권리나 이익이 침해받는 사실을 알게 되었을 때 상담자는 누구를 우선적으로 보호해야 하는지를 결정해야만 한다. 만약 내담자와의 비밀보장 계약을 우선적으로 지키는 경우 같은 사회구성원으로서의 의무를 이행하지 못하게 될 수도 있고, 만약 사회구성원으로서의 의무를 우선적으로 선택하는 경우 내담자와의 치료적 관계를 포기하는 의미가 될 수도 있다.

특히, 윤리적 의무와 법적 의무의 갈등은 상담자에게 가장 어려운 문제 가운데 하나다. 많은 경우 법적으로 내담자 정보를 공개하도록 요구하는 것은 내담자와 관련되는 사람이나 사회의 공익을 보호해야 한다는 명목하에 이루어진다. 하지만 치료적 관계를 손상시킬 수 있는 모험을 해야 할 만큼 제3자나 사회 공익이 내담자의 권리보다 반드시 우선시되어야 하는 것인지부터 판단해야 하고, 만약 그러한 법적 명령을 내리는 권위자가 심리상담에 대한 이해가 부족할 경우 불필요하게 내담자의 권익을 침해하려는 것은 아닌지도 고려해야 한다. 이러한 딜레마에 빠지지 않기 위해 어떤 상담자는 의도적으로 앞으로 문제가 될 수 있는 민감한 내용은 상담과정에서 다루지 않으려 하거나, 사전에 비밀보장의 한계에 대해 지나치게 세부적인 경고를 함으로써 내담자 스스로 특정 정보를 말하지 못하게 하기도 하는데, 이 또한 논란의 여지가 있다.

상담 분야가 확장되는 과정에서 우리의 사회문화적 맥락에 맞게 윤리강령이 수정되기도 하고, 법이나 제도가 심리상담의 특성을 반영하여 수정되기도 한다. 이와 같은 변화 과정에서 전문가 윤리와 사회구성원으로서의 의무 간의 갈등이 발생할 수도 있고, 그것을 조정해 가는 노력 자체가 상담자 집단과 그 구성원들의 중요한 윤리적 태도일 것이다. 조금 더 구체적으로는 상담자가 전문가 윤리와 우리 사회의 법과 정책과의 관계에 대해 관심을 갖고 지속적인 논의를 해 나

가면서 관련된 정보와 지식을 적극적으로 배우고 이해해야 할 것이다. 그리고 대외적으로는 법과 정책 분야의 관계자들에게 필요한 심리상담에 관한 정보를 알리고 홍보함으로써 상담 활동의 특성과 상담의 윤리적 가치가 무엇인지 알려야 할 것이다.

윤리강령은 상담자가 최소한으로 지켜야 하는 기준과 상담자 집단이 지향하는 가치관과 철학을 반영하고는 있지만, 앞서 설명한 이유 때문에 개인상담자가 실무 현장에서 의사결정해야 하는 경우 많은 어려움이 여전히 남게 된다. 이러한 문제에 대처하기 위해 Fisher(2008)는 윤리적 실무 모델(Ethical Practice Model)을 개발하여 소개하였는데, 윤리적 실무 모델이란 다음과 같은 여섯 가지 기준에 근거하여 운영된다.

- 내담자의 사생활과 상담 내용을 보호하기 위해 전문가 학회에서 제정한 윤리강령을 원칙적으로 따른다.
- 전문가 학회에서 제정한 윤리적 기준에 위배되는 행동은 어떤 경우든 하지 않는다.
- 전문가 학회에서 제정한 윤리강령에 명시되지 않는 경우, 반드시 해당 전문가 학회의 윤리적 지침이나 가치관에 근거한 의사결정을 한다.
- 비밀보장이 되는 범위와 비밀보장이 되지 않는 정보 간에 명확한 구분을 설립한다.
- 상담자의 윤리적 의무와 법적 의무 간에 명확한 구분을 설립하

고, 이때 법적 의무는 윤리적 고려의 맥락에서 해석하고 이행하도록 한다.

- 내담자의 정보를 자발적으로 공개하는 경우(즉, 내담자의 사전 동의를 구한 뒤 상담자가 자발적으로 공개하는 경우)와 강제적으로 공개하는 경우(즉, 내담자의 사전 동의가 없어도 법적 의무에 따라 공개해야 하는 경우) 각각 어떠한 윤리적 문제가 발생할 수 있는지 고려해야 한다.

Fisher(2008)의 윤리적 실무 모델의 가장 큰 장점은 실제 사례를 다루는 과정에서 사생활 보호와 비밀보장의 문제가 발생했을 경우 상담자가 단계적으로 어떤 의사결정을 할 수 있을지 그 방향을 제시하고 있다는 점이다. 다시 말하면, 이 모델은 특정 윤리기준을 해석하고 설명하는 것이라기보다는 하나의 구조화된 의사결정 모델이기 때문에 윤리기준이나 법안이 수정되고 변화되더라도 상담자가 새로이 수정된 내용을 반영하면서 적용할 수 있게 한다. 총 여섯 단계에 걸쳐 비밀보장과 사전 동의에 관한 윤리적 의사결정 과정을 다음과 같이 소개하고 있다.

제1단계: 비밀보장과 사전 동의에 대한 상담자의 준비

내담자로부터 비밀보장의 범위와 한계에 대한 사전 동의를 받기 위해서는 상담자가 우선적으로 이에 대한 충분한 준비와 지식이 있어야 한다. 상담자가 일하고 있는 실무 현장의 특성이 무엇이며, 그 특수한 현장에서 해당되는 비밀보장의 범위와 한계가 무엇인지, 그리고 실제 비밀보장과 관련된 문제가 발생했을 때 누구로부터 자문을 구할 것이고 어떠한 조치를 취할 것인지에 대한 충분한 준비가 되어 있어야만 한다. 가장 일차적으로는 소속되어 있는 전문가 학회의 윤리기준을 숙지하고 있어야 할 것이고, 만약 상담 활동과 관련된 전문가 학회에 두 개 이상 소속되어 있다면 그중에서 어떤 학회의 윤리기준을 우선적으로 따를 것인지 생각해야 한다. 상담자가 우선적 기준으로 삼는 학회의 윤리기준은 평상시 상담자가 상담 활동을 하는 과정에서 자신의 전문성을 인증하는 데 사용하는 주된 학회여야 할 것이다.

상담자는 평소 자신의 개인적인 가치관이나 도덕적 가치에 대하여 인식하고 있고 통찰하는 훈련을 함으로써, 만약 비밀보장과 관련한 문제가 발생하여 그것이 상담자의 개인적·도덕적 가치와 충돌할 경우 효율적으로 대처할 수 있도록 대비해야 할 것이다. 왜냐하면 상담 현장에서 윤리적 문제가 발생하면 상담자 본인뿐만 아니라 근무 기관의 규정, 소속되어 있는 전문가 학회의 규정, 또는 국가의 법 등 다양한 주체가 연관될 수 있고 그 각각의 요구사항이 다를 수 있기 때문이다(Behnke, 2007). 이를 테면, 법정에서 증언을 하거나 내담자 정보를 공개하도록 요청을 받는 경우가 발생했을 때, 상담자는 자신의 법적·재정적 불이익이나 소속된 전문가 학회의 제재를 감수하고서라도 내담자와의 비밀보장을 우선시할 것인지, 상담자가 내담자의 동의 없이도 반드시 정보를 공개해야 하는 법적 조항은 무엇인지, 그리고 누구에게 어느 정도만큼의 정보를 전달해야 하는지 등에 대해 평소 정신적 훈련이 되어 있어야만 한다. 이처럼 아직 일어나지 않은 상황에 대해서도 평소 대비하면서 훈련하는 것이 필요한 이유는 실제로 윤리적 딜레마가 발생했을 때 상담자가 당황하지 않고 의사결정을 하도록 도와줄 뿐 아니라, 더 중요하게는 상담 초기에 내담자로부터 '무엇에 관해 사전 동의'를 받을 것인지 결정하기 때문이다. 즉, 윤리적 의사결정을 해야 하는 상황이 발생했을 때 상담자가 어떻게 행동할 것인지를 내담자가 사전에 알고 있어야 하고, 그러기 위해서는 상담자가 평소 자신의 윤리적 의사결정 방식에 대해 충분히 통찰하고 알아야 하는 것이다.

일반적으로 법 조항을 해석하고 이해하는 것은 법 관련 전문가가 아닌 이상 매우 어려운 일이다. 게다가 우리나라에서는 상담과 심리치료가 확산되어 가고 있고 그 중요성에 대한 인식도 높아짐에 따라, 이와 관련된 법적 조항도 새로이 만들어지고 있는 과정에 있기에 그 정보를 일일이 따라가기란 쉽지 않다. 그럼에도 상담자가 활동하고 있는 기관에서는 내담자를 보호하고, 근무하고 있는 상담자 개개인을 보호하고, 상담기관을 보호하기 위하여 일 년에 몇 차례라도 학회의 윤리규정과 관련 법규를 확인하는 것이 바람직하다.

구체적인 방법으로는 몇 가지 발생 가능한 비밀보장 관련 윤리적 갈등 상황을 설정하여 상담자 간에 어떻게 판단하고 행동할 것인지 정기적인 토론활동을 하는 것이 권장된다. 그 과정에서 법 관련 외부 전문가를 초청하여 의견을 들어보는 것도 좋을 것이다. 하지만 이와 같이 아직 윤리적 문제가 발생하지 않은 상황에서 대비 목적으로 훈련을 하는 경우, 우선 상담자 간에 어떤 윤리적 판단이 옳다고 여기는지 내부적인 논의를 먼저 한 이후에 법 관련 외부 전문가의 의견을 들어보는 것이 바람직하다. 왜냐하면 변호사와 같은 법 관련 전문가는 법에 관한 전문가일 뿐, 치료적 관점에서 비밀보장 문제가 내담자와 주변인에게 어떠한 영향을 미칠 수 있는지 판단하는 것은 상담자의 고유한 전문적 영역이기에 상담자는 우선적으로 치료자로서의 자신의 윤리적 결정에 대한 입장을 분명히 갖고 있어야 한다. 그 이후에 법적 처리 과정에서 조율해 나가는 방식으로 진행하는 것이 권장된다.

비밀보장과 관련해서 이처럼 복잡하고도 어려운 고려사항들이 있지만, 상담 초기에 내담자에게 설명하고 사전 동의를 받는 과정에서는 내담자들이 이해할 수 있도록 최대한 간단하고도 명료한 언어로 전달해야 한다. 비밀보장의 범위와 한계가 무엇인지 쉽고 명확한 문장으로 된 문서를 작성하여 보여 주고, 내담자가 이해를 했는지 확인한 후에 사전 동의했음을 반드시 문서화하여 서명을 받아야 한다.

제2단계: 첫 대면에서 비밀보장과 사전 동의 전달하기

비밀보장에 대한 설명과 사전 동의를 받는 것은 일반적으로 내담자와의 첫 대면에서 이루어진다. 이 첫 대면에서 비밀보장의 범위와 한계, 그에 대한 사전 동의를 받는 것은 어쩌면 내담자가 이후 상담 진행 과정에서 비밀보장과 관련된 자신의 권리에 대해 확인을 하는 유일한 보호하게 기회일 것이다. 그래서 내담자가 어떤 정보를 상담자와 공유할 것인지 스스로 선택할 수 있게 함으로써 자신을 하는 유일한 기회이기도 하다. 따라서 첫 대면에서 비밀보장 문제에 대해 설명하고 사전 동의를 받는 과정은 형식적인 절차가 아니라 매우 신중하고 중요한 작업일 수밖에 없다.

첫 대면에서 상담자는 상담 중에 내담자로부터 얻은 정보를 비밀보장한다는 것의 의미가 무엇인지 상세하게 설명해야 하는데, 구체적으로는 상담기록이 누구에게는 공개가 될 수 있으며(예: 같은 상담기관에 근무하는 다른 상담자), 어떤 경우에는 내담자의 동의가 있는 조건하에서 공개될 수 있으며(예: 수퍼비전, 연구 참여), 또 어떤 경우에는 내담자의 동의 없이도 공개될 수 있는지(예: 자살이나 타인에게 해를 입힐 구체적인 계획, 미성년자 학대)를 상세하게 설명해야 한다. 앞서 설명한 대로 비밀보장의 범위와 한계에 대해서 전달할 때는 누락된 내용이 없어야 하되, 내담자가 쉽게 알아들을 수 있는 명료하고 간단한 문장으로 전달하는 것이 원칙이다. 내용을 전달한 후에 내담자가 충분히 이해했는지, 의문점이나 염려사항은 없는지 재차 물어보고 확인한 후에 비밀보장의 범위와 한계에 대하여 내담자가 충분한 설명을 듣고 이해를 했다는 전제하에 상담 서비스를 받겠다는 사전 동의를 받는다.

미성년 내담자나 사전 동의를 할 능력이나 자격이 없는 성인 내담자의 경우 '사전 허락(informed assent)'을 받는 것이 필요하다. 사전 동의(informed consent)와 사전 허락(informed assent)은 정신과 치료 등과 같은 의료분야에서 흔히 사용하는 것인데, 둘 다 상담 서비스를 받는 것을 동의한다는 점에서는 유사하지만, 전자의 경우 법적인 근거로 사용될 수 있는 효력이 더 많기에 이를 거부할 경우 상담자는 치료를 더 이상 진행할 수 없다. 반면, 사전 허락의 경우 본인이 동의하지 않아도 치료를 진행할 수 있지만, 윤리적인 차원에서 사전 동의 절차와 유사하게 설명하고 진행함으로써 최대한 자신이 원하는 치료적 활동을 받거나 선호하는 상담자를 만나게 하거나, 또는 원치 않는 치료적 활동을 피할 수 있게 배려해 주는 것이다. 미성년 내담자의 경우, 특히 상담자 윤리규정 외에도 법적 조항들이 함께 적용되는 경우가 있기 때문에 이에 관하여 상담자가 미성년 내담자의 보호자와 미성년 내담자 당사자에게 사전에 충분히 설명해야 한다. 예를 들면, 현재 우리나라에는 아동복지법이나 성폭력방지 및 피해자 보호 등에 관한 법률의 의거하여 아동학대나 미성년자 성폭력피해의 사실을 알게 된 상담자는 신고의 의무가 있다. 이와 같은 비밀보장의 한계에 대해 상담 참여자 모두가 충분히 이해하고 있음을 확인받는 것이 중요하고, 필요한 경우 법적 자문을 받는 것이 권장된다.

이 두 번째 단계에서 가장 중요한 점은 비밀보장 설명이 반드시 상담 활동이 시작되기 이전이거나 내담자와 만난 직후 최대한 빠른 시점에 이루어져야 한다는 것이다. 즉, 내담자가 상담자 앞에서 그 어떠한 정보를 공개하기 이전에 비밀보장의 범위와 한계에 대해 충분이 이해하고 있어야 하고, 자발적으로 동의했다는 사실을 확보하고 문서화해서 기록으로 남기는 것이 중요하다.

비밀보장의 범위와 한계에 대해 설명할 때 상담자는 반드시 정직하고 정확하게 전달해야만 한다. 이후에 상담자가 지킬 수 없는 비밀보장에 대한 약속도 하지 말아야 할 뿐만 아니라, 상담자가 고의적으로든 비고의적으로든 설명을 누락함으로써 비밀보장의 한계에 대해 정확하게 전달하지 않는 것도 주의해야 한다. 상담이 진행되기 전에 이와 같은 전제 조건들이 있다는 것을 내담자가 알 때 자신이 상담을 받을 것인지 아닌지, 그리고 어떤 사적인 정보를 상담자와 나눌 것인지 스스로 결정할 수 있게 되고, 이것은 내담자의 당연한 권리다. 상담자로서는 내담자가 상담을 받는 것이 도움이 될 것이라 믿거나 내담자가 경험한 것과 알고 있는 사실을 상담자에게 더 많이 공개함으로써 치료적 효과가 커질 것이라 믿는 등의 이유로 너무 세부적인 비밀보장의 한계를 설명하기 꺼릴 수도 있지만, 그것은 상담자가 아닌 내담자의 권리에 해당되는 것임을 기억하고 반드시 지켜야 한다.

앞서 언급이 되었지만 내담자와의 첫 대면에서 비밀보장의 범위와 한계에 대해 설명할 때 내담자가 이해할 수 있는 최대한 쉬운 표현으로 전달해야 한다. 많은 상담자들은 내담자를 처음 만날 때 흔히 "우리가 상담 중에 이야기 나누는 내용은 모두 비밀이 보장되고 외부인에게 알려지지 않습니다."라고 시작하는데, 곧이어 비밀보장의 한계가 있음을 설명해야 한다. 이때 보다 쉽게 전달하기 위해서는 상담 내용이 공개되는 경우를 크게 두 가지 상황으로 나누어서 설명할 수 있다. 즉, 법적으로 반드시 공개하도록 명시된 경우(예: 아동복지법, 성폭력방지 및 피해자보호 등에 관한 법률, 가정폭력범죄의 처벌 등에 관한 특례법), 내담자 정보가 노출될 수 있는 특정 상황(예: 내담자가 직장근무 중에 휴대폰이나 문자 등으로 연락 가능한지 여부, 부모나 가족에게 상담자가 메모를 남겨 놓아도 되는지 여부 등)에 대해 내담자와 명확하게 동의를 받아야 한다. 그리고 내담자가 동의하거나 동의하지 않은 부분에 대해서는 짧게 문서화하는 것이 좋다.

내담자와 상담자 양측을 보호하기 위해서 반드시 상담을 진행하기에 앞서 상담자가 이러한 내용들에 대해 구체적으로 언급을 하였다는 사실, 내담자가 비밀보장의 한계와 범위에 대해 명확히 이해를 하였다는 사실, 그리고 그것에 자발적으로 동의를 한다는 전제하에 상담이 진행되었음을 명시하는 문서를 작성하여 내담자의 서명을 받도록 해야 한다.

때로는 상담이 진행되어 가는 중에 비밀보장의 한계와 범위를 재조정해야 할 경우가 생기기도 한다. 이를 테면, 내담자가 법적 소송에 걸리는 경우, 내담자가 이사를 가거나 다른 치료기관으로 의뢰되는 경우, 상담 기관 내부적인 방침이 변경되는 경우, 또는 학회에서의 윤리기준이 변경되는 경우가 이에 해당된다. 이러한 경우 상담자는 언제든 내담자가 비밀보장 문제에 대해 논의할 수 있는 환경을 조성해야 하고, 상담자는 내담자와 협의하여 상황에 적절하게 비밀보장의 한계와 범위를 재조정할 수 있도록 돕는다.

제3단계: 상담자의 자발적 기록 공개의 상황

상담자가 스스로 내담자와의 상담 내용을 공개하는 경우와 의무적으로 반드시 공개해야 하는 경우는 서로 구분된다. 제3단계에서는 상담자가 법적으로나 학회 규정상 상담 내용을 반드시 공개해야 할 의무사항이 없지만, 상담자의 개인적 판단하에 내담자의 동의 없이 공개할 수도 있는 상황에 대해 소개하고, 제4단계에서는 상담자가 법적으로나 학회 규정상 반드시 공개해야만 하는 경우 내담자에게 사전 동의를 어떻게 설명해야 하는지 소개할 것이다.

상담자가 소속되어 활동하고 있는 기관의 특성이나 역할에 따라 내담자의 동의 없이도 상담 내용을 공개하는 경우가 발생할 수도 있다. 예를 들면, 기업체에서 직원들의 복지를 위하여 내부적으로 심리상담소를 설치하여 운영하는 경우, 운영자의 입장에서는 직원들이 어떤 심리적 문제를 호소하고 있고, 누가 얼마나 자주 내방하는지 등의 정보를 요구할 수도 있다. 그리고 상담자는 반드시 모든 정보를 공개할 의무는 없지만 기업체에서 요구하는 정보를 어느 정도 공개할 수도 있는 것이다. 따라서 상담자는 내담자와 상담을 진행하기에 앞서 사전 동의를 얻는 과정에서 상세하게 이와 같은 상황에 대해 설명을 해야 하고, 내담자가 해당 상담소에서 이행할 수 있는 비밀보장의 범위에 대해 충분히 알고 있도록 해야 한다. 그리하여 내담자 스스로가 그러한 비밀보장의 한계 내에서 자신이 어떤 내용을 상담자에게 터놓을 것인지를 선택할 수 있게 해야 한다.

구체적으로 상담자는 내담자의 동의 없이 상담 내용을 공개할 수 있는 가능성에 대해 설명하고, 공개할 경우 그 대상이 누가 될 수 있는지, 어떤 상황에서 공개할 수 있는지, 공개하는 상담의 내용이 어떤 것이 될 수 있는지, 그리고 상담내용을 공개했을 때 뒤따를 수 있는 긍정적 또는 부정적 영향의 가능성에 대해서 충분히 논의해야 한다. 그리고 이 모든 사전 동의 내용에 대해 반드시 서면으로 내담자의 동의를 기록해 두어야 한다.

제4단계: 상담자의 의무적 기록 공개의 경우

상담자가 법적 근거나 학회 규정에 근거하여 의무적으로 내담자의 기록을 공개해야 할 경우가 발생하기도 한다. 대부분의 상담자들은 자신의 내담자를 보호하고 싶어 하기 때문에 내담자와의 상담 내용을 공개해야 하는 것에 매우 큰 심적 부담을 느낀다. 하지만 상담자이기 이전에 사회 공동체 일원으로서의 의무도 존재하고, 전문가로서의 자격증과 공인된 지위를 지켜야 할 마땅한 권리도 있다. 무엇보다도 법적으로든 학회 규정으로든 의무적으로 상담기록을 공개하도록 명시한 가장 큰 의도는 내담자와 상담자, 그리고 그 외 관련된 사람들, 더 넓게는 사회의 다른 구성원을 보호하기 위한 목적이 있음을 기억해야 한다.

비록 의무적으로 상담 내용을 공개해야 하는 경우라 하더라도, 상담자는 초기에는 최대한 내담자를 보호하는 태도를 유지해야 한다.

무엇보다도 의무적 기록 공개의 요구를 받는다 하여 곧바로 시행하기보다는 시간을 좀 두고 침착하게 시행하는 것이 좋다. 왜냐하면 법적 자료로 제시하라고 요청이 오더라도 그것에 대한 항소절차가 뒤따를 수 있는 가능성이 있기 때문에, 섣불리 기록 공개를 하기보다는 상황을 충분히 파악한 후에 진행하는 것이 권장된다.

가장 흔히 발생할 수 있는 의무적 기록 공개 상황은 법으로 명시된 경우에 해당된다. 예를 들면, 국내에서는 미성년자를 보호하기 위하여 만들어진 아동복지이나 성폭력 방지 및 피해자보호 등에 관한 법률에 상담과정에서 아동·청소년 학대가 발생하였음을 알게 되었을 때는 관련 기관에 반드시 보고하도록 명시되어 있다. 그 외에는 아직까지 국내에서는 상담자의 의무적 보고를 법적으로 의무화한 경우가 거의 없지만, 외국의 경우에는 보호 대상의 범위를 확대하여 미성년자 외에도 고령자나 정신적·신체적으로 스스로 판단하거나 행동할 수 없는 금치산자가 학대를 받고 있는 사실을 알게 되었을 때도 의무적으로 보고하게끔 되어 있다. 또한 동료 상담자가 상담전문가로서 부적절한 행동을 하고 있는 것을 알게 되었을 때 이를 학회 윤리위원회에 보고해야 할 뿐만 아니라 법적으로도 해야 하는 의무를 부여하기도 한다.

사실을 알게 되는 즉시 보고해야 하는 의무가 있는 경우도 있지만, 상담자가 자발적으로 공개하지 않더라도 법적으로 제3자가 상담기록을 볼 수 있는 경우도 있다. 예를 들면, 미성년자가 병원이나 보호시설에 비자발적 입원이나 입소를 하는 경우, 부모의 동의에 상관없

이 법정에서 지정한 아동보호 대리인이 상담기록을 볼 수 있는 권리
가 생길 수 있다.

설령, 법적으로 상담자가 기록을 공개해야 하는 경우라 하더라도,
기록을 공개할 때는 확정적인 표현보다는 가설적인 표현을 사용하는
것이 좋다. 그리고 때로는 처음에 법정 자료로 내담자 기록을 제출하
도록 요구했다가도 직후에 그 요구가 철회되는 경우도 발생하기 때
문에 처음부터 최대한 내담자의 신원을 보호하는 태도로 진행해야
한다. 만약 내담자 기록을 제출해야 하는 것이 확실해지면, 그때도
내담자의 모든 상담기록을 제출하는 것이 아니라 해당 법적 상황에
서 요구하는 정보만 선택적으로 제출하는 것이 바람직하다. 또는 상
담자가 기록한 상담일지를 그대로 제시하기보다는, 요구하는 정보에
한하여 상담자가 요약적으로 법정 제출용 기록을 만들어 제출하는
것도 좋다.

한번 내담자 기록이 공개되고 나면 그 후에는 상담자와 내담자가
그것이 다른 장면에서 다른 목적으로 재공개되는 것을 막기가 사실
상 불가능하다. 법정에서 한번 공개된 자료는 이후에 의료보험회사
나 내담자의 고용주, 또는 연구목적으로 사용될 수도 있다. 바로 이
런 이유 때문에 앞에서 설명한 단계들에서 상담자는 내담자와의 첫
대면에서부터 비밀보장의 범위와 한계가 무엇인지 명확하게 전달해
야 하고, 내담자는 이에 대해 충분히 이해하고 동의함으로써 자신이
어떤 정보를 어디까지 상담과정에서 공개할 것인지 스스로 선택할
수 있게 해야 한다. 그리고 정보를 공개하는 경우에도 상담자는 내담

자를 최대한 보호하는 태도를 유지하는 것이 윤리적이다.

제5단계: 상담자의 부주의로 인한 비밀보장의 침해 예방

앞서 비밀보장과 관련한 여러 가지 가능한 상황에 대해 소개하였으나, 그럼에도 대부분의 내담자 기록보호의 주된 책임은 상담자에게 있다고 할 수 있다. 따라서 상담자는 부주의로 인해 내담자의 정보가 누설되지 않도록 항상 조심해야 한다. 상담자가 의도하지는 않았지만 부주의하여 내담자의 정보를 누설하는 사례로는 다음과 같은 경우가 있다.

- 부적절한 장소에서 부적절한 대상에게 정보 누설(예: 상담자가 사적인 모임에서 가족이나 친구에게 자신이 치료하고 있는 내담자에 대해 이야기하기)
- 부적절한 장소에서 적절한 대상에게 정보 누설(예: 복도나 식당에서 동료 상담자에게 내담자에 대한 사례자문을 구하기)
- 적절한 자료공개일 수는 있지만 내담자의 동의 절차를 빠뜨린 경우(예: 정신과 의사에게 의뢰하는 과정에서 내담자의 동의를 받지 않고 내담자 정보를 전달하기)
- 과잉공개(예: 내담자가 허용한 것보다 지나치게 상세한 정보를 공개하거나, 관련 상황에 필요한 정보 외의 내용까지 공개하는 경우)
- 기술적 부주의(예: 내담자 정보가 담긴 자료를 이메일이나 팩스, 우편

물로 보낼 때 실수로 제3자에게 전달하는 경우)

이 모든 경우는 상담자의 실수와 부주의로 생기는 비밀보장 침해 상황이며, 그 결과는 내담자를 위험에 빠뜨릴 수 있을 뿐만 아니라 상담자 자신의 전문적 지위나 신뢰에도 치명적인 손상을 입힐 수가 있다.

이와 같은 실수를 하지 않게 하는 가장 좋은 방법은 상담윤리에 대한 사전 교육일 것이다. 상담전공 대학원 과정과 학회 자격증 취득 과정에서 상담윤리에 대한 교육을 실시해야 할 뿐만 아니라, 상담기관에서 일하는 모든 근무자를 대상으로 정기적인 상담윤리 교육을 실시하는 것이 바람직하다. 상담윤리 교육은 치료적 활동을 하는 상담자뿐만 아니라 상담기관에서 행정적 업무나 기술적 업무를 담당하고 있는 근무자들에게도 반드시 실시해야 하고, 특히 새로운 직원이 들어오는 경우 상담윤리에 대한 연수를 실시하는 것이 필요하다. 이처럼 상담윤리는 상담자 개인의 차원에서도 꼭 지켜져야 하는 것이지만, 무엇보다도 상담기관의 환경이 중요하다는 것을 Knapp과 VandeCreek(2006)이 강조하였다. Knapp과 VandeCreek에 따르면, 상담자의 상담기록을 보호하는 것은 해당 기관에 속한 모든 사람의 동시적인 책임이기에, "상담윤리를 존중하고 중시하는 분위기"를 조성하는 것이 가장 효과적으로 비밀보장의 침해를 예방하는 방법이라고 하였다.

제6단계: 상담의 비밀보장 윤리에 대한 사회적 인식의 개선

상담 분야에서 학위와 자격증을 취득하고, 상담자로서 실무 현장에서 오랜 시간 활동한 경력이 있다 하더라도 상담윤리는 매우 어려운 과제이기 때문에 동료들 간에 적극적인 자문을 구하고 새로운 상담윤리 정보와 지식을 업데이트하는 노력은 필수적이다. 특히, 우리나라에서는 그동안 전문 상담활동에 대한 사회적 인식이 확대되고 있고 상담 수요자는 급격히 증가하고 있는 반면, 상담의 윤리와 비밀보장의 중요성에 관한 이해는 부족하기 때문에 상담자가 업무수행을 하면서 다른 분야의 전문가나 관계자의 관점의 차이 때문에 어려움을 겪기가 쉽다. 따라서 상담자는 자신이 만나는 내담자에게도 비밀보장에 대한 이해를 시켜야 할 뿐 아니라, 법조인, 정책 담당자, 또는 사회 대중을 대상으로 기회가 닿는 대로 적극적인 이해와 설득의 노력을 해야 할 것이다.

참고문헌

Behnke, A. (2005). Ethics rounds: Letter from a reader regarding a minor client and confidentiality. *Monitor on Psychology, 36*, 78-79.

Behnke, A. (2007). Disclosures of information: Thoughts on a process. *Monitor on Psychology, 38*, 62-63.

Bollas, C., & Sundelson, D. (1995). *The new informants: The betrayalofconfidentiality in psychoanalysis and psychotherapy*. Northvale, NJ: Jason Aronson.

Everstine, L., Everstine, D. S., Heymann, G. M., True, R. H., Frey, D. H., Johnson, H. G., & Seiden, R. H. (1980). Privacy and confidentiality in psychotherapy. *American Psychologist, 35,* 828-840.

Fisher, M. A. (2008). Protecting confidentiality rights: The need for an ethical practice model. *American Psychologist, 63,* 1-13.

Knapp, S., & VandeCreek, L. (2006). *Practical ethics for psychologists: A positive approach.* Washington, DC: American Psychological Association.

Montgomery, L. M., Cupit, B. E., & Winberley, T. K. (1999). Complaints, malpractice, and risk management: *Professional issues and personal experiences. Professional Psychology: Research and Practice, 30,* 402-410.

Pope, K. S., & Bajt, T. R. (1988). When laws and values conflict: A dilemma for psychologists. *American Psychologist, 43,* 828-829.

Pope, K. S., Tabachnick, B. G., & Keith-Spiegel, P. (1987). The beliefs and behaviors of psychologists as therapists. *American Psychologist, 42,* 993-1006.

Pope, K. S., & Vasquez, M. J. T. (2007). *Ethics in psychotherapy and counseling: A practical guide for psychologists* (2nd ed.). San Francisco: Jossey Bass.

Pope, K. S., & Vetter, V. A. (1992). Ethical dilemmas encountered by members of the American Psychological Association: A national survey. *American Psychologist, 7,* 397-411.

상담 현장의 윤리

제 4 장

상담 전문성과
윤리

유영권

1. 수퍼비전 윤리

상담자로 탄생하여 성장하기 위해서는 상담과 관련된 정규 대학원에서 다양한 분야의 상담과목을 수강하고 상담실습을 경험하면서 상담실무와 상담과정을 배우는 것이 필요하다. 이러한 과정에는 개인수퍼비전과 집단 수퍼비전을 통해 상담자로서의 자질을 개발시키고, 상담기술을 습득하며, 상담과정에서 나타나는 윤리적 문제들을 다루고 성찰하는 과정이 포함된다. 전문적인 상담자로서 양성되기까지는 시간적 · 경제적 · 심리적 에너지를 필요로 한다. 이러한 복잡하고 다양한 과정을 걸쳐서 상담자로 태어나지만, 일단 그 분야의 최고 수준의 자격증을 받고 나면 더 이상 연장교육을 받거나 계속적으로 수퍼비전받는 것을 등한시하게 된다. 그럼으로써 자신의 제한된 경험에 의존하여 상담을 진행하고, 상담의 윤리적 문제들을 독단적으로 풀어 나가기가 쉽다. 또한 상담현장에서 발생하는 여러 가지 이슈에 대하여 전문가 동료들에게 체계적으로 자문을 받는 상담자를 찾아보기가 힘들다. 효과적인 상담자가 되기 위해서는 자격증으로 끝나는 것이 아니라 개인 수퍼비전, 집단 수퍼비전, 또래 수퍼비전, 자문 등 어떤 형태로든 상담 내용에 대한 상담자로서의 객관적 점검과 성찰을 통한 계속적인 훈련을 받을 필요가 있다.

1) 수퍼비전의 정의

수퍼비전은 상담훈련 과정에 있는 수퍼바이지와의 관계를 통해 수퍼바이지가 상담전문가로 성장하도록 기술을 습득하고 향상시키는 것을 목적으로 하며, 수퍼바이지의 개인적 문제가 상담과정에 어떻게 나타나는가를 성찰하게 하여 개인적 성장과 인식(Self Awareness)에 이르도록 돕는 과정이다. 이러한 정의에 따르면 상담 수퍼비전에는 두 가지 중요한 측면이 있다. 즉, 상담기술을 습득하는 교육적 측면과 수퍼바이지 자신의 개인적 성장을 추구하게 하여 자기 통찰에 이르게 하는 측면이다. 이 두 측면에서 어느 쪽에 중점을 두느냐는 수퍼바이저의 수퍼비전 이론에 따라 다르겠지만 상담기술만 풍부하다고 해서 상담을 효과적으로 진행하는 것도 아니고, 개인적 성장만 잘 되었다고 해서 상담을 잘하는 것도 아니다. 수퍼비전은 이 두 측면을 균등하게 지닐 수 있도록 진행되는 것이 바람직하다.

2) 유능한 수퍼바이저와 무능한 수퍼바이저

상담자는 수퍼바이저의 성향이 어떤지에 따라 상담 방향이나 스타일에 많은 영향을 받는 것이 사실이다. 지지적이면서도 전문적 경계선을 잘 설정하는 수퍼바이저로부터 수퍼비전을 받은 경우 상담 상황에서도 수퍼바이저의 모습을 재연하여 지지적인 상담자의 모습을 보인다. 이와 달리 억압적이고 착취하는 수퍼바이저 때문에 힘들어하는 상담자는 자신도 모르게 수퍼바이저의 억압적인 모습이 내담자와의 관계에서 재연될 수도 있다. 그렇지만 수퍼바이저를 선택하는 데 있어 선택의 여지가 없는 것이 한국의 실정이다. 하지만 수퍼바이저와의 관계에서 억압하고 착취하며 권력의 우위를 가지고 위협하는 수퍼바이저를 분별하여 선택할 수 있는 수퍼바이지의 권리는 존중되어야 한다. 이를 위해 수퍼바이지도 자신의 선택권을 충분히 행사할 수 있다는 인식이 필요하다. 이런 선택의 권리를 행사하기 위해서 어떤 수퍼바이저가 유능한지 그렇지 못한지, 분별하는 기준이 제시될 필요가 있다. Haynes, Corey, 그리고 Moulton(2006)은 유능한 수퍼바이저와 무능한 수퍼바이저를 다음과 같이 구별한다.

〈유능한 수퍼바이저〉
• 유능한 수퍼바이저는 수퍼비전 훈련을 받으며 정기적인 워크숍

및 학술회의 참여나 독서 등을 통해 수퍼비전 주제에 대한 새로운 지식과 기술을 구비해야 한다.

- 유능한 수퍼바이저는 수퍼비전하고 있는 임상 전문 영역에서 능력을 발휘할 수 있도록 교육, 훈련 그리고 경험을 갖춰야 한다.
- 유능한 수퍼바이저는 효과적인 대인관계 기술을 지니며, 다양한 집단 및 개인, 여러 임상 경험을 지닌 상담자와 작업할 수 있어야 한다. 예를 들어, 대인관계 기술에는 경청하고, 건설적인 피드백을 제공하며, 유익한 방식으로 직면할 수 있는 능력과 함께, 수퍼바이지와 명확한 관계를 설정하는 능력 등이 포함된다.
- 유능한 수퍼바이저는 수퍼비전이 수퍼바이저, 수퍼바이지, 실무 환경, 그리고 내담자 간의 상호작용에 의존하는 상황적 과정이라는 사실을 인식해야 한다. 숙련된 수퍼바이저는 상황에 따라 수퍼비전의 접근 방식을 조절할 수 있다.
- 유능한 수퍼바이저는 수퍼비전에서 융통성을 발휘하며, 다양한 역할과 책임을 담당할 수 있어야 한다. 수퍼바이저의 역할은 상황적 필요에 따라 빠르게 변할 수 있다.
- 유능한 수퍼바이저는 임상 사례에 대한 수퍼비전 상황에서 발생할 수 있는 여러 상황에 적용될 만한 법, 윤리, 전문가 규정 등에 대한 지식을 폭넓게 갖춰야 한다.
- 유능한 수퍼바이저는 수퍼비전의 우선 목표가 임상 서비스를 감독하는 것이며, 따라서 내담자의 복지가 가장 우선이라는 사실에 대해 주의를 잃지 않는다.

- 유능한 수퍼바이저는 수퍼바이지에 대한 평가적 기능을 기꺼이 수행하고 정기적으로 수행에 대한 피드백을 제공해야 한다.
- 유능한 상담자는 적시에 정확한 방식으로 수퍼비전 활동을 기록한다.
- 유능한 상담자는 서비스 수혜자의 힘을 북돋는다. 수퍼바이저는 현 상황에 대한 문제해결뿐만 아니라 수퍼비전 종결 후에도 수퍼바이지가 여러 임상 상황에서 적용할 수 있는 문제해결 방식을 개발하도록 도와야 한다. 필요할 경우, 수퍼바이저는 수퍼바이지를 돕기 위해 교수와 자문을 제공한다.

〈무능한 수퍼바이저〉
- 무능한 수퍼바이저는 수퍼비전에 대한 전문적 지식과 훈련이 결여되어 있고, 수퍼비전 전체 과정에 대해 넓은 안목을 가지고 있지 않다. Bradley와 Boyd(1989)는 수퍼비전 이전에 유의할 점으로 자신이 수퍼비전을 수행할 수 있는 기술이 있는지를 지적한다. 그만큼 수퍼바이저로서 갖추어야 할 전문적인 능력과 경험의 중요성을 말하는 것이다.
- 개인적인 문제가 해결되지 않았거나 성격적 결함이 치료되지 않은 상태에서 수퍼바이저로서의 역할을 하게 될 때 자신의 미해결된 과제를 수퍼바이지에게서 찾으려고 한다.
- 수퍼바이저 자신의 한계를 인식하지 못하고 모든 분야에 대하여 수퍼비전을 할 수 있는 듯한 인상을 심어 준다. 또한 수퍼비전과

개인상담치료의 경계가 불분명하여 수퍼비전을 개인 상담치료로 이끌어 간다.

- 수퍼바이지에 대한 평가를 객관적으로 하는 것이 아니라 감정적으로 치우치거나 보복적인 행위로 평가를 한다.
- 수퍼비전을 하면서 내담자를 보호해야 하는 의무를 중요하게 여기지 않고 내담자의 인격과 문제의 심각성을 고려하지 않는다.
- 수퍼바이저가 자신의 가치관을 강압적으로 주입시키려고 한다.
- 억압적인 분위기에서 수퍼바이지가 자신의 이슈를 안전하게 드러내지 못하고 잘한 점만 드러내려 한다.

무능한 수퍼바이저로부터 수퍼비전을 받을 경우 수퍼비전의 부정적 신호를 파악할 수 있어야 한다. 부정적인 수퍼비전을 경험하는 경우 상담자는 병행적 재연 과정(Parallel Reenactment Process)을 경험하는데, 병행적 재연 과정이란 수퍼바이저와의 경험으로 인한 좌절과 불안이 수퍼바이지와 내담자 사이에서 다시 나타난다는 것을 의미한다. Ramos-S nchez와 동료들(2002)은 부정적인 수퍼비전 관계를 다음과 같이 설명한다.

수퍼비전에서 부정적 경험을 보고한 수퍼바이지들은 그렇지 않은 응답자에 비해 수퍼바이저와의 유대가 약한 경향이 있었고, 현재의 수퍼바이저에 대한 수퍼비전 만족도가 낮은 것으로 나타났다. 이러한 경험이 수퍼비전에 더욱 부정적인 영향을 미첬다고 하였다. 부정적인 수퍼비전 경험은 수퍼바이지의 자신감 수준에 영향을 미치며, 내담자에게 효과적인 치료를 제공하는 데 필요한 상담 능력에 영향을 줄 수 있다(Haynes, Corey, & Moulton, 2003, p. 207 재인용).

수퍼바이지는 수퍼바이저가 제공하는 수퍼비전의 질에 대하여 명확한 기준으로 수퍼바이저를 선택할 필요가 있다. 기존에 선택한 수퍼바이저가 자신의 문제를 해결하지 못한 무능한 수퍼바이저여서 수퍼바이지를 착취하거나 지나치게 통제하려는 욕구를 가진 경우라면 수퍼바이지의 전문성 발달에 막대한 악영향을 끼칠 수 있다. 이러한 경우 계속 수퍼비전 관계를 유지하는 것보다 용기 있게 수퍼바이저를 바꾸는 과정이 필요하다.

3) 무능한 수퍼바이지에 대한 조치

반면 무능하고 결함 있는 수퍼바이지에 대해 상담자로서 더 이상 전문적인 활동이 힘들다는 평가가 내려진다면 내담자의 안녕과 복지를 위해서 적절한 조치를 취해야 한다. Forrest와 그의 동료들(1999)은 능력 부족에 대한 공통된 몇 가지 범주, 즉 낮은 학업수행, 저조한 임상 수행, 부족한 대인관계 기술, 그리고 비윤리적 행동 등을 제시한다. 다음은 무능한 수퍼바이지에 대한 기준이다.

무능한 수퍼바이지는 상담사례에서 발견되는 자신의 문제에 대해서 직면하기를 회피한다. 수퍼바이지의 능력 부족에 결정적인 것은 약물남용과 성격장애이다. 대인관계 민감성이 떨어지거나, 극단적 통제욕구, 혹은 내담자를 희생시켜 자신의 욕구를 충족하려고 지위를 이용하는 것이다(Haynes, Corey, & Moulton, 2006, p. 217 재인용).

이러한 무능한 수퍼바이지가 발견된다면 수퍼바이지의 결함이나 무능력을 수정하고 성장하도록 모든 방법과 노력을 다한 후, 그래도 부족하다면 수퍼바이지를 상담훈련 프로그램에서 제외시키는 것이다. 수퍼바이저는 상담자로서의 역할을 제대로 수행하지 못한 수퍼바이지에 대하여 직면을 회피해서는 안 된다. 수퍼바이지의 계속적인 상담행위가 내담자의 복지나 안녕을 저해한다고 생각될 경우 수퍼바이저는 수퍼바이지를 프로그램에서 제외시킬 수 있다. 프로그램과 수련생 모두를 보호하기 위해 마련된 적절한 절차는 다음과 같다(Haynes, Corey, & Moulton, 2006, p. 219).

- 수련 종결 이유에 대한 서면 기술
- 수련생의 개인적 그리고 상호관계 기능에 대한 구두 및 서면 평가
- 기대된 행동변화, 시한, 그리고 치료 교육의 실패에 대해 구체적으로 명시한 서면으로 된 조치 계획
- 프로그램 배제에 대한 통지 절차

• 프로그램 배제 결정에 대해 수련생이 할 수 있는 이의제기 절차

　그런데 우리나라의 상황에서 수퍼바이지가 자신의 비윤리적 행동이나 심리적 결함 때문에 이와 같은 조치를 받게 된다면 반발과 저항이 심할 것으로 생각된다. 그리고 상담 프로그램에서 탈락된다 하더라도 다른 프로그램에 등록하여 훈련을 계속 받을 수 있는 현실이다. 상담 전문가로 적절하지 않은 수퍼바이지가 발견되었을 경우 수퍼바이지가 모욕감이나 수치감을 느끼지 않도록 가능한 포용적이고 수용적인 분위기가 되도록 해야 한다. 수퍼바이저는 수퍼바이지가 자신의 능력의 한계를 깨닫도록 도와주고 상담적으로 대화를 이끄는 지혜와 보살핌의 태도가 필요하다.

4) 수퍼바이저의 역할과 책임

　수퍼비전 과정을 성공적으로 이끌기 위해서는 무엇보다 수퍼바이저가 어떤 분위기를 만들고 수퍼비전 과정에 윤리적 책임을 지느냐가 중요한 요소로 등장한다. 수퍼바이저의 역할과 책임에 대해서 살펴보면 다음과 같다.

(1) 수퍼비전의 긍정적 분위기 조성
　수퍼비전의 효과를 극대화시키는 데 가장 중요한 것은 수퍼바이저와의 신뢰적 관계다. 수퍼바이저는 수퍼바이지와의 상담과정에서 결

점이나 부족한 면을 감싸 주고 안아 주는 분위기를 제공해야 한다. 수퍼바이지가 긍정적 분위기에서 수퍼비전을 받을 때 자신의 문제점을 쉽게 노출하므로 자신의 문제가 상담할 때 내담자에게 어떤 영향을 주는지 알 수 있도록 돕는다. 이러한 과정을 촉진시키기 위해 수퍼바이저는 수퍼바이지에게 자기 노출의 잠재적 위험성(Haynes, Corey, & Moulton, 2006)에 대해서 언급하며, 수퍼바이지가 자기 노출을 포용적인 분위기에서 할 권리가 있고, 자기 노출에 대한 보호를 받을 권리가 있음을 알려 준다.

(2) 수퍼바이지의 자기 인식능력 증진

개인적 역동이 내담자에게 어떤 영향을 미칠지 인식함으로써 수퍼바이지가 자신의 통찰에 이르게 하도록 하는 작업이 수퍼바이저의 책임이다. 수퍼비전을 하다 보면 자신의 문제(통제하고자 하는 욕구, 수퍼바이지의 부모로부터 받은 상처, 자신의 정체감 부족, 불안감 등) 때문에 내담자를 있는 그대로 보지 못하고 자신의 문제를 통해 내담자의 문제를 보려고 하는 경우를 볼 수 있다. 이러한 걸림돌을 잘 파악하여 수퍼바이지의 자기 인식(self awareness)을 증진시키는 데 많은 노력을 기울일 필요가 있다.

(3) 수퍼바이저의 윤리적 책임

많은 상담 교과서에서 상담자의 윤리적 책임에 대해 언급하고 설명하고 있지만, 수퍼바이저의 윤리에 대한 언급은 별로 하지 않는다.

Carroll(1996)은 수퍼바이저의 윤리적 책임을 다섯 가지로 나눈다
(pp. 151-158).

① 내담자에 대한 수퍼바이저의 윤리적 책임
수퍼바이저는 수퍼바이저의 내담자에 대한 다음과 같은 윤리적 책임을 갖는다.

- 수퍼바이저의 언어적 보고를 통해 수퍼바이지와 내담자 간의 관계를 유추하여 내담자가 해를 당하고 있지는 않은지 확인해야 한다.
- 수퍼바이저는 내담자에 대한 정보를 상담자로부터 잘 제공받는지 확인해야 한다.
- 수퍼바이저는 내담자의 문제에 적절한 상담이론이 적용되고 있는지 그리고 내담자가 적절한 상담치료를 받고 있는지 모니터링해야 한다.

② 수퍼바이지에 대한 수퍼바이저의 윤리적 책임
수퍼바이저는 수퍼바이지가 다음과 같은 내용을 알고 있는지 확인해야 한다.

- 윤리조항을 숙지하고 있다.
- 윤리적 결정을 내릴 수 있는 방법이 있다.

- 관련 전문 단체에 속하여 적절한 상담자 윤리조항과 상담방법에 동의한다.
- 과로하지 않으며 적당한 정도로 상담을 하면서 자신을 돌본다.
- 적당한 보험에 가입해 있다.
- 자신의 상담 개입에 비판적으로 성찰할 수 있다.
- 수퍼비전에 자신의 형편없는 상담을 가지고 올 수 있다.
- 자신이 내담자에게 어떻게 직권을 남용하는지 인지한다.
- 자신의 삶 속에 스트레스를 감지하고, 상담자로서 발달하는 과정에서 가지는 스트레스를 인지한다.

③ 수퍼비전 관계에 대한 수퍼바이저의 윤리적 책임

수퍼바이저는 수퍼바이지와의 관계에서 다음과 같은 윤리적 책임을 갖는다.

- 수퍼비전 관계에서 역할과 책임을 분명히 하는 계약을 맺는다.
- 수퍼비전 관계에서의 어려움을 다루어야 한다.
- 수퍼바이지, 수퍼비전 그리고 수퍼바이저 자신을 평가해야 한다.
- 수퍼바이지와 계속되는 상담을 진행해서는 안 된다.
- 성별, 인종, 장애, 성적 편향이 수퍼비전 관계에 악영향을 미쳐서는 안 되며 동등한 기회를 주어야 한다.
- 수퍼바이지에게 비밀보장의 의미를 명확히 설명해 주고, 수퍼바이지의 동의하에 또는 동의 없이 비밀보장을 할 수 없는 경우도

있음을 알려 주어야 한다.

- 사전 동의(Informed consent)에 대한 문제들을 이야기한다.

④ 훈련과정/직업기관에 대한 수퍼바이저의 윤리적 책임

수퍼바이저는 수퍼바이지의 훈련과정 및 직업기관에 대해 다음과 같은 윤리적 책임을 갖는다.

- 평가과정의 한 부분으로서 수퍼비전 보고서를 작성해야 한다.
- 보고서는 정직하게 작성해야 한다.
- 수퍼바이저, 수퍼바이지, 훈련과정, 직업기관 등에 대하여 분명한 관계를 맺고 제한점을 명확히 파악해야 한다.

⑤ 수퍼바이저 자신에 대한 윤리적 책임

- 수퍼바이저 자신의 스트레스, 수퍼비전 관계로부터의 스트레스, 외부에서의 스트레스 등 세 영역의 스트레스에 대해 적절하게 대처할 수 있어야 한다. 동료 수퍼바이저와의 자문과 세미나 참석 등으로 고립에서 벗어나 객관적으로 자신의 스트레스를 다루어 문제를 너무 지나치게 문제와 고통에 집착하지 않고 벗어날 수 있도록 한다.

5) 수퍼바이저의 윤리적 결정 단계

Carroll(1996, p. 163)은 다음과 같은 윤리적 결정 단계의 흐름을 제시한다.

1단계: 윤리적 민감성 촉진하기

- 사례 검토하기
- 상담에서 발생하는 윤리적 문제를 찾아내기
- 윤리 조항과 관련된 문헌 읽기
- 사례를 통해 어떻게 할지 생각하기
- 상담에서 생기는 가치와 관련된 문제를 탐색하기
- 상담자 자신의 가치를 명료화하고 도전하기
- 상담에 관련된 권력문제 인식하기
- 상담과정의 중요한 사건을 검토하기
- 윤리적 구조와 이론 평가
- 도덕발달 수준을 확인하고 이것이 윤리적 의사결정에 어떤 영향을 미치는지 확인하기

2단계: 도덕적인 행동 구체화하기

- 윤리적 문제 혹은 딜레마 확인하기
- 윤리적 문제와 관련된 잠재적 문제 확인하기
- 적절한 윤리적 지침 검토하기
- 자문 구하기
- 가능하거나 불가능한 행동 고려하기
- 다양한 결정의 결과를 열지하기
- 최선의 행동이 무엇인지 결정하기

제4장 상담 전문성과 윤리

3단계: 도덕적 결정 실행하기

- 결정을 실행하기 위해 어떤 단계들이 필요한가?
- 어떤 사람이 관련되어 있고, 누구에게 무엇을 이야기할 필요가 있는가?
- 윤리적 결정을 실행하지 못하게 구속하는 것은 무엇인가?(예: 정치적 상황. 내담자의 보호 합리화 등)
- 실행을 위해 또한 그 결과를 책임지기 위해 상담자, 내담자, 타인으로부터 어떤 지지가 필요한가?

4단계: 윤리적 결정의 애매모호함을 견디기

- 최종 결정에 수반되는 불안 다루기
- 상황과 문제를 내려놓기
- 제한점을 받아들이기
- 경험으로부터 배우기
- 결정의 결과를 견디기 위해 개인적 지지와 전문적 지지 사용하기

이러한 과정을 통하여 수퍼바이저는 우선 윤리적 딜레마가 될 수 있는 이슈들을 찾아내어서 전문가에 합당한 윤리기준을 강조하고 수퍼바이지에게 윤리적으로 어떤 점이 문제가 되는지를 알려 주어 올바른 윤리적 가치관과 기준을 지니도록 도와주어야 한다. 이러한 과정에서 시간과 노력이 들더라도 모든 상담사례에 윤리적 잣대를 기계적으로 적용하기보다는 내담자의 안녕과 복지를 위해 선택할 수 있는 최선의 방법이 무엇인지 찾으려고 노력하고 고민함으로써, 윤리적 문제로 쟁점화시키기보다는 내담자에게 힘과 용기를 실어 주어

해결할 수 있는 방안을 찾도록 도와주는 지혜도 필요하다. 또한 사람들이 가지고 있는 대부분의 문제는 명확한 해답이 있는 것이 아니기 때문에 윤리적 결정을 내리고서 어느 기간 동안 그 판단이 옳았는지 아닌지 애매모호하게 지내는 기간이 있는데, 수퍼바이저는 수퍼바이지가 이때의 불안을 딛고 견디어 나갈 수 있도록 지탱해 주는 역할을 할 필요가 있다.

6) 수퍼비전에서 다루어야 할 윤리적 문제

(1) 부적절한 상담 서비스 수정

Neukrung, Healy 그리고 Herlihy(1992)는 미국상담학회(American Counselor Association: ACA)에 접수된 부적절한 상담 서비스의 유형에 대하여 조사하였는데, 그중 자격증이 없거나 자격에 대하여 투명하지 않은 의심이 가는 상담자(27%), 내담자와 성관계(20%), 부적절한 상담료/가짜 보험료 징수(12%), 이중 관계(7%), 내담자에게 정보제공을 잘 못해 줌(7%) 등을 보고한다(최해림, 2002, p. 807 재인용). 수퍼바이저는 수퍼바이지가 행하는 상담과정 중에 부적절한 상담 서비스가 제공될 경우 그 내용을 파악하고 수정하도록 한다. 여기서 부적절한 상담 서비스의 경우는 다음과 같다(Corey & Corey, 2004, p.280).

- 사전 동의를 얻거나 서류를 작성하는 것에 실패

- 내담자를 포기하는 것
- 계획된 상담목표에서 벗어나는 것
- 자신의 능력을 벗어난 내담자의 문제를 상담하는 것
- 부적절한 진단과 평가 기술의 사용
- 내담자의 본모습과 사생활을 존중하지 않는 것
- 자살에 관해 합리적인 상담과 조치를 취하지 못한 것
- 위험한 내담자로부터 다른 사람들을 보호하지 못한 것
- 적절하게 수퍼비전하지 못한 것
- 사례의 의뢰가 필요함에도 불구하고 적절한 시기에 내담자를 의뢰하지 못한 것
- 부적절한 방식으로 상담료를 받은 것
- 전문적인 교육이나 훈련경력을 거짓으로 말한 것
- 내담자와 계약을 깬 것

그리고 내담자에게 비관적이고 부정적인 방향으로만 상담을 진행하거나 내담자의 문제를 지나치게 확대 해석하여 내담자를 병리화시키고, 과도하게 정신과적 치료를 받게 하여 내담자에게 더 큰 스트레스를 줄 경우 수퍼바이저는 이러한 부적절한 상담 서비스를 적절하게 다루어야 한다.

(2) 수퍼비전에서 고려할 점

① 사전 동의 작업을 충분히 하였는가

수퍼바이지가 상담 초기에 내담자와 상담의 구조화를 잘 하지 못한 경우 윤리적 문제를 더 많이 야기시킬 수 있다. 내담자와 사전 동의서를 작성하여 그 내용에 자살이나 사회의 안녕을 해치는 행위를 할 경우, 상담자는 비밀보장을 깨뜨릴 수 있다는 조항을 알려 주고 서명하도록 하고, 내담자와의 상담내용을 수퍼바이저와 상의할 수 있다는 내용을 미리 알려 주어야 한다. 이로써 사전에 구조화되지 않아 동의서를 받지 않았을 경우 발생할 수 있는 문제를 예방할 수 있다. 필요 없는 윤리적 문제가 생기는 것을 예방하기 위해 수퍼바이지가 상담 첫 회기 때 얼마나 구조화하였고 사전 동의를 받았는지 확인할 필요가 있다.

② 비밀보장을 준수하고 한계를 알고 있는가

수퍼바이지가 상담을 할 때 비밀보장에 대하여 어느 정도 인식을 하고 있는지 점검할 필요가 있다. 필자는 수퍼비전에 들어가기 전에 수퍼바이지에게 항상 내담자에게 허락을 받고 수퍼비전을 받는지 확인한다. 어떤 경우에는 수퍼바이저가 내담자 모르게 임상 자료들을 가지고 오는데 그러한 경우는 수퍼비전을 진행하지 않는다. 그럼으로써 수퍼바이지에게 내담자를 보호하는 것이 얼마나 중요한 것인지 알려 주는 교육의 기회로 삼는 것이다. 수퍼바이저는 수퍼비전에 가지고 오는 대화록, 녹음 및 비디오 테이프 등 임상 자료에 대하여 내담자에게 동의를 받고 수퍼비전에 가지고 오는 것인지, 수퍼바이지가 상담내용에 대해 전문가에게 수퍼비전을 받고 있다는 사실을 내담자에게 알려 주었는지 확인할 필요가 있다. 가끔 그룹 수퍼비전 상황에서 축어록의 내담자를 아는 집단 구성원이 있을 경우 그 집단 구성원에게 수퍼비전을 계속 진행할지 물어보고 불편하다면 그 그룹 수퍼비전을 취소하고 개인 수퍼비전으로 양식을 전환할 필요가 있다. 수퍼바이저와 수퍼바이지는 내담자의 정보와 상담 내용을 내담자의 안녕과 복지에 해가 되지 않도록 보호할 의무가 있다. 그리고 이러한 비밀보장의 원칙에 대해 상담을 구조화할 때 내담자에게 알려 주어야 하며, 비밀보장의 예외가 되는 사항에 대해서도 미리 내담자에게 알려 줄 의무가 있다.

한국상담심리학회 윤리강령 5.다.(6).에서는 "상담이 시작될 때와 상담과정 중 필요한 때에, 상담심리사는 내담자에게 비밀보호의 한계를 알리고 비밀 보호가 불이행되는 상황에 대해 인식시킨다."라고 명시하여 상담과정의 비밀보장에 대해 알려 줄 의무를 강조하고 있다. 그리고 내담자의 생명이나 사회의 안전을 위협하는 경우(5.다.(1).), 내담자가 감염성이 있는 치명적인 질병이 있을 경우(5.다.(2).)에는 비밀보장의 예외가 되는 사항도 명시하고 있다.

이러한 명시에도 불구하고 비밀보장을 깨뜨리고 공개해야 하는 복잡한 상황들이 전개되어 기계적으로 내담자에 대한 정보를 공개해야 할지 고민이 될 때는 한국상담심리학회 윤리강령 5.다.(7).에서 "비밀보호의 예외 및 한계에 관한 타당성이 의심될 때에 상담심리사는 동료 전문가의 자문을 구한다."라고 명시하듯이 다른 전문가들과 상의하거나 학회 상벌 윤리위원회에 문의하는 것이 바람직하다.

타인의 생명을 위협하는 행동과 더불어 타인과의 갈등을 충분히 야기할 가능성이 많은 내담자의 경우, 타인을 위협하고 있음이 잘 드러나도록 상담하고, 명확하게 드러나는 경우 위협당하는 대상자에게 알려 줄 필요가 있다. 만약 위협당하는 당사자에게 고지가 안 될 경우 심각한 문제에 봉착할 수 있다. 이러한 대표적인 예(Bradley, 2003, p. 436)는 1969년 타라소프와 캘리포니아 대학 평의회와의 소송사건이다(이 사례의 자세한 내용은 1장 참조). 캘리포니아 대법원은 이전의 판결을 뒤집어 부모의 편을 들었다. 그 이유는 피고가 내담자로부터 위협을 당하는 당사자들에게 적절한 경고를 하지 않았기 때문이다. 법원은 위험한 내담자를 치료하는 심리치료사가 위협을 당하는 사람에게 경고해야 할 의무가 있음을 강조하였다.

③ 내담자의 사생활(Privacy)을 존중하는가

한국상담심리학회 윤리강령 5.가.(1).에서 "상담심리사는 사생활과 비밀유지에 대한 내담자의 권리를 최대한 존중해야 할 의무가 있다."라고 명시하고 있듯이 수퍼바이지는 내담자의 개인 사생활을 침범하고 있는지 확인해야 한다. 공개하고 싶지 않은 정보를 노출할지의 여부에 대하여 내담자가 선택할 권리가 있음을 수퍼바이지가 깨닫도록 도와주어야 한다. 예를 들어, 수퍼바이지가 자신의 호기심 때문에 내담자의 성적인 생활에 대하여 자세하게 설명할 것을 요구하거나 내담자가 자신의 성생활에 대하여 설명하기를 거부하는데도 집요하게 계속 질문하여 대답하기를 강요하는 경우, 수퍼바이지의 내적 문제가 무엇인지를 파악하도록 하고 내담자의 사생활이 존중되도록 수퍼비전을 진행할 필요가 있다.

(3) 성적인 관계 금지

내담자와의 성적 관계를 금지시키는 것은 내담자와의 관계 그 자체가 권력의 불균등한 상태를 반영하고 있기 때문이다. 상담자와 내담자는 친밀한 관계가 아니라, 내담자가 자신의 이야기를 노출하고 그것에 대하여 상담자의 전문적 자질과 기술에 의해 내담자의 문제를 해결하도록 도와주어야 하는 전문적 관계다. 상담자와 내담자가 사랑에 빠지는 것은 비윤리적이라고 할 수 있다. 상담자와 내담자 간의 사랑의 감정은 태생적으로 순수한 감정이라고 볼 수 없다. 상담관계 자체에서 내담자는 상담자가 가지는 권력의 높은 위치 때문에 일방적으로 자신을 노출함으로써 생겨나는 감정일 경우 상호 교환으로 이루어지는 감정의 결과라기보다는 불공정한 감정의 결과이기 때문이다.

수퍼바이지와 수퍼바이저와 관계에서도 전문가의 윤리가 적용될 수 있다. 수퍼바이지와 수퍼바이저의 사이는 학생과 교수, 상담훈련생과 상담훈련자, 상담기관에 고용된 상담자와 기관의 책임자 등 관계 자체에 있어서 수퍼바이지의 상담자 자질과 능력을 평가해야만 하는 권력자의 위치에 있기 때문에 부적절한 성적 관계로 이어져서는 안 된다. 이러한 관계가 지속된다면 수퍼바이지를 착취하거나 특혜를 주는 관계로 이어질 수 있기 때문이다.

수퍼바이저는 수퍼바이지가 내담자에게서 성적인 친밀감을 느끼는 경우 그러한 느낌이 수퍼비전 시 자유로운 분위기에서 수퍼바이지가 표출할 수 있도록 평상시 신뢰적인 관계를 구축하도록 노력해야 한다. 억압적인 수퍼비전 환경 때문에 수퍼바이지가 가지고 있는 내담자에 대한 성적인 느낌이 수퍼비전에서 적절하게 표출되어 다루어지지 않고 내담자와의 관계에서 구체적인 성적 행동으로 표현될 경우 수퍼바이저도 내담자의 행동에 대한 윤리적·법적 책임(Haynes, Corey, & Moulton, 2006, p. 235)을 가지게 된다.

(4) 전문가로서 자신의 능력의 한계 알기

한국심리학회 윤리규정 제10조 제3항에 "평가와 심리치료에 종사하는 심리학자는 교육, 훈련, 수련, 지도감독을 받고, 연구 및 전문적 경험을 쌓은 전문적인 영역의 범위 내에서 서비스를 제공하여야 한다."라고 명시하고 있듯이 상담자는 자신의 한계와 능력을 알고 그 범위 안에서 상담을 해야 한다. 상담을 하면서 자신의 능력의 한계를 인지하고 어느 범위까지 상담을 할 수 있는지 결정하여 내담자가 더 좋은 상담 서비스를 받을 수 있도록 다른 상담자에게 의뢰하는 과정을 단계적으로 밟아 나가야 한다. 상담자가 내담자에게 자신이 모든 것을 할 수 있는 양 과도하게 상담자의 능력을 부풀린다면 문제를 야기할 수 있다. 상담자 능력 이상의 상담기술이 필요할 경우 계속 상담을 진행시키지 말고, 적절한 다른 상담사에게 의뢰하는 것이 더 윤리적이라 할 수 있다. 수퍼바이저도 자신의 능력과 한계의 범위 안에서 수퍼비전을 실시해야 한다. 더 나아가서 수퍼바이저와 수퍼바이지 모두 자신의 능력 향상을 도모하고 꾸준히 훈련받기 위하여 교육의 기회에 적극적으로 자신을 노출시킬 의무가 있다.

상담을 의욕적으로 실시하고자 하루에 10여 명 이상 상담을 한다거나 학업이나 다른 스케줄로 인하여 자신을 소진시키면서 상담한다면, 상담자 자신이 지치는 것은 물론 상담의 효율성도 떨어질 것이다. 수퍼바이지가 이렇게 과욕을 부려서 자신의 한계를 뛰어넘는 행위를 한다면 자신의 능력에 맞게 시간과 에너지를 분배할 수 있도록 도울 필요가 있다.

7) 수퍼비전 관계에서의 윤리

상담관계에서도 전문적 윤리가 요구되듯이 수퍼비전에서도 윤리적 책임이 요구된다. 수퍼바이저와 수퍼바이지의 관계는 수퍼비전의 결과에 많은 영향을 미친다.

(1) 수퍼비전의 과정과 기대에 대한 명확한 설명

상담 초기에 구조화가 중요한 것처럼 수퍼비전의 초기에 수퍼바이지의 기대가 무엇이고 원하는 목적과 목표가 무엇인지에 대한 분명한 구조화가 필요하다. 수퍼비전은 구조화된 공간에서 실시되는 교육의 형태이기 때문에 수퍼바이지는 수퍼비전에서 무엇이 요구되고 어떻게 진행될 것인지에 대한 지식이 있어야 한다. 이러한 기대가 충분히 전달되고 서로 소통되었을 때 평가도 객관적으로 실시될 수 있다. 상담 센터에서 근무하는 상담실습생, 인턴과 레지던트에게도 무엇을 기대하고 어떤 역할을 해야 하는지 서로 소통하는 시간을 가져야 한다. 그리고 수퍼비전 받는 동안에는 상담자가 내담자에게 지니는 책임을 수퍼바이저가 동등하게 가지고 있다는 것을 알려 준다.

(2) 이중 관계 금지

최해림(2002)의 상담자윤리에 관한 연구에 따르면, 연구에 참여한 상담자 205명 가운데 "대학원생이 자신이 수강하고 있는 상담심리 과목을 가르치는 교수에게 개인상담을 받는다."라는 항목에 65.9%가 윤리적이라고 응답하고 31.2%가 비윤리적이라 응답하였다. 그리고 "수퍼비전을 받고 있는 대학원생이 수퍼바이저에게 교육상담을 받는다."라는 항목에는 76.1%가 윤리적이라고 응답하고 19.5%가 비윤리적이라고 응답하였다. 최해림(2002)은 이러한 결과에 대하여 수퍼바이저에게 교육상담을 받거나 교수에게 개인상담을 받는 이중 관계에 대하여 엄격히 인식되지 않고 있는 한국의 현실을 지적하였다. 한국 상황에서는 수퍼비전에 대한 체계적인 교육이 없고, 수퍼비전을 해 주는 전문가들이 드물기 때문에 학교에서 가르치는 교수가 수퍼비전을 동시에 실시해야 하는 경우가 많다. 그러나 대학원생이 다른 교과과목에서 동일한 교수에게 평가를 받아야 하는데, 수퍼바이저와 수퍼바이지의 관계로 인하여 다른 교과목 학점에 득이 될 수도 있고 실이 될 수도 있기 때문에, 가급적 동일한 교수로부터 다른 과목을 수강할 경우 개인 수퍼비전 관계는 피하는 것이 좋다.

상담자 교육 및 수퍼비전 협회(Association for Counselor Education and Supervision: ACES)의 상담 수퍼바이저를 위한 윤리지침(Ethical Guidelines for Counseling Supervisors, 1993)에서 수퍼바이저와 수퍼바이지와의 관계에 대하여 다음과 같이 기술하고 있다.

- 다중 역할(예: 교사, 임상 수퍼바이저, 행정적 수퍼바이저 등)을 하고 있는 수퍼바이저는 잠재적 갈등을 최소화시켜야 한다. 가능하면, 서너 명의 다른 수퍼바이저들과 역할을 나누는 것이 좋다. 이것이 어려울 경우, 수퍼바이지에게 각각의 감독 역할과 관련된 기대와 책임을 신중하게 설명해 주어야 한다.
- 수퍼바이저는 수퍼바이지와 어떤 형태의 성적 관계도 맺어서는 안 되며, 수퍼바이저-수퍼바이지 관계를 위태롭게 할 수 있는 어떤 형태의 사회적 또는 상호 관계도 맺어서는 안 된다. 수퍼바이저의 객관성과 전문적 판단을 손상시킬 수 있는 수퍼바이지와의 이중 관계는 피해야 하며, 그것이 어려울 경우, 그러한 수퍼비전 관계는 종료되어야 한다.
- 수퍼바이저는 수퍼비전을 대체하여 심리치료적 관계를 맺어서는 안 된다. 수퍼비전 동안 개인적인 문제는 수퍼바이지의 전문적 기능과 내담자에게 이러한 문제가 미칠 영향에 대해 다루기

위해서만 언급되어야 한다.

미국심리학회(American Psychological Association: APA)에서도 "의무적으로 개인 또는 집단 치료를 받도록 요구되는 프로그램에서는 학생의 학업수행을 평가할 책임을 지거나 또는 그러한 책임을 질 교수가 직접 치료를 제공해서는 안 된다."(APA, 2006)라고 명시한다. Haynes, Corey 그리고 Moulton(2006)는 "수퍼바이저들은 교사, 평가자, 상담자, 모델, 멘터, 그리고 조언자로서의 다중 역할을 수행하며, 수퍼바이저-수퍼바이지의 관계에서 고유한 권한을 오용하지 않도록 자신의 행동을 검토해야만 한다."(p. 206)라고 수퍼바이저의 이중 관계에 대한 엄격한 책임에 대해 언급한다. 미국상담학회는 "수퍼바이지와 윤리적, 전문적, 사회적 관계의 경계선을 그을 줄 알아야 한다."(F.3.a.) "학생들과 수퍼바이지와 성적 관계를 가지지 말고 성적 희롱의 대상으로 삼지 말아야 한다."(F.3.b.) "가까운 친척이나, 사랑하는 사람을 학생이나 수퍼바이지로 받아들이지 말아야 한다." (F.3.d)라고 하여 수퍼바이저와의 이중 관계를 금지한다.

내담자와 적절한 경계를 유지하는 것이 필요하듯이 수퍼바이지와 적절한 경계도 필요하다. 수퍼바이지와의 개별 활동은 가급적 자제하는 것이 수퍼비전 관계를 더 효과적으로 수행하는 데 도움이 될 것이다. 수퍼바이지와 영화를 보거나, 파티에 참석하여 사적인 관계로 연장되면 수퍼바이지에 대한 객관적 평가를 할 수 없게 될 것이다. 수퍼바이저는 늘 관계가 어떻게 변하는지 민감하게 반응해야 하고,

수퍼바이지와의 관계가 변질되어 애매모호해진다면 다른 수퍼바이저에게 의뢰한다. 수퍼바이지와의 관계가 애매모호할 때 다음과 같은 질문을 한다(Haynes, Corey, & Moulton, 2006, p. 229)

- 수퍼바이지와의 사교적 관계가 수퍼바이저로서의 역할과 기능을 수행하는 데 어떤 영향을 미칠 수 있을까?
- 윤리위원회에서 수퍼바이지에 대한 나의 결정을 설명하고 정당화할 수 있는가?
- 만일 비슷한 문제로 동료가 나를 찾아온다면 나는 어떤 충고를 해 줄 것인가?
- 나의 상황에서 사교적 관계는 얼마만큼 적절하며 수련생의 전문적 성숙도는 어느 정도인가?
- 내가 일부 수련생과 사교적 관계를 맺고 있는 것을 다른 수련생들이 알게 되었을 때 다른 수련생들의 반응이나 받게 될 영향은 어떠한가?
- 나의 행동이 사람들에게 알려져도 괜찮은가?
- 수련생과의 사교적 관계로 인해 발생할 수 있는 최악의 상황은 무엇인가?

(3) 수퍼바이저의 영향력 인식

수퍼바이저는 자신이 생각하는 것보다 더 막강한 힘과 영향력을 가지고 있다. 수퍼바이저의 이론적 입장은 수퍼바이지의 상담방법론에도 많은 영향을 줄 수 있다. 수퍼바이저는 수퍼바이지의 심리 내면 세계를 드러내어 상담사례와 연결되는 중요한 역할을 담당한다. 이러한 관계에서 수퍼바이저는 수퍼바이지의 성장과 보호를 촉진하는 태도를 가져야 하는데, 오히려 수퍼바이저 자신의 가치관과 상담방법론을 배타적으로 심어 주려는 억압적 관계로 조성하거나 수퍼바이저의 위치를 이용하여 착취적인 분위기를 조성한다면, 수퍼바이지에게는 큰 악영향을 줄 수도 있다. 수퍼비전에서 받는 좋은 영향보다는 수퍼바이저로부터의 상처와 악영향이 더 뿌리깊게 수퍼바이지에게 남아 있을 수 있다.

수퍼바이저는 수퍼바이지를 평가할 수 있는 위치에 있다. 수퍼바이저의 평가는 수퍼바이지의 전문가로서의 앞날을 결정할 수 있는 중요한 과정이기 때문에 수퍼바이지는 수퍼바이저의 권력에 수동적으로 순응할 수밖에 없다. 수퍼바이저는 이와 같은 권력적인 불균형의 구조를 인식하고 수퍼바이지의 권리를 존중할 필요가 있다.

(4) 물물교환 금지

수퍼바이저는 수퍼바이지와 경제적 교류를 해서는 안 된다. 수퍼비전에서 좋은 평가를 받기 위해서 수퍼바이지가 선물을 주는 경우 수퍼바이저의 평가내용에 영향을 미칠 수 있기 때문이다. 하지만 수퍼비전이 끝나고 평가를 받은 이후에 조그만한 감사의 표시를 받는 것까지 금지시키면 한국적인 정서에서는 너무 냉정하다고 인식될 수 있다.

그리고 물물거래식으로 상담 수퍼비전에 임해서도 안 된다. 예를 들어, 수퍼바이지가 수퍼비전 비용을 지불할 경제적 능력이 안 되어서 수퍼바이저에게 자신이 가지고 있는 능력을 제공하여(수퍼바이저에게 언어를 가르친다거나, 자동차를 수리하거나, 미술품이나 골동품으로 수퍼비전 비용을 대체하는 등) 수퍼비전 관계를 흐리게 해서는 안 된다. 이러한 수퍼비전 관계의 투명하지 못한 물물교환은 평가에 영향을 미칠 수 있기 때문이다. 수퍼비전 비용 대신에 수퍼바이지가 가르쳐 준 언어 교육이 예상했던 기대치에 못 미친다면, 수리 받은 자동차가 고장 난다면, 받은 미술품이 가짜이거나 혹은 가격이 치솟았다면 수퍼바이저와 수퍼바이지의 심리가 어떨지 상상을 할 수 있을 것이다.

(5) 상담자 역할 금지

수퍼비전 관계에서 수퍼바이지 자신의 개인적인 문제로 인하여 내담자의 문제를 보지 못하는 경우를 종종 발견한다. 이는 주로 수퍼바이지의 부모와의 관계에서 미해결된 과제들이 상담과정에 드러나는 경우, 수퍼바이지의 통제욕구가 내담자의 고통스러운 상황을 보지 못하여 해결할 수 있는 쉬운 이슈에만 집중하는 경우, 수퍼바이지의 해결되지 않은 슬픔(unresolved grief)이 내담자가 경험한 죽음이나 상실에 대한 애도 과정을 효과적으로 돕지 못하는 경우 등이다. 이러한 경우 수퍼바이저는 수퍼바이지가 내담자의 문제를 파악하지 못함에 대한 통찰을 돕기 위해 수퍼바이지와 어느 정도 상담적인 접근은

가능하지만 더 심층적으로 다루어져야 할 경우 다른 상담자에게 의뢰해야 한다.

(6) 수퍼바이지에 대한 평가

수퍼바이저는 수퍼바이지에 대하여 정당하고 객관적으로 평가한다. 미국상담학회에서는 수퍼비전 과정에 "수퍼바이지에게 주기적인 피드백과 평가를 제공하고, 이를 통해 임상적 기술을 향상시킬 수 있는 토대를 마련하는 활동을 포함한다."(ACA, 1995; ACES, 1993, 1995)라고 명시한다. 상담자 교육 및 수퍼비전 협회의 상담 수퍼바이저를 위한 윤리지침(Ethical Guidelines for Counseling Supervisors, 1993)에 평가에 대한 규정과 잘못된 평가에 대한 절차를 다음과 같이 자세히 제시한다.

수퍼바이지에 대한 지속적인 평가를 통해, 수퍼바이저는 미래의 전문적 수행에 장애가 될 수 있는 수퍼바이지의 개인적 또는 전문적 한계를 인식해야 한다. 수퍼바이저는 수퍼바이지에 대해 치료적 도움을 받도록 권고하거나 혹은 전문적 서비스 제공을 할 수 없는 수퍼바이지들을 수련 프로그램, 해당 상담 영역 또는 자격심사에서 배제할 책임이 있다. 평가를 받게 되는 수퍼바이지에게 명확하고 전문적으로 서면을 통해 설명되어야 한다.

수퍼바이저는 가능한 객관적인 평가기준을 가지고 수퍼바이지를 평가하고 평가한 내용에 대하여 수퍼바이지와 같이 논의하면서 평가 과정 자체를 수퍼바이지의 성장과정으로 교육의 기회로 삼는다. 만일 서면으로 된 평가서의 한 부분에 대하여 수퍼바이지가 동의하지 않거나 이의를 제기하는 경우 타당하다면 수정할 수 있는 신축성도 가질 필요가 있다. 다음은 조지 워싱턴 대학교의 상담학과 수퍼비전 지침에 나오는 평가에 대한 규정이다.

수퍼바이지 평가

〈전문성〉
- 상담을 실시하는 과정에 수퍼바이지는 윤리적이며 전문적으로 적합한 방식으로 행동하였는가?
- 정해진 상담시간에 왔는가?
- 수퍼바이지가 해야 할 과업들을 책임감을 가지고 성공적으로 수행하였는가?
- 수퍼바이지가 그들의 내담자/학생들의 복지를 존중하는가?
- 수퍼바이지가 내담자/학생들과 상호 교류하는 전문적인 태도를 포함하여 전문가로서 적절히 정체성을 개발하였는가?

〈행정능력〉
- 수퍼바이지가 적절한 방법으로 상담기록을 하는 등 필수로 해야 할 행정적 업무를 잘 수행하였는가?
- 수퍼바이지가 전화를 받거나, 위탁하거나 약속시간을 정하는 행동들을 전문적으로 적절하게 수행하였는가?
- 수퍼바이지가 명확하고 조직화된 발표를 하였는가?
- 수퍼바이지가 임상적 기술과 전문적 기술을 향상시키기 위해 훈련 프로그램

과 워크숍을 적극적으로 참여하였는가?

〈상담기술〉
• 수퍼바이지가 면접 인터뷰를 효과적으로 수행하여 상담 서비스를 제공하기 위해 내담자/학생의 적합한 자료를 수집하는가?
• 수퍼바이지가 내담자/학생들과 작업하는 데 있어서 정확한 공감능력을 보여 주는가?
• 수퍼바이지가 내담자/학생의 관심을 정확하게 평가하여 진단과정을 이해하고 잠정적으로 내담자/학생에 대한 진단을 내릴 수 있는가?
• 수퍼바이지는 내담자/학생의 사례에 대하여 정확한 개념화를 발전시키고 개념화를 통해 치료계획과 상담활동을 안내하도록 활용하는가?
• 수퍼바이지가 다양한 내담자/학생에 대한 유용한 치료계획을 발전시키고 치료계획을 효과적으로 구체화할 수 있는가?
• 수퍼바이지가 내담자/학생의 감정과 그 감정이 상담과정에 어떤 역할을 하는지 정확히 이해하고 있는가?
• 수퍼바이지가 자신의 감정을 이해하고 상담과정에서 어떤 역할을 하는지 이해하는가?
• 수퍼바이지가 적절하고 효과적으로 내담자/학생에게 치료적인 대면을 할 수 있는가?
• 수퍼바이지가 치료집단에 협조치료자로서 효과적인 기술을 보여 주는가?
• 수퍼바이지가 부부나 가족과 상담하는 데 효과적인 기술을 보여 주는가?
• 수퍼바이지가 아동이나 청소년을 상담하는 데 효과적인 기술을 보여 주는가?

〈수퍼비전〉
• 수퍼바이지가 수퍼비전에 개방적이고 전문적인 피드백을 상담에 통합시키는가?

- 수퍼바이지가 상담에 새로운 방법을 시도하고 내담자와 상담하는 작업에 다른 기술을 시도하는가?
- 수퍼바이지가 전문적인 자문 활동(의료, 정신과, 교육학 등)을 적절하게 하고 있는가?

*출처: The George Washington University (2004/2005), pp. 24-25.

2. 연구

현재 상담 교과과정이나 대학원 교과과정에 윤리에 대한 교육이 적극적으로 실시되고 있지 않다. 최근 한국 사회에서 연구윤리 문제로 떠들썩한 이유 중 하나는 아마도 대학원에서 연구에 대한 윤리과목이 개설되지 않았기 때문에 연구윤리에 대한 인식의 결여로 인한 결과가 아닌가 생각한다. 이러한 상황에서 황우석 씨 사건은 연구에 대한 윤리적 민감성을 높여 주었으므로 한국의 여러 학문 분야에 어느 정도 공헌을 하였다고 평가할 수 있다.

1) 연구에 대한 원칙

연구를 계획하고 실시하는 과정에서 연구자는 연구 대상자에 대한 책임감을 가지고 참여자의 복지와 안녕에 대한 전문적 태도를 가질 필요가 있다.

(1) 연구 참여자에 대한 존경

인격과 자율성의 존중이라는 측면에서 연구에 대한 원칙은 연구 참여자 모두를 한 인격체로 존중해 주고, 자신의 결정에 의해 자율적으로 움직이고 있음을 인정해 주는 것이다. 연구 참여자를 단순히 실험의 대상자가 아닌 인격과 자율성을 지닌 한 사람으로 생각하고 기계적으로 실험을 강요하거나 비인격적인 대상으로 다루어서는 안 된다. 미국심리학회의 윤리원칙 D에서 인간의 권리와 존엄성의 존중에 대하여 다음과 같이 명시한다.

> 심리학자는 모든 인간의 기본적 권리, 존엄성, 가치를 존중한다. 심리학자는 사생활, 비밀유지, 자기결단 및 자율성에 대한 개인의 권리를 존중하며, 이러한 권리들의 실행과의 불일치 및 갈등을 일으킬 수 있는 법적 의무 및 기타의 의무에 유념해야 한다. 심리학자는 연령, 성별, 인종, 민족성, 국적, 종교, 성적 태도, 무능력, 언어 및 사회경제적 지위에서 기인하는 차이를 포함하여 문화적, 개인적 그리고 역할 차이를 자각한다. 심리학자는 자신의 업무에서 그러한 요인들에 근거한 편파의 영향을 제거하려고 노력하며, 알면서도 불공정한 차별적 실무에 참여하거나 간과하지 않는다.

연구 참여자를 인격적으로 존중한다는 것은 연구 대상자에 대한 비밀보장의 권리를 존중해 주는 것이다.

연구자는 그들이 상담하거나 연구하는 대상이 가지는 비밀보장의 권리를 존중할 의무를 가지며, 이에 대해 주의를 기울여야 한다(APA 5.02 비밀보장 유지하기).

또한 연구 참여자의 사생활에 대한 침해를 최소한으로 유지해 보려고 노력하는 것이다.

연구자가 사생활에 대한 침입을 최소화하기 위해 문서, 구두보고서, 상담 등에 있어서 의사소통이 추구하는 목적에 밀접한 정보만을 포함해야 한다. 연구자는 수집한 어떠한 형태의 자료라도 이를 재조직화, 저장, 접근, 이동, 폐기하는 과정 모두를 통제해야 한다(APA 5.03 사생활에 대한 최소한도의 침해).

(2) 타인의 복지에 대한 관심

연구 참여자의 연구결과가 연구 참여자의 복지에 도움이 되는지의 여부를 고려해 보아야 한다. 만일 연구 참여자에게 해가 된다면 즉시 알려야 하고 복지를 증진시킬 수 있도록 연구방법을 수정하거나 다른 방법을 모색하여 책임 있는 행동을 취해야 한다. 미국심리학회 E조항에 타인의 복지에 대하여 다음과 같이 명시한다.

심리학자는 자신들과 전문적으로 상호작용하는 사람들의 복지에 기여하고자 한다. 전문적 활동에서, 자신의 환자나 내담자, 학생, 지도 감독을 받는 수련생, 연구 참여자 및 기타 영향받는 개인의 복지와 권리 그리고 연구에 쓰이는 동물 피험자의 복지를 신중히 고려한다. 심리학자의 의무나 관심사 사이에서 갈등이 발생할 때, 심리학자는 이러한 갈등을 해결하려고 노력하며, 해를 입히는 것을 피하거나 최소화하는, 책임 있는 태도로 자신들의 역할을 수행하려고 노력한다. 심리학자는 자신과 타인 간의 권력에서의 실제적이고 그에 기인된 차이에 민감해야 하며, 전문적 관계가 맺어지는 동안 또는 그 후에 다른 사람을 이용하거나 오도하지 않아야 한다.

(3) 사회적 책임

미국심리학회에서는 연구결과에 의한 사회적 공헌에 대하여 다음과 같은 연구원칙(APA 윤리원칙 F)을 삼고 있다.

심리학자는 자신이 일하며 살아가는 공동체와 사회에 대해 전문적이며 과학적인 책임을 자각한다. 심리학자는 인간복지에 기여하기 위해 자신의 심리학 지식을 적용하며 공표한다. 심리학자는 인간의 고통의 원인에 관심을 기울이며, 그것을 감소시키는 데 종사한다. 연구에 착수할 때, 심리학자는 인간복지와 학문으로서의 심리학을 진전시키려 노력한다. 심리학자는 자신의 업무에 대한 오용을 피하기 위해 노력한다. 심리학자는 법을 준수하며, 자신의 환자와 내담자 및 대중의 이익에 봉사하는 법과 사회정책의 발전을 고무한다. 심리학자는 개인적 이득이 거의 또는 전혀 없는 일에 전문적 시간의 일부를 사회를 위하여 기여하도록 권장된다.

만일 남녀 간의 성행위 연구를 위해 성행위 장면을 직접 참여관찰하는 연구방법을 사용한다면 연구과정 자체가 한국 사회의 가치관을 위협하는 것이 되므로 신중을 기해야 한다. 또한 연구결과가 사회 가치관을 해치는 결과를 나타낼 수 있다면 그 파급효과를 예측하며 책임감 있는 전문가로서의 소명을 다해야 할 것이다.

(4) 전문적 · 학문적 책임

연구자는 항상 전문가로서 자신의 능력에 대한 객관적인 평가를 하고 자신의 능력에서 벗어나는 경우 다른 전문가에게 적절한 조언을 구하여 연구에 참여한 사람들이 최대한의 이익을 보장받도록 노력한다. 미국심리학회에서는 이러한 전문적 책임에 대해 다음과 같이(APA 윤리원칙 C) 명시하고 있다.

심리학자는 전문적인 품행 기준을 지지하고, 자신의 전문적인 역할과 의무를 명확히 하고, 자신의 행동에 대한 적절한 책임을 수용하며, 상이한 집단의 욕구에 대하여 자신의 방법들을 적용한다. 심리학자는 환자, 내담자 혹은 기타 서비스 수혜자들에게 최상의 이득이 되도록 봉사하며, 필요한 경우 다른 전문가와 기관에 대하여 자문하고 의뢰하고 협력한다. 심리학자의 품행이 자신의 전문적인 책임과 타협할 수 있거나 심리학및 심리학자에 있어서 공공의 신뢰를 감소시킬 때를 제외하고는, 심리학자의 평소의 도덕 기준과 품행은 다른 사람들에게있어서와 마찬가지로 개인적인 문제다. 심리학자는 동료들의학문적이고 전문적인 품행에 대한 윤리적 응종에 관심을 둔다.적절한 경우에, 심리학자는 비윤리적 품행을 방지하거나 피하기 위하여 동료들에게 자문을 구한다.

2) 연구계획에 관한 윤리

연구계획을 하는 데 있어서 먼저 연구방법론의 과정에 대한 윤리적 조명과 연구 실시 과정에서 발생할 수 있는 문제에 대하여 충분히고려해야 한다. Bradley(1989)는 "연구를 계획할 때 연구자는 그 연구가 윤리적으로 용납될 수 있는지에 대해 세심한 평가를 해야 할 책임이 있다."라는 것을 강조하여 연구 참여자의 권리를 보호할 것을요구하고 있다. 한국상담심리학회 윤리강령에서는 연구계획에 관해서 다음과 같은 조항들을 명시하고 있다.

> 6.가.(1). 상담심리사는 윤리적 기준에 따라 과학적인 방법으로 연구를 계획하고 수행한다.
> 6.가.(2). 상담심리사는 연구가 잘못될 가능성을 최소화하도

록 연구를 계획한다.

6.가.(3). 연구를 계획할 때, 상담심리사는 윤리강령에 따라 하자가 없도록 한다. 만약 윤리적 쟁점이 명확하지 않다면, 상담심리사는 윤리위원회나 동료의 자문 등을 통해 쟁점을 해결한다.

6.가.(4). 상담심리사는 최선을 다해 연구 대상자의 권리와 복지를 보호하기 위한 적절한 조치를 취해야 한다.

6.가.(5).상담심리사는 국가의 법과 기준 및 전문적 기준을 준수하는 태도로 연구를 수행한다.

김항인(2005)은 "연구자들은 연구계획을 작성하면서 발생하는 학문적이고 실제적인 고려 사항과 윤리적인 사항들을 통합함으로써 많은 어려움을 피할 수 있다. 연구 참여자에 대한 존중과 그들에게 연구의 수혜적인 결과들을 보장하지 못할 경우에 연구의 부정적인 결과들이 발생할 수 있다."(p. 156)라고 지적하여 연구자들이 연구를 실시하기 전에 계획단계에서 윤리적으로 철저히 검토한 연구만이 윤리적으로 적절하고 긍정적인 결과가 나올 것이라고 강조한다. 연구계획 단계에서는 연구 참여자들에게 연구로 인한 심리적 긴장과 갈등 그리고 일상생활에 미칠 영향 등에 대하여 충분히 설명해주고 연구할 필요가 있다. 한국상담심리학회 윤리강령의 6.가.(3).에서 "연구를 계획할 때, 상담심리사는 윤리강령에 따라 하자가 없도록 한다. 만약 윤리적 쟁점이 명확하지 않다면, 상담심리사는 윤리위원회나 동료의 자문 등을 통해 쟁점을 해결한다."라고 지적하듯이 연구계획 단계에서 명확하지 않은 이슈들이 있다면 자문기관을 통해 규범과 한계를 적절히 정하여 안전장치를 마련하는 것이 필요하다.

3) 연구 대상자의 참여 및 동의

연구 대상자의 참여과정에는 자발적으로 참여해야 하며, 연구과정에 대한 분명한 설명과 동의가 있어야 한다.

(1) 표집의 대표성

연구 참여자를 선택하는 데 있어서 그 연구의 성격에 맞는 연구대상을 대표할 수 있는 표집을 하도록 신중한 노력을 기울여야 한다. 표집하는 데 있어서 충분한 시간을 가지고 여러 계층을 대표할 수 있고, 연구결과의 신빙성을 높일 수 있는 연구 대상의 선정이 필요하다.

(2) 연구 참여자의 자발성

연구 참여자들은 자발적인 참여로 이루어져야 한다. 강압적인 권유나 보복에 대한 두려움으로 연구에 참여되어서는 안 된다. 한국심리학회 윤리규정 제26조 제1항에서는 "심리학자가 내담자/환자, 학생 등 자신에게 의존적인 사람을 대상으로 연구를 수행할 때에는, 심리학자는 이들이 참여를 거부하거나 그만둘 경우에 가지게 될 해로운 결과로부터 이들을 보호하는 조처를 한다."라고 명시하고 있고,

제2항에는 "연구 참여가 수강 과목의 필수사항이거나 추가 학점을 받을 수 있는 기회가 될 경우, 수강학생에게 다른 대안적 활동을 제공하여 학생 스스로 선택할 수 있도록 한다." 즉, 학생들이나 내담자들이 연구에 참여를 하게 되는 경우, 자발적으로 선택할 수 있도록 최대한의 배려를 하고 참여하지 못할 경우에도 어떠한 보복적 행위가 취해지지 않는다는 것을 명시하고 있다. 같은 취지에서 한국상담심리학회 윤리강령 6.다.(1).에서도 "연구에의 참여는 자발적이어야 한다. 비자발적인 참여는 그것이 연구 대상자에게 전혀 해로운 영향을 끼치지 않거나, 관찰연구가 필요한 경우에만 가능하다."라고 규정하여 참여자의 자발성을 강조하고 있다.

또한 한국상담심리학회 윤리강령 6.다.(2).에 "상담심리사는 연구 대상자를 구하기 위하여 부적절한 유인가를 제공하지 말아야 한다."라고 명시하여 연구 참여자 모집에 있어서 과도한 보상이나 부적절한 유인가, 예를 들어 학점이나 승진에 반영하는 일이 없어야 한다는 것도 지적하고 있다.

(3) 연구에 대한 명확한 설명

상담심리사는 연구 대상자를 선택하여 연구를 진행할 때 연구 참여자에게 연구가 어떻게 진행될 것인지, 부작용은 무엇인지, 자료는 어떻게 사용될 것인지에 대하여 전문적인 용어가 아닌 연구 참여자의 수준에 맞는 언어로 설명해야 한다. 한국상담심리학회 윤리강령에서는 연구 참여자에 대한 설명에 대하여 다음과 같이 규정하고 있다.

6.다.(3). 상담심리사는 연구 대상자가 이해할 수 있는 언어
를 사용하여 연구의 목적, 절차 및 기대되는 효과를 설명한
후에 연구 동의를 받아야 한다.

6.다.(4). 상담심리사는 모든 형태의 촬영이나 녹음에 대해서
사전에 연구 대상자의 동의를 받아야 한다.

6.다.(5). 상담심리사는 정보를 숨기거나 사실과 다르게 알리
는 것이 연구와 관찰에 필요한 경우를 제외하고는, 모든 연
구 대상자에게 연구의 목적 및 특성에 대해 사실대로 알려
야 한다. 연구의 특성상 사실과 다르게 보고된 경우에는 연
구가 끝난 뒤 가능한 한 빨리 사실 그대로를 알려 주어야
한다.

6.다.(6). 상담심리사는 연구 대상자의 참여에 영향을 줄 수
있는 물리적 위험, 불편함, 불쾌한 정서적 경험 등에 관하
여 반드시 사전에 알려 주어야 한다.

(4) 사전 동의

연구 참여자에게 연구에 대한 설명을 충분히 알아듣기 쉬운 용어
로 설명한 뒤 연구 참여자가 과정을 정확히 이해했는지 확인할 필요
가 있다. 만일 확인하였다면 연구 참여자가 연구자에게 궁금한 것을
질문할 수 있도록 도와주고 동의서를 제시한다. 이때 언제든지 연구
참여를 중단해도 되고, 중단하더라도 어떤 불이익이 돌아오지 않는
다는 것을 알려 준다. 사전 동의를 받지 않은 경우 연구가 끝난 뒤 연

구 참여자에게 연구에 대한 정보를 제공할 필요가 있다. 연구설명문과 동의서의 한 예를 다음과 같이 제시한다.

서울대학교 생명윤리심의위원회 연구 설명문 및 동의서 양식
(인간행동연구의 예)

연구 설명문

연구과제명:

연구책임자명:

1. 이 연구는 왜 실시합니까?

2. 얼마나 많은 사람이 참여합니까?

3. 만일 연구에 참여하면 어떤 과정으로 진행됩니까?

4. 연구 참여 기간은 얼마나 됩니까?

5. 참여 도중 그만 두어도 됩니까?

6. 부작용이나 위험요소는 없습니까?

7. 이 연구에 참여시 참여자에게 이득이 있습니까?

8. 만일 이 연구에 참여하지 않는다면 불이익이 있습니까?

9. 연구에서 얻는 모든 개인 정보의 비밀은 보장됩니까?

10. 이 연구에 참가하면 대가가 지급됩니까?

11. 이 연구에 대한 문의는 어떻게 해야 됩니까?

동의서

1. 나는 이 설명서를 읽었으며 담당 연구원과 이에 대해서 의논하였습니다.

2. 나는 위험과 이득에 관하여 들었으며 나의 질문에 만족할 만한 답변을 얻었

습니다.

3. 나는 이 연구에서 얻어진 나에 대한 정보를 현행 법률과 생명윤리심의위원회 규정이 허용하는 범위 내에서 연구자가 수집하고 처리하는 데 동의합니다.

4. 나는 이 연구에 참여하는 것에 대하여 자발적으로 동의합니다.

5. 나는 담당 연구자나 위임 받은 대리인의 연구 진행 및 결과 관리와 보건 당국, 학교 당국 및 서울대학교 생명윤리심의위원회의 실태 조사를 위하여 비밀로 유지되는 나의 개인 신상 정보를 직접적으로 열람하는 것에 동의합니다.

6. 나는 언제라도 이 연구의 참여를 철회할 수 있고, 이러한 결정이 나에게 어떠한 해도 되지 않을 것이라는 것을 압니다.

7. 나의 서명은 이 동의서의 사본을 받았다는 것을 뜻하며, 연구 참여가 끝날 때까지 사본을 보관하겠습니다.

_____ _____ _____
참여자 성명 서명 날짜(년/월/일)

_____ _____ _____
동의서 받은 연구원 성명 서명 날짜(년/월/일)

_____ _____ _____
연구책임자 성명 서명 날짜(년/월/일)

*출처: 권석만(2006), pp. 19-20.

사전 동의를 할 수 없는 미성년자이거나 지적 능력을 소유하고 있지 않은 경우 법적 보호자로부터 적절한 동의를 받을 수 있다. 단, 한

제4장 상담 전문성과 윤리

국심리학회 윤리규정 27조에 따르면 다음과 같은 경우 참여자에게 동의서를 받지 않을 수도 있다.

(1) 연구가 고통을 주거나 해를 끼치지 않을 것으로 판단되는 경우:
① 교육 장면에서 수행되는 교육 실무, 교과과정 또는 교실 운영 방법에 대한 연구
② 참여자의 반응 노출이 참여자들을 형사상 또는 민사상 책임의 위험에 놓이지 않게 하거나, 재정상태, 고용가능성 또는 평판에 손상을 입히지 않으며, 비밀이 보장되는 익명의 질문지, 자연관찰 또는 자료수집 연구
③ 조직 장면에서 수행되는 직업이나 조직 효율성에 관련된 요인들에 대한 연구로, 참여자의 고용 가능성에 위험이 되지 않고, 비밀이 보장되는 경우
(2) 국가의 법률 또는 기관의 규칙에 의해 허용되는 경우

(5) 연구심의위원회 승인
연구심의위원회(IRB) 승인 기준은 다음과 같다(김향인, 2005, p. 167).

(1) 건전한 연구계획과 연구 참여자의 불필요한 위험 노출을 피함으로써 연구 참여자에게 미칠 위험이 최소화되어야

한다.

(2) 연구 참여자들에게 미칠 위험은 예상되는 이익(합리적으로 예상되는 결과로 나타나는 지식의 중요성)과 관련하여 합리적이어야 한다. IRB는 연구에서 얻어지는 지식의 장기적인 효과(예컨대, 공공 정책에 관한 연구의 가능한 효과)를 고려하지는 않는다.

(3) 참여자의 선정은 평등하게 이루어져야 한다. 이 점을 평가함에 있어서 IRB는 연구의 목적과 연구가 이루어지는 환경을 고려해야 하며, 특별히 아동, 죄수, 임산부, 정신지체인, 혹은 경제적 교육적으로 열악한 사람들과 같은 취약한 대상을 참여시키는 연구의 문제점들을 고려해야 한다.

(4) 동의서는 각각의 참여 예상자들 혹은 이들의 법적 대리인으로부터 얻어져야 한다.

(5) 동의서는 문서화 형태를 갖추어야 한다.

(6) 연구 계획은 참여자들의 안전을 보장하기 위하여 수합된 자료에 대한 적합한 통제방안을 포함해야 한다.

(7) 참여자들의 사생활 보호와 연구 자료의 비밀을 보장하는 방안이 제시되어야 한다.

(8) 연구 윤리에 대한 민감성이 매우 중요하다(문제의 심각성, 결과의 예측, 책임의식).

4) 책임 있는 연구수행

연구를 수행하는 과정에 있어 한국상담심리학회 윤리강령에서는 전문적이고 책임성 있는 연구를 위해 다음과 같은 규정을 두고 있다.

> 6.나.(1). 상담심리사는 연구가 진행되는 동안 연구 대상자의 복지에 대한 책임이 있으며, 연구 대상자를 심리적, 신체적, 사회적 불편이나 위험으로부터 보호해야 한다.
>
> 6.나.(2). 상담심리사는 자기 자신 혹은 자기 감독하에 수행된 연구의 윤리적 행위에 대해서 책임이 있다.
>
> 6.나.(3). 연구자와 연구 보조자는, 훈련받고 준비된 과제만을 수행해야 한다.
>
> 6.나.(4). 연구를 수행하는 데 있어서, 필요에 따라 숙련된 연구자의 자문을 구한다.

연구진행 과정에 생긴 정보는 비밀이 보장되어야 한다. 그리고 연구 참여자가 고통을 호소하거나 심리적 불안감을 호소한다면 적절한 조치를 취하거나 자문을 받아 책임감 있는 태도를 취한다.

연구비 집행에 있어서도 투명성을 유지하고 연구비가 적절하게 쓰였는지 확인할 책임이 있다. 김건수(2006)는 현장에서 일어나는 연구 관련 윤리문제 중 연구비 신청, 수주 및 집행과 관련된 문제 그리고 연구수행과정과 관련된 문제, 연구결과물의 저자 배분과 관련된 문제를 가장 흔히 발생하는 문제라고 지적한다. 연구 인건비 지급과정에서 연구원들에게 합당한 연구비가 지급되어야, 하고 철저한 회계 관리 체제를 갖추어 연구비 집행과 관련하여 투명성을 유지할 필요가 있다.

5) 위장 연구

연구를 하다 보면 연구의 속성 때문에 위장(deception) 연구를 실시하여 연구 참여자를 속이는 경우가 종종 있다. 이러한 과정에 대하여 한국심리학회 윤리규정 제29조에서는 연구에서 속이기를 금지하고 있다.

1. 심리학자는 속이기 기법을 사용하는 것이 연구에서 예상되는 과학적, 교육적, 혹은 응용 가치에 의해서 정당한 사유가 되고, 또한 속임수를 쓰지 않는 효과적인 대안적 절차들이 가능하지 않다고 결정한 경우를 제외하고는 속임수가 포함된 연구를 수행하지 않는다.
2. 심리학자는 연구에 참여할 사람들에게 신체적 통증이나 심한 정서적 고통을 일으킬 수도 있다는 정보를 알려주고 속이지 않는다.
3. 심리학지는 실험에 포함된 속임수를 가능한 빨리, 가급적이면 연구 참여가 끝났을 때, 아니면 늦어도 자료수집이

완료되기 전에 설명함으로써, 참여자들에게 자신의 실험 자료를 철회할 수 있는 기회를 준다.

미국심리학회 윤리원칙 6.15에서도 참여자를 속이는 연구를 수행하는 데 있어서 가급적 이러한 연구가 진행되지 않을 것을 권장하고 있다.

A. 심리학자는 속이기 기법의 사용이 그 연구의 예상되는 과학적, 교육적 혹은 응용적 가치에 의해 정당화되며 또한 속임수를 쓰지 않고는 똑같은 효과적인 대안적 절차들이 없다고 결정한 경우를 제외하고는 속임수가 포함된 연구를 수행하지 않는다.

B. 심리학자는 신체적 위험, 불편감, 혹은 불쾌한 정서 경험 등과 같이, 참여하려는 자발성에 영향을 미칠 수 있는 중요한 측면들에 대해 연구 참여자들을 결코 속이지 않는다.

C. 실험의 설계 및 수행에서 필수적인 어떠한 속임이든 가능한 빨리, 되도록 연구참여가 끝났을 때, 그러나 연구 전체가 끝나기 전에 참여자들에게 설명해야 한다.

원칙적으로 연구가 불가능할 경우를 제외하고는 가급적 위장 연구를 권장하지 않아야 하며, 만약 실시한다 하더라도 위장 연구의 필요성에 대해서 참가자에게 설명하고 이후에 그 결과를 설명해 주어야 한다. 만일 연구 참여자가 그 결과에 대해서 철회를 요구할 경우 철회할 수 있는 권리를 주어야 한다.

6) 연구결과 및 보고

연구를 수행한 뒤 그 연구결과를 보고함에 있어 과장하거나 변조하거나 이중으로 게재해서는 안 된다. 한국상담심리학회 윤리강령 6.라.(8).에서는 상담심리사는, 이미 다른 논문이나 출판물에 전체 혹은 일부분이 수록된 원고를 전 출판사의 승인이나 인가 없이 이중발표하지 않는다."라며 명확하게 밝히고 있다. 연구결과는 또한 공익성이 있어서 다른 연구자가 자신의 연구에 필요하기 때문에 활용하고자 하는 요청이 들어온다면 거절해서도 안 된다.

(1) 연구 부정행위의 범위

서울대학교 연구진실성위원회 규정(2006)에서 연구 부정행위의 범위를 다음과 같이 나열한다.

- 위조: 존재하지 않는 데이터 또는 연구결과 등을 허위로 만들어 내는 행위를 말한다. (예: 한국상담심리학회 윤리강령 6.라.(2). "상담심리사는 연구 결과를 출판할 경우에 자료를 위조하거나 결과를 왜곡해서는 안 된다.")
- 변조: 연구재료, 장비, 과정 등을 인위적으로 조작하거나 데이터

를 임의로 변형·삭제함으로써 연구 내용 또는 결과를 왜곡하는 행위를 말한다. (예: 한국상담심리학회 윤리강령 6.라.(3). "출판된 자신의 자료에서 중대한 오류가 발견된 경우, 상담심리사는 그러한 오류에 대해 수정, 철회, 정정하여야 한다.")

- 표절: 타인의 아이디어, 연구내용, 결과 등을 정당한 승인 또는 인용 없이 도용하는 행위를 말한다. (예: 한국상담심리학회 윤리강령 6.라.(4). "상담심리사는 타 연구의 결과나 자료의 일부, 혹은 기본적인 내용에 대해서 아무리 자주 인용된다 할지라도 자신의 것처럼 보고해서는 안 된다.")

- 부당한 논문 저자 표시: 연구 내용 또는 결과에 대하여 과학적, 기술적 공헌 또는 기여를 한 사람에게 정당한 이유 없이 논문 저자 자격을 부여하지 않거나, 과학적, 기술적 공헌 또는 기여를 하지 않는 자에게 감사의 표시 또는 예우 등의 이유로 논문 저자 자격을 부여하는 행위를 말한다.

(2) 논문 저자의 표시

논문 저자가 단독일 경우는 문제가 덜하지만 공동연구일 경우의 연구 저자는 기여한 바에 따라 정확하게 기록되어야 한다. 논문작성에 관여하거나 공헌한 사람들의 경우 주석이나 저자 서문 혹은 후기에 적절히 표현하여 공헌한 바를 알린다. 한국상담심리학회 윤리강령 6.라.(5).에서는 "상담심리사는 자신이 수행한 연구 및 기여한 연구에 대해서만 책임과 공로를 갖는다. 연구에 많은 공헌을 한 자는 공동 연구자로 하거나, 공인을 해주거나, 각주를 통해 밝히거나, 혹은 다른 적절한 수단을 통하여 그 공헌에 맞게 인정해 주어야 한다." 라고 명시하여 연구의 공헌도에 따라 명확히 표기할 것을 밝히고 있다. 심지어는 연구를 시작하면서 연구의 개념을 서로 이야기한 경우도 주석이나 적절한 공간에 연구 개념을 같이 공유하고 토론하였다는 표기를 해야 한다.

학생의 학위 논문을 바탕으로 한 논문일 경우 주 저자는 학생이 된다. "연구결과의 출판에 대해 대학원생이나 박사 후 연구원에 대한 정당한 공로를 인정하고 동료심사(peer review)를 통과하지 않은 연구 성과를 기자회견 등을 통해 발표해 대중적 명성이나 금전적인 이익을 추구하는 것을 문제시한다."(송성수, 2006, p. 3) 연구결과를 보고할 때에 과장하지 않고 보고함을 원칙으로 하며, 그 결과를 통해 물질적인 보상이나 대중적 인기를 얻는 데 이용하지 말아야 한다. 황우석의 연구는 허위과장 발표를 통해 자신의 명예와 금전적 이익에 눈이 어둡게 되면 어떻게 되는지 분명히 보여 주는 사례일 것이다.

(3) 편집자의 의무

결과를 게재하는 학술지의 편집자는 최종적으로 출판되는 모든 논문에 책임을 지고 있다. 한국학술진흥재단(2006)에서는 편집자의 의무를 다음과 같이 규정하고 있다.

편집자는 심사과정의 진실성을 확인하며 편집과정 참여자를 관리 감독한다. 편집자는 같은 분야 학자의 논문 심사 과정을 명확하게 공개해야 하며 모든 과정에 대해 정당한 이유를 설명할 수 있어야 한다. 명백한 오류, 왜곡된 결과가 출판되었을 때는 즉시 수정하고 저자의 소속기관에 이를 알린다.

논문의 심사위원으로 위촉될 경우에도 논문을 제출한 사람을 고려하여 논문 심사 결과에 대한 비밀보장을 지킨다.

3. 기 록

1) 기록 보관의 의무

상담자는 내담자와의 상담 내용을 기록하여 남겨 두고 보관할 의무가 있다. 기록은 우선 상담과정에 있어 더 전문적이고 효과적인 상담 서비스 제공을 위해 상담자가 참조하고 상담의 목표를 다시 설정할 수 있는 좋은 자료가 된다. 그리고 만일의 경우 내담자나 제3자로부터 법적 소송에 휩싸일 경우 상담자와 내담자의 보호를 위해서 기록을 남길 필요가 있다. 상담 관계가 좋은 경우는 문제가 되지 않지만, 내담자가 상담자에 의존하고자 하는 욕구가 충족되지 않았을 때 화가 나서 상담자가 자신을 모욕했다고 불평하며 윤리위원회에 제소를 할 경우, 상담자는 상담 내용에 대한 기록을 가지고 분명히 자신을 변호할 수 있을 것이다.

한국심리학회 윤리규정의 제64조 제1항에서는 "심리학자는 심리학적 서비스에 관한 기록을 최소한 10년 이상 보관하여야 한다."라고 밝히고 있으며, 제64조 제4항에서는 "심리학자는 권리가 손상되지 않을 경우 치료의 종결 시점에서 내담자/환자가 희망할 경우 기록을 보게 할 수도 있다."라고 밝힘으로써 상담치료 기록을 보관해야 하는 의무와 아울러 내담자가 요구할 경우 자신의 기록을 볼 수 있도록 하여 내담자의 권리를 명시한다. 만일 내담자가 자신의 상담기록을 보고자 할 경우 그동안의 상담에 대한 기록이 없다면 문제가 될 수 있다.

2) 상담자의 훈련기록

상담자는 자신의 전문적인 훈련에 대해 책임질 의무가 있다. 이러한 책임성의 하나는 자신이 훈련받은 교육 내용에 대해서 그때그때 기록으로 남겨 두는 것이다. 한국상담심리학회를 포함한 여러 학회에서 발급되는 임상수련 수첩을 잘 활용하여 교육 내용을 기록하고, 필요한 경우 교육자나 수퍼바이저로부터 적절한 서명을 받는다. 나중에 자격증에 응시하기 위해서 한꺼번에 상상력을 동원하여 허위기록하거나 서명을 위조해서는 안 된다.

3) 자료 보관

상담자나 상담 센터는 상담 내용에 대하여 어떤 형태로든 보관할 의무를 가지고 있다. 한국상담심리학회 윤리강령에서는 다음과 같이 여러 자료에 대한 보관을 어떻게 다루어야 하는지 구체적으로 명시한다.

5.나.(1). 법, 규제 혹은 제도적 절차에 따라, 상담심리사는 내담자에게 전문적인 서비스를 제공하기 위해서 반드시 기록을 보존한다.

5.나.(2). 상담심리사는 녹음 및 기록에 관해 내담자의 동의를 구한다.

5.나.(3). 상담심리사는 면접기록, 심리검사자료, 편지, 녹음·녹화 테입, 기타 문서기록 등 상담과 관련된 기록들이 내담자를 위해 보존된다는 것을 인식하며, 상담기록의 안전과 비밀보호에 책임진다.

5.나.(4). 상담기관이나 연구단체는 상담기록 및 보관에 관한 규정을 작성해야 하며, 그렇지 않을 경우 상담기록은 상담심리사가 속해 있는 기관이나 연구단체의 기록으로 간주한다. 상담심리사는 내담자가 기록에 대한 열람이나 복사를 요구할 경우, 그 기록이 내담자에게 잘못 이해될 가능성이 없고 내담자에게 해가 되지 않으면 응하는 것이 원칙이다.

단, 여러 명의 내담자를 상담하는 경우, 다른 내담자와 관련된 사적인 정보는 제외하고 열람하도록 한다.

5.나.(5). 상담심리사는 기록과 자료에 대한 비밀보호가 자신의 죽음, 능력상실, 자격박탈 등의 경우에도 보호될 수 있도록 미리 계획을 세운다.

상담소에 상담 내용을 보관하는 경우 제한된 사람만 상담기록에 접근할 수 있도록 비밀번호 장치를 갖춘 캐비넷에 보관을 해야 하고, 컴퓨터 파일로 저장하는 경우 지문 인식, 보안 장치를 통해 아무나 접근하지 못하도록 해야 한다. 최근 컴퓨터를 이용하여 실시되는 사이버 상담의 경우에도 상담한 내용들이 다른 전문업체에 의하여 방출되지 않도록 철저히 보안을 유지해 놓는다. 집단상담의 경우(방기연, 2004) 나중에 집단의 구성원이 자신의 기록을 보고자 요구할 때를 대비해서 각 구성원이다 따로 상담 내용을 작성하는 것이 안전하다.

4) 타인에게 공개

우선 상담자의 임무는 내담자의 기록을 보호하면서 비밀보장을 해주는 것이다. 다만, 한국상담심리학회 윤리강령 5.나.(7).에서는 다음과 같은 경우 비밀보호를 하지 않아도 좋다고 명시한다. "상담심리사는 다음에 정한 바와 같이 비밀보호의 예외가 존재하는 경우를 제외하고는, 내담자의 서면 동의 없이는 제 삼의 개인, 단체에게 상담 기록을 밝히거나 전달하지 않는다. 아동학대나 방치가 의심되거나 사회적인 위협이 될 경우 비밀보장에서 제외되어 적절한 조치를 취하도록 한다. 또한 미성년자인 내담자 보호자 (부모나 법적 보호자)가 요구할 경우 상담정보를 알려주어야 한다."

타인에게 상담기록을 공개할 경우에는 반드시 내담자의 동의를 얻어야 한다. 이와 관련하여 한국상담심리학회 윤리강령의 내용을 살펴보면 다음과 같다.

> 5.나.(6). 상담심리사는 상담과 관련된 기록을 보관하고 처리하는데 있어서 비밀을 보호해야 하며, 이를 타인에게 공개할 때에는 내담자의 직접적인 동의가 있을 때에만 가능하다.
>
> 5.다.(3). 법적으로 정보의 공개가 요구될 때에는 비밀보호의 원칙에서 예외이지만, 법원이 내담자의 허락 없이 사적인 정보를 밝힐 것을 요구할 경우, 상담심리사는 내담자와의 관계를 해칠 수 있기 때문에 정보를 요구하지 말 것을 법원에 요청한다.

만일 내담자가 법원의 상담 내용 공개요청에 동의했다면 문제가 없겠지만 상담 내용의 공개를 원하지 않는 경우 법원의 명령을 따를지 내담자의 상담내용을 보호해야 할지 고민이 된다. 그러나 Detroit

Edison의 사례에서 법적 효력이 내담자의 기록을 보호해야 한다는 미국심리학회나 미국상담학회의 윤리기준보다 더 우선순위에 있다는 선례를 본다면 한국에서도 법원의 명령이 더 우선순위가 됨을 유추할 수 있다. 이러한 경우 한국상담심리학회 윤리강령 5.다.(4).에서는 "상황들이 사적인 정보의 공개를 요구할 때 오직 기본적인 정보만을 밝힌다. 더 많은 사항을 밝히기 위해서는 사적인 정보의 공개에 앞서 내담자에게 알린다."라고 제안한다. 명시한 바에 따라, 내담자의 동의가 있는 상태에서 타 전문기관의 법적인 공개명령이 들어온다면 그 기관에서 원하는 정보가 무엇인지 파악하고 내담자에 대한 최소한의 정보만 보고하는 것이 현명할 것이다.

4. 심리검사

심리검사를 실시할 때 기계적이며 결과에만 집착하는 경우가 있는데 검사 대상자의 인격과 복지를 유념하고 실시하는 것을 잊지 말아야 한다. 충분한 설명이 동반된 적절한 검사를 선택하여 전문적인 해석을 실시할 필요가 있다.

1) 내담자 복지의 증진

심리검사는 내담자의 문제를 진단하고 상담목표를 설정하는 좋은 도구다. 그러나 심리검사가 지나치게 남용되거나 심리검사라는 도구를 맹신하여 내담자의 인격은 뒤로 밀려나고 진단 도구만 드러내면 안 된다. 정신장애 진단 및 통계편람(APA, 1994)에서도 정신분열증을 가진 사람(A person with schizophrenia)라고 표현했듯이 사람과 진단명을 분리시켜 사람을 중요시 여긴다. 현대 사회가 진단 중심으로 흘러가는 사회여서 한 사람을 손쉽게 진단명 뒤에 숨게 하는 경향이 있다. 그 예로, '나는 우울증 환자' 라고 하면서 우울증이라는 이름표에 숨으려고 한다. 부모들도 아이들의 문제를 ADHD라고 명명하고, 그 이름표 뒤에 숨어서 자신들의 문제를 보지 않으려고 하는 경향이 있다. 상담 진행에도 검사 도구를 활용하여 문제를 돕는 데 사용해야 하는데, 진단 그 자체가 상업적 목적이 되어 내담자를 재정적으로 착취하는 수단으로 전락될 수 있다. 어느 아동상담 센터의 경우 아동의 심리검사를 종합선물 세트처럼 모든 것을 다 해야 하는 패키지로 실시하게 하여 많은 금액의 검사료를 부과한다고 한다. 이런 경우 심리검사 자체를 상업적인 목적으로 취급하여 내담자를 착취하는 것이다. 심리검사는 철저하게 내담자의 복리를 위해 실시하고 내담자의 상담에 도움이 되는 차원에서 필요한 것만 실시한다.

한국상담심리학회 윤리강령은 다음과 같이 심리검사에 대한 조항을 명시한다.

7.가.(1). 교육 및 심리 평가의 주된 목적은, 객관적이면서 해석이 용이한 평가도구를 제공하는 데 있다.

7.가.(2). 상담심리사는 교육 및 심리 평가 방법을 활용하여, 내담자의 복리와 이익을 추구하여야 한다.

7.가.(3). 상담심리사는 평가결과와 해석을 오용해서는 안 되고, 다른 사람들이 평가도구를 개발하고, 출판 또는 사용함에 있어서 정보를 오용하지 않도록 적절한 조치를 한다.

7.가.(4). 상담심리사는, 검사결과에 따른 상담심리사들의 해석 및 권유의 근거에 대한, 내담자들의 알 권리를 존중한다.

7.가.(5). 상담심리사는 규정된 전문적 관계 안에서만 평가, 진단, 서비스, 혹은 개입을 한다.

7.가.(6). 상담심리사의 평가, 추천, 보고, 그리고 심리적 진단이나 평가 진술은 적절한 증거 제공이 가능한 정보와 기술에 바탕을 둔다.

2) 심리검사 선택

심리검사를 선택하는 과정에 있어 상담자는 자신에게 익숙하고 전문성 있게 실시할 수 있는 심리검사 도구만 사용한다. 그리고 새로운 심리검사 기법을 배우도록 노력하며, 심리검사 실시를 위해 수퍼비전을 통해 새로운 심리검사 도구에 익숙해지도록 노력한다. 여러 가지 검사도구 중에 타당도와 신뢰도가 검증된 평가도구를 사용하여야 한다. 그렇지 못한 경우에는 검사 결과 및 해석의 장점과 제한점을 기술한다. 한국상담심리학회 윤리강령은 심리검사의 선택에 관해 다음과 같이 제안한다.

> 7.마.(1). 상담심리사는 심리검사를 선택할 때 타당도, 신뢰도, 검사의 적절성, 제한점 등을 신중히 고려한다.
>
> 7.마.(2). 상담심리사는 다문화 집단을 위한 검사를 선택할 때, 사회화된 행동과 인지 양식을 고려하지 않은 부적절한 검사를 피할 수 있도록 주의한다.

가끔 심리검사를 무턱대고 믿고 그 결과를 정제하지 않은 채 그대로 내담자에게 적용하는 상담자가 있다. 인간의 문제와 성격이 다양하고 문화적 요소와 상황적 요소 등 다양한 변수가 있기 때문에 검사에 대한 무조건적 맹신은 금물이다.

3) 검사 시행의 조건

심리검사는 검사받는 사람이 동일한 조건에서 시행해야 유효한 타당성을 가질 수 있다. 검사 시행할 때의 조건에 대해 한국상담심리학회는 다음과 같이 명시한다.

> 7.바.(7). 상담심리사는 표준화된 조건과 동일한 조건에서 검사를 시행한다. 검사가 표준화된 조건에서 시행되지 않거

나, 검사 시간에 비정상적인 행동이 발생할 경우, 그러한 내용을 기록해야 하고, 그 검사 결과는 무효 처리하거나 타당성을 의심할 수 있다.

7.바.(2). 상담심리사는 컴퓨터나 다른 전자식 방법을 사용하였을 때, 시행 프로그램이 내담자에게 정확한 결과를 적절히 제공하도록 보장할 책임이 있다.

7.바.(3). 인사, 생활지도, 상담활동에 주로 활용되는 검사결과가 유의미하기 위해서는 검사내용에 대한 선수지도나 내용을 언급하면 안 된다. 그러므로 검사지를 안전하게 보호하는 것도 상담심리사의 책임이다.

4) 충분한 설명

대부분의 심리검사는 일반인이 검사하는 당시에는 처음 대하는 경우가 많다. 일반인에게 검사에 관한 전문적인 용어는 될 수 있는 대로 피하고, 피검사자가 충분히 이해할 수 있는 단어로 설명할 의무가 있다. 심리검사는 내담자를 위한 상담과정에 도움이 되어야 한다. 심리검사에 대하여 내담자에게 설명할 때 심리검사가 마치 마술적인 힘이 있는 것처럼 소개되면 안 되고, 심리검사의 제한점을 설명해 주어야 한다. 한국상담심리학회의 윤리강령에서는 설명을 통한 사전동의의 의무를 강조하고 있다.

7.다.(1). 평가 전에 내담자의 동의를 미리 얻지 않았다면, 상담심리사는 그 평가의 특성과 목적, 그리고 결과의 구체적인 사용에 대해 내담자가 이해할 수 있는 말로 설명해야 한다. 채점이나 해석이 상담심리사나 보조원에 의해서 되든, 아니면 컴퓨터나 기타 외부 서비스 기관에 의해서 이루어지든지, 상담심리사는 내담자에게 적절한 설명을 하도록 조치를 취해야 한다.

7.다.(2). 내담자의 복지, 이해 능력, 그리고 사전 동의에 따라 검사 결과의 수령인을 결정짓는다. 상담심리사는 어떤 개인 혹은 집단 검사결과를 제공할 때 정확하고 적절한 해석을 함께 제공하여야 한다.

5) 검사 실시

피검사자에게 검사를 실시하는 이유와 실시하는 데 걸리는 소요시간 등에 대하여 검사 전에 자세히 설명해 주고 검사를 받을 수 있도록 하여, 검사장의 분위기를 최대한 편안하고 방해받지 않도록 조성한다. 쓰는 데 불편함이 있거나, 듣거나 보는 데 어려움이 있어 검사 받는 사람에게 장애가 있을 경우 적절한 방법을 통해 검사를 받을 수 있도록 배려한다. 한국상담심리학회 윤리강령에서 검사를 실시하는 데 있어 다음과 같은 사항들에 주의를 요구한다.

7.나.(1). 상담심리사는 자신의 능력의 한계를 알고, 훈련받은 검사와 평가만을 수행해야 한다. 또한 상담심리사는 지도 감독자로부터, 적합한 심리검사 도구를 제대로 이용하는지 의 여부를 평가받아야 한다.

7.나.(2). 컴퓨터를 이용한 검사를 활용하는 상담심리사는, 원 평가 도구에 대해 훈련받아야 한다.

7.나.(3). 수기로 하든지, 컴퓨터를 사용하든지, 상담심리사는 평가 도구의 채점, 해석과 사용, 응용에 대한 책임이 있다.

7.나.(4). 상담심리사는 타당도와 신뢰도, 검사에 대한 연구 및 검사지의 개발과 사용에 관한 지침 등 교육 심리적 측정 에 대해 철저하게 이해하고 있어야 한다.

7.나.(5). 상담심리사는 평가 도구나 방법에 대해 언급할 때, 정확한 정보를 제공하고 오해가 없도록 해야 한다. 지능지 수나 점수 등이 근거 없는 의미를 내포하지 않도록 특별한 노력을 기울여야 한다.

7.나.(6). 상담심리사는 심리 평가를 무자격자에게 맡겨서는 안 된다.

검사를 실시하는 데 있어 내담자에게 검사를 강요하지 말아야 하며 내담자 선택의 권리를 존중하며 실시한다. 그리고 법적 소송이나 재정적 이유로 인하여 허위진단을 하지 말아야 한다. Eyde와 Quanitance(1988)는 시간에 서둘러서 부적절하게 심리검사를 하지 말아야 하며 심리검사 해석 능력이 없다면 심리검사를 시행하지 않도록 하고, 사적인 관계가 있는 사람이 심리검사에 좋은 결과가 나올 수 있도록 지도하지 말 것을 권고한다.

6) 검사 해석

심리검사를 해석할 때 정확한 근거를 가지고 해석해야 하므로 섣부른 해석과 결론을 조심해야 한다. 선입견을 가지고 차별 없는 해석을 해야 하며, 다문화적 요소를 고려하여 해석할 필요가 있다. 필자가 미국의 한 정신병원에서 실습할 때, 한국인 남성 환자의 차트에 기록된 의존성 인격장애라는 진단을 보고, 어떤 과정을 통해 이런 진단이 나왔는지 담당 의사와 간호사에게 질문을 한 적이 있다. 서양인에게 이 한국인 남성 환자는 자신의 아버지에게 적극적인 주장을 하지 못하고 아버지의 말에는 자신의 전적으로 순종하는 공손한 태도가 병리적으로 보여서 의존성 인격장애 성향으로 진단 내렸다고 한다. 한국의 유교적 문화에서 부모에 대한 태도의 문화적 배경을 고려하지 않은 진단의 한 예다. 검사 해석과 진단을 하는 데 있어 피검자의 다양한 상황을 고려하여 가급적 신중하게 진단을 내려야 한다. 한국상담심리학회의 윤리강령에서는 검사의 점수화와 해석에 대하여 다음과 같이 명시하고 있다.

7.사.(1). 상담심리사는 검사 시행과 해석에 있어서 나이, 인

종, 문화, 장애, 민족, 성, 종교, 성적 기호, 그리고 사회경제적 지위의 영향을 고려하고, 다른 관련 요인들과 통합 비교하여 검사 결과를 해석한다.

7.사.(2). 상담심리사는 기술적 자료가 불충분한 평가 도구의 경우 그 결과를 해석할 때 신중해야 한다. 그러한 도구를 사용하는 특정한 목적을 내담자에게 명백히 알려 주어야 한다.

7.사.(3). 정신 장애를 진단하기 위해서 상담심리사는 특별한 관심을 가져야 한다. 내담자에 대한 치료 장소, 치료 유형, 또는 후속조치를 결정하기 위한 개인 면담 및 평가방법을 주의 깊게 선택하고 사용한다.

7.사.(4). 상담심리사는 내담자의 문제를 정의할 때, 내담자가 속한 문화의 영향을 받는다는 것을 인지한다. 내담자의 정신 장애를 진단할 때 사회경제적 및 문화적 경험을 고려해야 한다.

심리검사를 해석하는 과정은 내담자에게 단순히 검사 결과를 알려 주는 것이 아니라, 내담자가 자신의 문제를 볼 수 있도록 내담자와 같이 검사 결과의 의미가 무엇인지 해석하는 것이다. 이 과정 자체를 심리상담의 중요한 자료로 활용할 수 있다. 상담에서 검사 해석을 활용하는 데 내담자에게 검사 결과에 대한 해석과 피드백을 비판적이지 않고 수용적인 분위기에서 전달할 필요가 있다. 하지만 내담자가 원하지 않으면 내담자의 권리를 존중하여 사용하지 말아야 한다.

집단상담에서 심리검사 내용을 해석해 줄 경우 다른 사람이 알게 되어 피검자에게 불이익이나 선입견을 줄 수 있기 때문에 검사 결과는 언급하지 말아야 하며 개인상담으로 해석해 주어야 한다. 가끔 심리검사를 집단으로 모여서 해석해 주는 경우가 있는데, 피검자에게 심각할 정도의 정신적이고 심리적인 문제가 드러나는 경우 개인적으로 해석해 주어서 피검자를 보호해야 한다.

7) 검사 보고

심리검사를 문서화하는 경우 정확하고 명확하게 일반인도 이해할 수 있는 단어를 선택한다. 문자를 쓸 때 가급적이면 비판적이거나 극단적인 표현을 피하고 긍정적이며 희망적인 뉘앙스를 줄 필요가 있다. 그리고 심리검사 결과를 피검자가 받아 보기를 원할 경우 우편으로 보낼 때는 본인이 수령할 수 있는 수단을 채택하고 팩스나, 이메일을 통해서 보내는 경우에도 반드시 본인이 받을 수 있도록 주의를 기울일 필요가 있다.

심리검사를 다른 전문가에 공개해야 될 경우 한국상담심리학회의 윤리강령에서는 다음과 같이 제안한다.

7.라.(1). 상담심리사는 검사 결과나 해석을 포함한 평가 결과
　　를 오용해서는 안 되며, 다른 사람들의 오용을 막기 위한

적절한 조치를 취한다.

7.라.(2). 상담심리사는 특별한 경우를 제외하고는, 내담자나 내담자가 위임한 법적 대리인의 동의가 있을 경우에만 그 내담자의 신분이 드러날 만한 자료(예를 들면, 계약서, 상담이나 인터뷰 기록, 혹은 설문지)를 공개한다. 그와 같은 자료는 그 자료를 해석할 만한 능력이 있다고 상담심리사가 인정하는 전문가에게만 공개되어야 한다.

심리검사 결과를 법원이나 관계 당국에서 요구할 경우 내담자가 동의하거나 법적 대리인이 동의한 경우에만 다른 전문가에게 공개한다. 공개할 경우 내담자의 안녕과 복지에 대한 최대의 고려를 한 경우 검사 결과가 오용되지 않도록 주의를 기울여서 보고한다.

참고문헌

권석만(2006). 인간행동을 대상으로 하는 연구윤리. 연구윤리 확립을 위한 정부 정책 방안 연구. (연구윤리정책위원회에서 발표된 자료).

김건수(2006). 대학현장에서 본 연구윤리 관련 문제점 및 관련사항. 연구윤리 확립 을 위한 정부 정책 방안 연구. (연구윤리정책위원회에서 발표된 자료).

김항인(2005). 연구자의 연구 윤리 정립 방안. **국민윤리연구, 59**, 145-168.

방기연(2004). 집단상담에서의 상담 윤리강령. **연세교육연구, 17**(1), 99-111.

송성수(2006). 연구윤리의 이해: 쟁점과 과제. (과학기술정책 연구원에서 발표된 자료).

최해림(2002). 한국 상담자의 상담윤리에 대한 기초 연구. **한국심리학회지: 상담 및 심리치료, 14**(4), 805-828.

성광모, 한국학술진흥재단(2006). **학술단체 및 연구자를 위한 윤리헌장제정 및 연구 도덕성 재고 방안 연구**. 서울: 한국학술진흥재단.

홍성욱(2006). 연구윤리와 교육. 연구윤리 확립을 위한 정부정책 방안연구. (연구윤 리정책 위원회에서 발표된 자료).

서울대학교 연구진실성 위원회(2006). 연구진실성 위원회 규정. www.snu.kr 에서 인출.

한국상담심리학회 윤리강령. www.counselors.or.kr에서 인출.

한국심리학회 윤리규정. www.koreanpsychology.or.kr에서 인출.

American Psychiatric Association. (1994). **정신장애 진단 및 통계편람**(DSM-IV). 이근후 외 공역. 서울: 하나의학사.

Bersoff, D. N. (2003). *Ethical Conflicts Psychology* (3rd ed.). DC: American Psychological Association.

Bradley, L. J., & Boyd, J. D. (1989). *Counselor Supervision: Principles, Process, and Practice* (2nd ed.). Munice: Accelerated Development Inc.

Carroll, M. (1996). Counseling Supervision: *Theory, Skills, and Practice*. London: Cassell.

Commission on Rehabilitation Counselor Certification. (2001). *Code of Professional Ethics for Rehabilitation Counselors*. [Brochure]. Illinois.

Cone, J. D. (2001). *Evaluating Outcomes: Empirical Tools for Effective Practice*. Washington DC: American Psychological Association.

Corey, G. Corey, M. S., & Callanan, P. (1993). *Issues and Ethics in the Helping Profession*. CA: Brooks/Cole Publishing Company.

Corey, M. S. & Corey, G. (2004). **좋은 상담자 되기**. 이은경, 이지연 공역. 서울: 시그마프레스.

Dyer, A. R., & Bloch, S. (2006). Ethical aspects of psychotherapy practice. In S. Bloch (Eds.), *An introduction to the psychotherapies* (4th ed.). (pp. 19-35).

Eyde, L. D., & Quanitance, M. K. (1988). Ethical Issues and Cases in the Practice of Personnel Psychology. *Professional Psychology: Research and Practice, 19*, 148-154.

Forrest, L., Elman, N., Gizara, S., & Vacha-Hasse, T. (1999). Trainee impairment: A review of identification, remedication, dismissal, and legal issues. *The Counseling Psychologist, 27*(5), 627-686.

Gibson, W., & Pope, K. S. (1993). The Ethics of Counseling: A National Survey of Certifies Counselors. *Journal of Counseling & Development, 71*, 330-336.

Haynes, R., Corey, G., & Moulton, P. (2006). **상담 및 조력전문가를 위한 수퍼비전의 실제**. 김창대 외 공역, 서울: 시그마프레스.

Gilbert, M. C., & Evans, K. (2000). **상담심리치료 수퍼비전**. 유영권 역. 서울: 학지사.

Herlihy, B., & Corey, G. (1996). *ACA Ethical Standards Casebook* (5th ed.). VA: American Counseling Association.

London, M., & Bray, D. W.(1980). Ethical Issues in Testing and Evaluation for Personnel Decisions. *American Psychologists, 35*, 890-901.

Malouff, J. M., & Schutte, N. (2005). Academic psychologists' perspectives on the human research ethics review process. *Australian Psychologist, 40*(1), 57-62.

Nagy, T. F. (2000). *Ethics in Plain English: An Illustrative Casebook for Psychologist*. DC: American Psychological Association.

Neukrung, E. S., et al. (1992). Ethical Peinciples of Licensed Peofessional Counseloes: Anupdated of stated Licensing Boards. *Counseling Education and Suoervision, 33*(2), 130-141.

Plante, Thomas G. (2000). **현대임상심리학**. 손정락 역. 서울: 시그마프레스.

Ramos-S nchez, L., Esnil, G., Goodwin, A., Riggs, S., Touster, L. O., Wright, L. K., Ratanasiripong, P., & Rodolfa, E. (2002). Negative supervisory events: Effects on supervision satisfaction and supervisory alliance. Professional *Psychology: Research and Practice, 33*(2), 197-202.

Ruscio, J. & Ruscio, A. M. (2004). Clarifying Boundary Issues in Psychopathology: The Role of Taxometics in a Comprehensive Program of Structural Research. *Journal of Abnormal Psychology, 1113*(1), 24-38.

Sales, B. D., & Folkman, S. (2000). *Ethics in research with human participants*. Washington DC: American Psychological Association.

Slone, L., H. J., & Amdur, R. J. Deception of research subject. In R. J. Amdur & E. A. Banket, (Eds.) *Institutional Review Board: Member Handbook* (pp. 125-132). Boston: Jones and Bartlett Publishers.

The George Washington University (2004/2005). *Counseling Practicum and Internship Information Handbook*. DC: The George Washington University.

Vesper, J. H., & Brock, G. W. (1991). *Ethics, Legalities and Professional Practice ssues in Marriage and Family Therapy*. Boston: Allyn and Bacon.

American Counseling Association. Ethical Code. www.counseling.org에 서 인출.

American Mental Health Counselor Association. Code of Ethics. www. amhca.org에서 인출.

제 5 장

현장별
윤리문제

이수용

상담윤리를 논하려면 여러 가지 접근이 가능하다. 그러나 아직까지 현장중심에서 문화적·지역적 사정에 따라 절대적인 상담윤리는 말할 수 없으나, 지금까지 논의된 현장의 상담윤리를 편리하게 집단상담 현장윤리와 가족상담 현장윤리 및 상담소 현장윤리로 나누어 살펴보고자 한다.

1. 집단상담 현장에서의 윤리

집단상담은 보다 깊은 수준의 자기 이해와 자기 수용을 촉진시키기 위해 집단 상호작용을 이용하는 하나의 과정이다(이형득 외, 2005,

199

p. 16). 이것은 집단상담 전문가와 집단원 사이에서 의식적 사고와 행동, 그리고 허용적 현실에 초점을 둔 정화, 상호 신뢰, 돌봄, 이해, 수용 및 지지 등의 치료적 기능 등을 포함하는 하나의 역동적인 과정이다(이형득 외, 2005, p. 17).

집단상담자의 전문가 윤리는 집단상담의 핵심에 있다. 집단상담자는 기본적인 가치, 윤리적인 원칙, 윤리적 기준을 분명히 보여 주어야 할 의무가 있다. 집단상담 윤리강령은 집단상담자의 활동에 대한 지침서로서 이러한 가치, 윤리, 그리고 기준 등을 제시한다. 이 강령은 전문적, 기능, 근무상황이나 돌보는 대상을 막론하고 모든 집단상담자와 집단상담 전공 학생에게 해당한다.

집단상담 윤리강령에는 다음과 같은 목적이 있다(Shebib, 2006, pp. 439-440)

- 본 강령은 집단상담의 임무에 바탕을 둔 핵심 가치를 확인한다.
- 본 강령은 전문가의 핵심 가치들을 반영한 광의의 윤리적 원칙들을 요약한 것으로서 집단상담실무에 대한 지침으로 사용되어야 할 구체적인 윤리적 기준을 설정한 것이다.
- 본 강령은 전문가로서의 책무의 갈등이나 윤리적으로 확실하지 않은 상황이 발생할 때, 집단상담자가 적절한 판단이 무엇인지 확인하는 데 도움이 되고자 하는 목적에서 만들어졌다.
- 본 강령은 내담자가 집단 상담을 신뢰할 만하다고 판단하도록 하는 윤리적 기준이 된다.

- 본 강령은 집단 상담의 실제에 처음으로 입문하는 초심 집단상담자에게 집단상담의 가치, 윤리적 원칙과 윤리적 기준을 학습하게 한다.
- 본 강령은 집단상담자가 비윤리적인 행위에 연관되었는가를 평가하기 위한 기준을 명확히 해 준다.

집단상담 현장의 윤리기준들은 모든 집단상담자의 전문적인 활동과 관련된다. 이러한 기준들을 정리하면 다음 4가지로 요약할 수 있다.

- 내담자 권리의 존중
- 전문가의 전문성 보호
- 전문가의 자율성 확보
- 집단 상담전문가의 구체적 쟁점들

이런 기준들 가운데 어떤 것은 전문가적 행동을 위하여 강하게 요구되는 것이며, 어떤 것은 집단상담자들에게 법적인 안전망을 위해서 필요한 조건이다.

1) 내담자 권리의 존중

집단상담자는 모든 내담자의 기본적인 권리 그리고 인격을 존중해야 한다. 집단상담자는 내담자의 사생활과 자율성에 대한 권리를 존중해야 하며 그 구체적인 것은 다음과 같다.

(1) 오리엔테이션과 정보제공 윤리기준

우선 집단상담을 시작하기 전에 집단상담자는 집단 경험을 통해 얻을 수 있는 점, 집단상담의 목적, 집단상담에 참여하면서 겪을 수 있는 잠재적인 문제 등을 포함해서 집단상담에 대해서 언급할 내용을 집단원들에게 구두로 강조해야 한다(강진령, 2006, pp. 436-443)

① 정보 제공

정보 제공은 집단원에게 진행 중인 집단상담이나 계획 중인 집단상담에 관한 자세한 정보를 제공함으로써 집단상담 참여 대상자나 새로이 집단상담에 참여하는 집단원에게 집단 참여 준비를 올바르게 시킬 수 있다.

② 집단상담자의 자격 제시

집단상담자는 경험과 훈련을 통해서 습득한 전문적 기법과 기술을 사용하여 도움이 필요한 사람에게 집단상담 서비스를 제공한다. 여기서 선행되어야 할 점은 상담자가 전문적인 도움을 주려 할 때, 자신의 수행 능력을 정확히 명시해야 한다.

③ 집단상담의 목적과 절차 소개

집단상담자는 집단상담의 목적과 집단상담에서 이루어지는 활동단 내에서 이루어진 학습을 일상생활에 적용하도록 돕는다.

집단상담자는 전문가로서 양질의 집단상담 서비스를 제공하기 위해 다음과 같은 내용의 지식과 능력을 갖추어야 한다.

- 집단의 유형
- 집단상담의 장단점
- 집단 역동의 기본 원리
- 집단상담자의 문제행동
- 집단의 기본적 변화 촉진 요소
- 집단의 발달단계별 특성과 역할
- 집단상담의 과정 촉진 요소와 저해 요소 및 그 대처 방안
- 자신의 가치관을 포함해서 집단원에게 영향을 주는 성격적 특성
- 집단 활동에 관한 윤리적 문제 서술
- 집단상담에 대해 연구물 이해 능력과 집단상담 서비스에의 적용
- 집단과 집단원 평가

② 전문적 기법

집단상담자는 집단상담 서비스를 효과적으로 수행할 수 있도록 다음과 같은 기법을 활용할 수 있는 능력을 갖추어야 한다.

- 집단원의 참여 촉진
- 집단 과정의 관찰과 지각

- 집단원의 행동 관찰
- 기본적인 상담기법 적용
- 집단 회기의 시작과 종결
- 시의적절한 정보 제공
- 생산적 행동을 통한 모델링
- 적절한 자기 개방 격려
- 피드백 교환
- 비형식적 질문
- 공감적 이해와 신뢰관계 형성
- 집단원의 비생산적 행동에 대한 직면
- 집단원의 의미 있는 경험 촉진
- 소속 학회의 윤리기준 준수
- 집단의 목적 달성을 위한 방향유지
- 집단원의 학습 통합과 실생활에의 적용 촉진

③ 집단상담 실습

경험이 많은 수퍼바이저의 교육지도가 필수적으로 수반되어 집단 상담 활동에 필요한 기법에 대한 체득을 꾀하여야 한다. 집단상담 실습에는 집단원으로서의 집단 참여는 물론, 다른 집단에 대한 관찰과 집단상담자로서의 집단 운영 경험이 필수적으로 포함된다. 더 높은 수준의 집단상담 서비스를 제공하기 위해서는 특정한 집단 형태에 관한 집중 연수가 필수적으로 요구된다.

반적으로 개별적인 면담을 통해 이루어진다. 윤리적으로 합당한 집단원 선발 기준은 집단상담의 목적에 부합되는 욕구와 목적을 가진 사람, 집단상담과정을 방해하지 않을 사람, 집단 경험에 의해 자신의 안전이 위협받지 않을 사람이다. 집단원 선발에서 중요한 사항은 잠재적 집단원에게 집단의 성격과 잠재적으로 발생 가능한 문제, 집단상담자의 경력, 집단의 일반 규정, 비밀보장에 관한 것이다(강진령, 2006, pp. 443-445).

(3) 비밀보장

집단상담자는 집단상담에서 비밀보장이 무엇을 의미하고 중요한 이유가 무엇인지에 대해, 그리고 집단의 특성상 이를 지키기 어려운 점에 대해 명확히 설명해 줌으로써 집단원을 보호한다(강진령, 2006, pp. 445-447).

① 비밀보장과 한계

집단상담자는 비밀보장의 중요성을 강조하고 모든 집단원이 사적인 정보 노출을 방지하기 위한 규준을 정해야 한다. 비밀보장에 관한 문제는 집단원의 자기 개방에 대한 오해 때문에 발생하는 경우가 많다. 왜냐하면 집단원은 개인의 사생활을 낱낱이 공개하는 것이 집단에 적극적으로 참여하는 것으로 여기는 경우가 종종 있기 때문이다. 자기 개방은 상담의 기본적 요소다. 그러나 자기 개방은 집단원의 자기 이해를 촉진하기 위한 수단이 되어야 함에도 본래 취지는 간과된 채 사적인 내용의 개방 자체에 초점을 맞추는 경우가 많다. 이것이 비밀보장의 한계다. 그러나 이러한 한계가 있음에도 집단상담자는 집단 내에서 다루어지거나 공개된 집단원의 사적인 정보를 집단의 외부에 절대 유출시키지 않도록 해야 한다.

② 녹음 및 녹화

집단상담자는 매 회기의 집단상담 장면을 녹화하거나 녹음하는 것이 좋다. 만약 집단상담과정을 녹화하거나 녹음한다면, 집단상담자는 비디오 테이프나 녹음 테이프에 담긴 집단상담 내용을 수퍼바이저에게 교육적인 목적으로만 보여 주거나 들려준다는 점을 집단원에게 알려야 한다. 녹음 및 녹화 과정에서 중요한 점은 집단원 중 일원이 불편함을 느끼거나 이의를 제기한다면, 집단상담자는 즉시 녹음이나 녹화를 중지하고, 집단원과 이 문제에 대해서 논의하고 동의를 얻은 후에 다시 녹음이나 녹화를 계속해야 한다. 만일 집단상담자가 이러한 장치에 대해 불편해하거나 불안해하면 집단원들도 마찬가지이므로, 이에 대해서 테이프를 포함해서 집단원에 관한 기록은 비밀보장이 유지될 수 있는 방법으로 보관하고 폐기처분해야 한다.

③ 미성년자, 강제참여

미성년자를 대상으로 하는 집단상담의 경우 집단상담자는 비밀보장의 한계를 구체적으로 명시한다. 그리고 집단상담자는 집단상담을 시작하기 전에 반드시 미성년자의 부모에게서 허락을 받아야 한다.

법적 강제조항에 의해 집단상담에 참여하는 집단원에게는 집단상담 상담자가 관련 기관에 의무적으로 보고해야 하는 절차를 알린다.

(4) 자발적 · 비자발적 참여

집단원이 자발적이고 적극적으로 집단상담 활동에 참여하는 것은 집단이 의미 있는 결실을 맺을 수 있는 중요한 요인이다. 그러나 모든 집단원이 자발적으로 집단에 참여하는 것은 아니다. 따라서 집단 상담자는 먼저 집단원에게 적극적이고 자발적인 집단 참여의 중요성을 설명한다(강진령, 2006, pp. 447-441).

① 자발적 참여

일반적으로 집단 참여는 강요되지 않고, 집단에 속한 사람일지라도 원치 않는 활동 참여 역시 강요되지 않은 것이 자발적 참여다. 이 부분에서 집단상담자는 집단의 성격, 목적, 절차, 활동 참여를 거절할 수 있는 집단원의 권리, 비밀보장의 한계, 집단 내에서 능동적 참여가 개인적으로 어떻게 영향을 미치는지에 대해 명확하고 구체적인 정보를 제공한다.

② 비자발적 참여

비자발적 참여는 일정한 기간 또는 일정한 횟수를 지정받아 강제적 조치에 의해 집단에 참여해야 하는 집단원을 비자발적 참여 집단원이라 부른다. 비자발적 참여 집단원의 경우라 할지라도 집단상담자는 집단원의 솔직한 생각과 감정을 적절한 방식으로 표현할 수 있는 기회를 제공한다.

③ 사전 동의

사전 동의는 상담자가 집단상담에 참여하는 사람들의 책임과 권리를 알도록 하는 것이다. 집단상담에 참여하는 사람들은 자신의 사생활 보호, 언어적·신체적 모욕에서의 보호, 입회절차와 집단 경험을 위한 시간제한, 집단 내에서 금지 또는 허용되는 활동에 대한 설명 등을 요청할 권리가 있다. 또한 비자발적인 집단의 경우라도 집단상담자는 집단원의 협조를 구하고 자발적으로 집단 참여가 이루어지도록 노력해야 한다.

(5) 집단 이탈

집단 이탈의 절차는 집단상담 초기에 모든 집단원에게 설명되어야 한다. 이상적으로는 집단 경험이 상담자와 집단원 개개인에게 얼마나 효과적이었는지를 평가하기 위한 체제를 갖추는 것이다.

① 법적 구속력하에 있는 집단원의 일탈

집단원은 집단을 도중에 떠날 수 있는 권리가 있다. 그러나 법원의 판결에 따라 강제적 혹은 비자발적으로 집단에 참여하는 집단원에게는 조기에 집단을 떠나게 됨으로써 발생할 수 있는 결과에 대해서 설명해 준다.

② 집단 이탈의 절차

집단상담자는 집단원이 집단을 떠나기로 결정하기에 앞서 집단상담자와 다른 집단원에게 알리는 것의 중요성을 인식시켜야 한다. 이때 집단상담자는 집단을 떠나려하는 집단원과 조기에 집단을 떠나게 되면서 겪을 수 있는 부작용에 대해서 반드시 논의해야 한다.

③ 집단 이탈의 권리에 대한 안내

집단상담자는 누구에게든 집단 참여를 강요하지 않을 뿐만 아니라 중도에 집단을 이탈하고자 하는 집단원의 권리를 인정한다. 집단상담자는 또한 집단원 선발을 위한 면담이나 오리엔테이션 시간에 집단에 참여하고자 하는 사람들에게 집단의 특성에 관해 상세하게 설명해 주어야 한다.

(6) 강압과 압력

집단상담자는 신체적 위협, 협박, 또래의 압력 등에서 합리적인 방법으로 집단원의 권리를 보호해야 한다. 또한 집단상담 과정 중에 나타나는 치료적인 압력과 치료적인 것과는 무관하게 가해지는 압력을 구별해야 한다. 집단상담자가 집단원에게 언어적 폭력을 일삼는 경우, 부적절한 방법으로 직면하는 집단원이 나타나는 경우, 집단원의 의지와 다른 방향으로 변화하도록 압력을 가하는 경우, 다른 집단원이나 자신에게 신체적으로 공격적인 행동을 가하는 경우에는 즉각적으로 집단상담자는 개입을 해야 한다(강진령, 2006, pp. 453-454).

(7) 상담자 가치관 주입

집단상담자는 자신의 가치관과 욕구 그리고 이러한 요소들이 집단 상담에 미칠수 있는 잠재적인 영향에 대해 잘 인식해야 한다(강진령, 2006, pp. 454-456).

① 상담자 가치관 공개

집단상담자가 아무리 집단원에게 자신의 가치관을 주입하는 행위를 피한다고 해도 자신의 신념, 결정, 욕구, 가치관을 숨김으로써 집단원에게 문제가 발생할 수 있는 경우에는 상담자의 가치관을 공개하는 것이 바람직하다.

② 암시적 가치관

어느 집단이든 암시적인 가치관이 존재한다. 집단의 가치관의 예는 감정의 표현, 직접적이고 정확한 표현, 개인적 정보 공유, 신뢰하는 방법의 학습, 효율적 의사소통의 습득, 자율적 의사결정 등이 있다. 이러한 가치관에 대해서는 집단상담에 참여하기 전에 집단 참여를 희망하는 사람들에게 명백하게 밝힐 필요가 있다.

③ 집단과 오용

집단상담자는 자신의 개인적 전문적 욕구를 집단원을 통해 충족시키려는 어떤 시도를 해서는 안 된다. 또한 자신의 치료를 위해 집단을 이용하지 말아야 하며, 자신의 가치관과 기본 가정 그리고 이러한 것들이 다문화적 맥락 속에 어떻게 적용되는가를 잘 알고 있어야 한다.

④ 문화적 변인

집단상단자는 연령, 장애, 민족, 성별, 인종, 종교, 성적 지향성 등에 대한 편견을 토대로 이루어진 고정관념과 차별의 영향을 깨달음으로써 모든 집단원의 권리와 존엄성을 지킨다(Sue, Arrendondo, & McDavis, 1992 재인용). 즉, 집단상담자는 다양한 문화적 변인에 대한 자신의 고정관념이나 편견이 집단에 미칠 수 있는 영향을 고려해야하며, 가치중립적이어야 한다.

(8) 합당한 치료

집단상담자는 집단원 개개인이 합당하게 치유되도록 합리적인 방법으로 최선의 노력을 다해야한다.

(9) 이중 관계

이중 관계란 집단상담자가 집단원과 집단 참여 목적과는 다른 형태의 특별한 이해관계를 맺는 것을 말한다. 집단상담자는 집단원의 선발 과정부터 이중 관계와 관련되는 잠재적인 문제점을 신중하게 고려해야 한다. 또 집단상담자는 다음과 같은 목적으로 제2의 관계를 형성해서는 안 된다(강진령, 2006, pp. 457-458).

- 개인적 목적으로의 만남
- 사회적 접촉 곧 교제
- 사적인 이익의 확대
- 성적 친밀감 형성
- 물물교환

2) 전문가의 전문성 확보

(1) 집단상담 기법 사용

집단상담자는 자신의 집단상담에 적용하는 모델에 걸맞는 유용한 기법을 끊임없이 연구하고 개발해야 한다. 집단상담자는 직접 훈련 받지 않은 기법을 집단에 적용하지 않아야 한다. 단, 그 기법에 익숙한 상담자의 수련감독하에서는 해당 기법을 적용할 수 있다(강진령, 2006, pp. 458-463).

① 전문적 지식

집단상담자는 자신이 담당하는 집단 운영의 지침이 되는 이론적 접근에 대해 명확하게 설명할 수 있어야 한다. 또한 집단에서의 개입에 관한 근거를 제시할 수 있어야 한다. 상담 개입의 형태에 따라 집단상담자는 기법의 잠재적 효과에 걸맞은 훈련을 받아야 한다. 집단상담자는 문화적 배경이 다양한 집단의 독특한 욕구를 충족시킬 수 있도록 상담기법을 적절히 수정할 필요성을 인식하고, 집단원이 집의 목적을 명확하게 이해하고, 이를 집단원에게 구두로 전달한다. 또한 집단상담의 목적은 누구를 위한 것인지를 포함하여 집단상담자가 명확하게 기술한다.

④ 심리적 모험의 가능성 소개

- 집단과정에서 구조화 절차를 사용하거나 실험적으로 사용하는 절차가 있다면 이에 대해 집단원에게 알려야 한다.
- 집단상담자는 특별한 절차를 사용하거나 실험적으로 사용하는 절차가 있다면 이에 대해서 집단원에게 미리 알린다.
- 집단상담자는 집단원이 집단에서 배운 것을 일상생활에 적용할 수 있도록 돕는다.
- 집단상담자는 집단원 스스로가 무엇을 탐색하고, 얼마나 가치 있게 탐색할 것인지를 결정할 권리가 있음을 강조해야 한다.

⑤ 집단원의 심리적 안전 보호

집단의 개개인이 새롭게 발견한 자발성이나 의사결정 능력은 단순히 집단에서 파생된 에너지로 인한 것일 수 있으므로, 집단상담자는 이들이 성급한 결정을 내리지 않도록 도우면서 심리적인 보호를 해야 한다.

⑥ 집단원의 약물 복용 제재

집단상담자는 집단 참여를 원하는 사람, 혹은 잠재적 집단원이 집단 내에서의 기능에 영향을 미칠 수 있는 어떤 형태의 약물복용, 물질을 투여하고 있는지에 대해서 사전 조사를 해야 하며, 집단상담 회기 동안에는 알코올 섭취나 불법 약물의 복용을 일절 금지시켜야 한다.

⑦ 개인상담과 병행

집단상담자는 잠재적 집단원이 상담이나 심리치료를 받고 있는지를 조사해야 하며, 만일 이미 다른 전문가에게 상담을 받고 있는 잠재적 집단원이 있다면 집단상담자는 그의 상담자에게 집단 참여 사실을 직접 알리도록 조언해야 한다.

⑧ 상담료

집단상담 서비스에 대한 상담료의 설정에서 집단상담자는 잠재적 집단원의 재정 상태와 위치를 고려해야 한다. 집단상담자의 집단상담 서비스 수행 능력에 관련된 전문성 문제는 자격증(cerrificate)과 학위(degree) 유무에 관한 것이다. 집단 참여에 대한 상담료 지불과 관련된 계약은 집단상담자와 집단원 간의 계약서에 명시된 기간이 만료되지 않는 한 상담료를 인상하지 않아야 한다. 이미 설정된 상담료 체계가 잠재적 집단원에게 부적절한 경우, 집단상담자는 그들이 기대하는 상담료 수준에 적절한 서비스를 찾도록 도와주어야 한다.

(2) 집단원 선발

집단원 선발은 집단상담이 시작되기에 앞서 실시되는 것으로, 일

④ 수련감독

집단상담자는 집단상담과정에서 해결하기 어려운 문제가 발생하는 경우, 전문적인 지원을 받기 위해 훨씬 경험이 많은 전문가의 수련감독을 받는다. 집단상담자는 긍정적인 자산을 적극 활용하고 집단원, 집단의 효율성과 능력에 초점을 맞춤으로써 문제의 예방을 꾀한다.

⑤ 자격증과 학위

집단상담자가 효율적인 집단상담 서비스를 수행하기 위해서는 자격증과 학위가 필요하다. 자격증을 획득하는 데는 필요한 연수나 학위가 가치 있는 것으로 여겨지지만, 자격증이나 학위만으로는 그 사람이 자격 있는 집단상담자라고 단정할 수 없다. 상담 관련 박사학위를 받고, 상담 관련 자격증을 획득한 사람일지라도 집단상담 활동을 실시하기에는 인격이나 집단상담 훈련 면에서 준비되지 않을 수 있기 때문이다.

⑥ 자격에 합당한 집단 유형 선택

집단상담자는 다양한 유형의 집단 중에서 자신이 이수한 교육과 훈련에 적합한 집단 유형을 선택해야 전문가로서 능력을 발휘할 수 있다. 또한 윤리적 측면에서도 합당한 선택이 될 것이다.

(2) 목표설정

집단상담자는 집단원이 개인적인 목표를 설정하도록 모든 노력을 기울이고, 집단원이 집단 경험을 통해 얻고자 하는 목표를 구체화할 수 있도록 적절한 상담기법을 사용하여 서로의 목표를 이해할 수 있게 한다. 집단의 전 과정을 통틀어서 집단상담자는 집단원들이 자신의 목표를 얼마만큼 달성했는가를 평가하고 필요하다면 목표를 수정하도록 돕는다.

(3) 자문

집단상담자는 각 회기 사이에 이루어지는 집단원을 위한 자문에 관한 규정을 정하고 그들에게 이에 대해 설명한다(강진령, 2006, pp. 463-465).

① 자문 기회의 오용방지

집단원이 자신의 문제가 집단 내에서 다루어지는 것을 회피하기 위한 방편으로 집단 회기 사이에 이루어지는 자문 기회를 오용하지 않도록 한다. 집단상담자는 집단 회기 사이에 이루어진 자문의 내용이 집단과 관련 있는 내용이면 집단에서 직접 다루도록 격려한다.

② 집단상담자를 위한 자문

집단상담자는 윤리적인 문제가 발생하거나 집단상담자로서 효율적으로 기능하는 데 방해되는 어려움에 봉착하는 경우에 자문을 구하거나 수퍼비전을 요청한다.

집단상담자는 자신의 전문적 판단과 치료적 능력을 손상시킬 수 있는 개인적인 어려움이나 갈등에 대해 적절한 전문가의 도움을 요청한다. 이때 자신의 집단 사례는 오직 전문적 자문, 교육 목적으로 논의한다. 집단상담자는 집단원에게 자문 내용의 비밀유지 여부에 관한 규정을 알려 준다. 자문과 수련감독은 초심 집단상담자와 마찬가지로 경험이 많은 집단상담 전문가에게도 필수적이다.

(4) 집단의 종결

집단상담자는 집단원 개개인의 진척 정도에 지속적으로 관심을 갖고, 정기적으로 그들이 집단 경험을 탐색하고 재평가하도록 돕는다. 집단원이 시의적절하게 집단을 떠나고, 집단에서 심리적인 독립을 이룰 수 있도록 돕는 것은 집단상담자의 중요한 책임에 해당된다(강진령, 2006, pp. 465-466).

① 집단 회기의 평가

집단에 대해 지속적으로 평가할 뿐만 아니라 마지막 회기에 전체 집단의 경험에 대해 평가한다. 집단상담자는 자신의 행동을 감시하고 집단 내에서 자신이 어떤 모범을 보이고 있는지를 살핀다. 집단 과정의 관찰은 평가의 중요한 부분에 속한다. 집단이 진행됨에 따라 변해 가는 모습은 매우 다양한 방법으로 평가될 수 있다. 집단상담자는 집단 작업을 관찰하기 위한 전략에 익숙할 필요가 있다.

② 추수 상담

추수 상담의 절차는 개별적 접촉, 전화를 통한 접촉, 유인물을 통한 접촉의 형태로 이루어진다.

(5) 의뢰

집단상담자는 자신의 전문적 능력과 경험의 한계를 알고, 모든 유형의 집단원과 집단을 담당할 수 없다는 사실을 인식해야 한다. 집단상담자는 자신의 능력을 벗어나는 특별한 도움이 필요한 집단원을 적절한 시기에 다른 전문가에게 의뢰해야 한다. 집단상담자는 필요한 경우 집단원이 한층 심화된 전문적 도움을 구할 수 있도록 도와야 한다(강진령, 2006, pp. 466-467).

3) 전문가의 자율성 확보

집단상담 전문가로서 자율권을 확립하는 것은 필수적이다. 다른 사람에게 서비스를 제공하고 중대한 결정을 내리도록 돕는 집단상담 전문가에게는 더욱 중요한 문제다(이형득 외, 2005, p. 325).

(1) 개인상담과 병행하는 내담자

집단상담자는 잠재적 집단원이 상담이나 심리치료를 받고 있는지를 조사해야 하며, 만일 이미 다른 전문가에게 상담을 받고 있는 잠재적 집단원이 있다면 집단상담자는 그의 상담자에게 집단 참여 사실을 직접 알리도록 조언해야 한다(강진령, 2006, p. 443).

(2) 집단상담자가 거절할 수 있는 권리

내담자에게 도움을 주기 위해 최선을 다하지만, 내담자의 무리한 요구에는 응하지 않거나 거절할 권리가 있다(초월 · 영성상담학회 윤리강령 제2조 제3항)

(3) 집단상담 후 개인상담 실시

집단상담자는 집단상담 종료 후 집단원의 요청 또는 집단상담자의 판단에 의해서 개인상담이 필요한 경우에 개인상담을 실시할 수가 있다.

(4) 집단상담자의 심리검사 실시

집단상담자는 상담 도중 집단원에게 도움을 주기 위하여 객관적인 정보가 필요할 때에만 집단원의 동의하에 심리검사를 실시할 수가 있다. 집단상담자는 심리검사를 실시할 때, 자격을 갖춘 검사 실시자가 표준화된 절차에 따라 실시하도록 해야 하며, 실시하는 과정을 생략하거나 간과해서는 안 된다(초월 · 영성상담학회 윤리강령 제7조 제3항). 또한 집단상담자는 심리검사 내용을 채점할 때 공정성과 객관성을 유지해야 하며, 심리검사의 내용을 집단원 개인에게 정확하게 알려야 한다(초월 · 영성상담학회 윤리강령 제7조 제5항).

4) 집단상담 전문가의 구체적 쟁점

집단상담자는 업무에서 높은 전문능력 수준을 유지하기 위해 계속 노력해야 한다. 뿐만 아니라 자신의 한계성을 인정해야 하고, 일정 집단상담자 자격을 갖추어야 하며, 자신의 전문성을 향상하기 위하여 계속 교육을 받을 필요가 있으며, 건전하고 합리적인 주관성을 갖추어야 한다.

(1) 집단상담자의 자격
① 개인의 능력 수준

집단상담을 하기 위해서는 이론적인 분야의 능력도 필요하지만, 형식적 교육이 집단을 효과적으로 이끌 수 있는 실습 배경을 집단상담자에게 제공해 줄 수는 없기 때문에, 상담자는 다양한 집단치료 훈련 워크숍에 자주 참석하여 훈련과 경험의 폭을 넓히는 것이 바람직하다.

② 집단 상담자 전문 훈련

집단상담에 필요한 기법 분야와 핵심지식 분야에서 훈련을 받은 후, 집단상담 전문화 과정을 훈련받아야 한다. 즉, 과제/작업 집단(최소 30시간 이상), 지도/교육 심리 집단(최소 30시간 이상), 상담/대인관계의 문제해결 집단(최소 45시간 이상), 심리치료/성격 재구성 집단(최소 45시간 이상)의 네 가지 영역 중 하나 이상의 영역에서 훈련을 받는

데, 기준은 구체적 지식과 이에 대한 기법능력을 상세히 열거하고, 각 참가자들이 받아야 하는 지도감독 훈련 시간을 정해 이수해야 한다.

③ 집단상담자 훈련에서 고려해야 할 기타사항 3가지
- 집단상담자를 위한 개인 심리치료: 자신이 상담을 받아 봄으로써 자신의 역전이 감정을 이해하고, 집단에서 자신의 인간적 특성을 효과적으로 사용할 수 있도록 한다.
- 집단상담자를 위한 자기탐색 집단: 다양한 집단의 참가자가 되어 자신의 저항, 두려움, 집단에서의 불안을 경험하고, 집단상담 장면에서 자신의 문제를 직면하고 해결함으로써, 상담자는 신뢰 있고 응집력 있는 집단을 만들기 위해 무엇이 필요한지 경험할 수 있다.
- 경험적 훈련 워크숍에의 참가: 다양한 워크숍에 참여함으로써, 비난에 대한 자신의 반응, 경쟁심, 인정욕구, 유능성 욕구, 권력 욕구 등을 알 수 있다.

(2) 집단상담 윤리강령의 12가지 기초원리
김형태(2006)는 집단상담 윤리강령의 기초 원리를 다음과 같이 설명하고 있다(pp. 64-65).

〈집단상담자에 관한 원리〉
- 원리 1: 집단상담자는 집단상담 목표를 평가하고 확인할 수 있게 해 줄 집단상담의 실제에 대한 이론적 근거를 발전시킬 책임을

갖고 있다.

- 원리 2: 집단상담자는 훈련과 개발을 통해 이룩한 자신의 능력과 기술의 수준을 이해하고 그 한계성을 참여자에게 알릴 책임이 있다.
- 원리 3: 집단상담자는 윤리적 행동기준을 잘 알아서 적절한 때에 집단의 실제에 그들에 적용하도록 해야 할 것이다.
- 원리 4: 집단상담자는 비교적 원만하고 안정감을 가지고 있는 사람이어야 하며, 자신의 특성과 욕구에 대한 통찰을 갖고 있는 사람이어야 한다.

〈집단참여자에 관한 원리〉

- 원리 5: 참여자는 집단상담의 실제에 들어가기 전에 그 집단상담의 과정에서 제공되는 특별한 경험들을 통해서 유익을 얻을 수 있는 사람인가를 확인하는 적격 심사를 거쳐야 한다.
- 원리 6: 참여자 가운데 기타 사적인 관계를 맺고 있는 특정의 관계자와 함께 집단상담을 해야 하는 개인이 포함되어 있을 때 집단경험으로 인해 거북한 관계로 발전할 위험성을 막기 위한 대책을 마련해야 한다.
- 원리 7: 참여자들의 복지는 적절한 추수활동을 통해서 보장되어야 한다.

〈집단상담의 과정에 대한 원리〉

• 원리 8: 전문적인 활동을 하는 집단은 그 과정에서 참여자를 해칠 위험성이 없는 언어적 그리고 비언어적인 기술들의 적용으로 한정해야 한다.

〈비밀보장에 관한 원리〉

• 원리 9: 비밀보장의 개념과 필요성, 그리고 그 방법에 대하여 적절한 토의가 있어야 하며, 참여자들의 사적인 권익이 최대한 보장될 수 있는 범위 안에서 활동이 진행되어야 한다.

〈집단구성에 관한 원리〉

• 원리 10: 집단 실제활동의 참여자에게 집단과정에 대한 다양한 정보를 기초로 하여 자신의 집단 참여의 의미를 평가해 볼 수 있는 충분한 기회가 주어져야 한다.

〈선택의 자유에 관한 원리〉

• 원리 11: 참여자 각자는 특정한 집단상담에 참여하거나 혹은 정당한 이유로 그 집단을 떠날 수 있는 선택의 자유를 누릴 수 있는 권리를 갖고 있다.

〈연구와 평가에 관한 원리〉

• 원리 12: 집단상담을 제공하고, 지원하는 개인이나 기관들은 주

기적으로 이 집단상담들을 평가해 보아야만 한다.

2. 가족상담 현장의 윤리

가족상담 현장에서의 윤리를 살펴보면 가족상담자에 따라 가족상담에 대한 정의나 범위가 다양하다. 일반적으로 가족체제 중심적인 가족상담은 개인의 심리적 문제보다는 그 사람의 환경이나 생태학적 체제처럼 개인을 둘러싸고 있는 관계 속에서 일어나고 있는 문제에 더 많은 초점을 두며, 가족상담은 개인보다 가족구성원을 포함하는 가족체제를 대상으로 한다(김유숙, 2003, p. 23). 이러한 경우에는 가족상담은 IP(Identified Patient)와 다른 가족과의 관계의 변화에 관심을 갖는다는 가정하에 개인상담에서 사용하는 내담자라는 용어보다 환자(patient)라는 용어를 사용하거나 IP라는 용어를 사용하고 있다(Bowen, 1992; Nichols, 1984; Satier, 1964). 그러나 미국결혼과 가족치료 협회(The American Association for Marriage and Family Therapy: AAMFT)의 윤리강령에는 내담자(client)라고 표기하고 있으며, 국내의 가족상담학회는 상담수혜자라는 명칭으로 표기하고 있다. 그러므로 가족상담의 윤리규정에 앞서 문제의 사람으로 지목되는 가족구성원에 대한 명확한 용어 규정이 필요하다. 그러므로 이 책에서는 일반적인 전문 용어에 의하여 지목된 내담자로 IP라는 용어를 사용하기로 한다.

가족상담자는 각 가족 및 개인의 가치, 잠재력 및 고유성을 존중하며 다양한 조력 활동을 통하여 상담수혜자가 전인적 발달을 도모할 수 있도록 촉진하고, 더욱 바람직하고 기능적으로 가정생활 및 사회활동을 할 수 있도록 하는 데 목적이 있다. 이러한 역할을 수행하는 과정에서 가족상담자는 상담수혜자의 복지를 가장 우선시한다(가족상담학회 윤리강령 전문). 상담수혜자를 돕는 과정에서 가족상담자는 문의 및 의사소통의 자유를 갖되, 그에 대한 책임을 지며 상담수혜자의 성장과 사회 공익을 위하여 최선을 다한다. 이를 위해 가족상담자는 다음의 윤리 내용을 준수한다(가족상담학회 윤리강령 전문).

1) 가족구성원의 약자보호

가족상담자는 가족구성원 가운데 약자가 있을 수 있다는 것을 인식하여야 한다. 그 약자는 성인이 되기 전의 자녀 또는 경제력이나 신체적으로 쇠약해진 부모, 성차별이나 힘에 의한 가정폭행 또는 근친상간 성폭행 등의 희생자, 인종적인 차이 등을 들 수가 있다. 그러므로 가족상담자는 다음과 같은 약자보호의 윤리강령을 준수하여야 한다.

(1) 가족상담자는 차별로 인해 IP를 희생시켜서는 안 된다
가족구성원 간에 있을 수 있는 인종, 문화, 학벌, 경제능력, 외모, 종교, 성별, 장애 등의 차이로 인해 IP가 희생되는 것을 간과해서는 안 된다.

(2) 미성년 자녀인 IP를 개인면담해야 할 경우

● 미성년 자녀를 개인면담할 때 상담료는 아동/청소년과 직접 협의하지 아니하고 부모나 책임 있는 보호자와 협의한다.

● 미성년 자녀를 면담할 때 가족상담자는 사생활과 비밀유지에 대한 IP의 권리를 최대한 존중해야 할 의무가 있다.

● 가족상담자는 미성년 자녀를 면담할 경우 IP의 성장과 발달을 위하여 반드시 부모나 책임 있는 보호자가 알아야 할 필요가 있거나, IP의 성장과 발달을 저해할 수 있는 정보에 대해서는 부모나 책임 있는 보호자에게 정보를 제공해야 한다. 이때 가족상담자는 미성년자인 IP가 이러한 필요성을 인식할 수 있도록 설명하며 최대한 동의를 얻도록 노력해야 하며, 가족상담이 시작될 때와 상담과정 중 필요한 때에 가족상담자는 IP에게 이와 같은 비밀 보호의 한계를 미리 알려 준다(아동청소년상담학회 윤리강령 제4항).

개인면담을 한 가족구성원일 경우에 한 가족구성원에 대한 정보는 허락 없이 다른 구성원에게 공개될 수 없다. 따라서 가족상담자는 각 가족구성원의 사생활에 대한 권리를 보호해야 한다(한국상담심리학회 윤리강령 5.라.(2).)

(3) 폭력의 예상이나 폭력이 발견된 경우

● 가족상담자는 가족상담 과정에서 가족구성원이 특정 가족구성

원에게 언어적, 신체적 폭력을 가할 사태가 예상되면 상담을 임의로 조기 종결을 할 수가 있다. 그러나 부작용을 최소화하도록 유의한다.
• 가족상담자는 가족구성원 가운데 근친상간이나 가정폭력과 같은 사건이 발생한 것을 알게 되면 성폭력에 관련된 법령에 따라 조치를 취해야 한다.

2) 가족상담의 강제성 문제

일반적으로 가족상담은 강제적으로 실시할 수 없다. 반드시 가족상담에 참여하는 가족구성원의 동의가 있어야 한다. IP 또는 가족구성원이 비자발적으로 가족상담에 참여하는 경우에는 IP 또는 가족구성원에게 가족상담이 어떤 것인지, 가족상담을 얼마 동안 받아야 하는지(가족상담의 성격과 기간), 그리고 가족상담을 거부할 수 있는 권리에 대하여 어느 정도 정보를 제공해 주어야 한다(NASW 윤리강령 1.03(d)).

가족상담을 실시하는 과정에서 가족상담자가 IP나 가족구성원 중 개인면담을 요청해야 할 경우가 있다. 이러한 경우는 개인면담을 실시하기 전에 가족상담자는 다른 가족구성원의 의혹이나 반감을 갖지 않도록 충분히 검토한 후에 가족구성원들에게 설명을 하도록 한다(김유숙, 2003, p. 292).

또한 가족상담을 실시하는 과정에서 특정 가족구성원을 지목하여 개인면담을 해 줄 것을 요구할 수가 있다. 이러한 경우에 가족상담자는 지목된 가족구성원이 개인면담이 반드시 필요한지를 신중히 검토한 후에 결정을 하되, 그 대상에게 개인면담에 대한 충분한 설명을 한 후 본인의 자발적인 동의하에 실시하여야 한다.

때로는 가족상담자가 가족의 하위체제와 면담을 하거나 상담과정에 잠깐 그들과 만나야 하는 경우가 있다. 또는 가족이 따로 만나서 한 내용을 알 수 있도록 요구하는 경우가 있다. 이러한 경우를 대비하여 가족상담자는 상담계약을 맺을 때 특정 가족과 가족상담자만의 비밀이 있을 수 있으며, 그 내용을 다른 가족구성원에게 말하지 않는다는 것을 명확히 한 후에 가족의 동의를 얻는 것이 필요하다(김유숙, 2003, p. 293).

경우에 따라서 가족상담자 두 명 이상이 함께 상담과정에 임할 수가 있다. 두 명의 가족상담자가 공동으로 가족상담에 임할 경우에 비용의 문제와 가족의 불안감 등의 문제가 발생할 수가 있다. 그러므로 가족상담자는 공동으로 가족상담을 실시하기 위해서는 가족상담 실시 전에 가족구성원에게 충분한 설명을 한 후에 동의가 있어야 한다.

3) 가족상담의 이론과 기술 선택의 문제

가족상담자는 전문적인 활동과 능력을 보유하고 있어야 한다. 전문가적인 기능을 수행하기 위해 가족상담 이론에 대한 통합적 지식과 가족상담의 실제를 적용할 수 있는 자질을 갖추어야 한다.

가족상담의 모델과 기법은 다양하다. 가족상담의 모델은 집단가족상담, Bowen 가족상담, 경험주의 가족상담, 정신분석적 가족상담, 구조주의 가족상담, 행동주의 가족상담, 대가족 가족상담, 의사소통 가족상담, 인지행동주의 가족상담, MRI 전략적 가족상담, Milan 가족상담, 해결중심 가족상담, 행동주의 결혼상담, 단기 가족상담, 상징적- 경험적 가족상담, 대상관계 가족상담, 에릭슨파 가족상담, 가족심리 교육상담 등이 있다.

가족상담에 대한 이상의 모델은 각기 나름대로의 특성과 상담효과를 제시하고 있다(Gurman & Kniskern, 1991; Nichols, 1984). 가족상담자는 기본적으로 가족치료의 전반적인 모델에 대한 지식과 이해가 있어야 한다. 그리고 가족상담 과정에 본인만이 선호하는 가족상담의 모델이 있어야 할 뿐만 아니라, 그 모델에 대해서만은 정확하게 이해하고 실제까지 겸비하고 있는 것이 바람직하다. 다음으로는 기본적인 가족상담 모델의 틀 안에서 다른 모델을 적용할 수 있는 능력이 필요하다. 이러한 능력은 교육과 훈련에 따라 배양할 수가 있다. 그러므로 가족상담자는 다음과 같은 윤리강령을 수행하여야 한다 (AAMFT, 윤리강령 3.7).

(1) 가족상담의 기법은 자신의 전문적인 경험 범위 내에서 상담

가족상담의 기법이나 접근이 다양한 가운데 가족상담자는 상담 서비스를 제공할 때 그들 스스로가 자신이 받은 교육, 훈련, 허가, 증명, 제공받은 상담, 수퍼비전받은 경험 또는 기타 관련된 전문적인 경험의 범위 내에서만 상담을 수행해야 한다.

(2) 확실하게 자신 있는 영역과 수퍼비전을 받은 후 상담

가족상담자는 확실하게 자신 있는 영역에 대해서 상담 서비스를 제공해야 하며, 새로운 기법이나 접근법의 경우 적절한 학습, 훈련, 자문, 그리고 그 개입법이나 기법에 능숙한 이들에게서 수퍼비전을 받고 난 이후에 사용해야 한다.

(3) 가족상담자는 새로운 기법을 사용 할 때 반드시 수퍼바이저에게 훈련을 받은 후 활용

새로운 기법에 대하여 사용을 할 때는 반드시 주의 깊게 판단하고 반드시 적절한 교육, 훈련, 상담, 수퍼바이저에게 훈련을 받은 후 활용해야 한다.

3. 상담소 현장의 윤리

1) 상담기관의 직장윤리

(1) 행정업무

- 상담자를 고용하고 있는 상담기관은 내담자의 욕구나 심리적 안전감을 위해 기관 내외의 적절한 자원을 확보해야 한다.
- 상담자는 자원 할당의 절차가 공개적으로 공정하게 이루어지도록 해야 한다. 모든 내담자의 욕구를 충족하기에 미흡하다면 적

절하고 일관성 있는 논리에 의해 차별 없이 자원을 이용할 수 있는 절차나 방법을 연구 개발하고 적용하여야 한다.

- 상담기관은 상담소의 상담환경이 상담윤리와 일치하는지를 살펴야 하며 조직 내에서 윤리강령의 준수에 어긋나거나 방해되는 요소가 발견되면 그것을 제거하는 방안 모색과 실천이 있어야 한다(NASW 윤리강령 3.07).

- 상담자는 내담자의 기록이 안전하게 보관되도록 하고, 내담자의 기록은 허락 없이는 이용하지 못하도록 확실하게 합리적인 조치를 취해야 한다(NASW 윤리강령 1.07(l)). 또한 상담자는 상담자의 활동 종료, 자격 박탈, 사망의 경우에도 대비하여 내담자의 비밀을 보호하기 위한 합리적인 조치를 해 놓아야 한다(NASW 윤리강령 1.07(o)).

(2) 고용 기관과의 관계

- 상담자는 자기가 속한 기관의 목적 및 방침에 모순되지 않는 활동을 할 책임이 있다. 만일 그의 전문적 활동이 소속 기관의 목적과 모순되고, 윤리적 행동기준에 관하여 직무수행 과정에서의 갈등이 해소되지 않을 때에는 그 소속 기관과의 관계를 종결해야 한다(가족상담학회 윤리강령 제1장 제1항).

- 상담자는 상담 기관의 비전에 맞추어 정책과 절차를 개선하고, 상담 서비스의 효율적인 방안을 모색하고 높이기 위해 노력하여야 한다.

- 상담자는 근무기관의 관리자 및 동료들과의 관계를 통해서 상담 업무, 비밀보장, 공적 자료와 개인 자료의 구별, 기록된 정보의 보관과 처분, 업무량, 책임에 대한 상호 간의 동의가 이루어져야 한다. 이러한 동의는 구체적이어야 하며, 관련된 모든 사람이 알고 있어야 한다(한국상담심리학회 윤리강령 5.나.(2).).

- 상담자는 그의 고용주에게 손해를 끼칠 수 있는 상황이나, 기관의 효율성에 제한을 줄 수 있는 상황에 대해 미리 경고를 해 주어야 한다(한국상담심리학회 윤리강령 5.나.(3).).

- 상담자의 인사배치는 내담자의 권리와 복지를 보장하고 증진 시킬 수 있어야 한다(한국상담심리학회 윤리강령 5.나.(4).).

- 상담자는 수련생에게 적절한 훈련과 지도 감독을 제공하고, 수련생이 이 과정을 책임 있고 유능하게 수행할 수 있도록 도와주어야 하며, 만일 기관의 정책과 실제가 이런 의무의 수행을 막는다면 가능한 범위에서 그 상황을 바로 잡도록 노력한다(한국상담심리학회 윤리강령 5.나.(5).).

- 상담자는 고용주가 상담자의 윤리강령에 언급한 상담자의 의무와 상담 실천을 위한 의무에 대해 확실히 인식하고 있는지를 확인해야 한다(NASW 윤리강령 3.09(c)).

- 상담자는 고용 기관의 정책, 절차, 규약, 그리고 행정적 지시들이 상담자의 윤리적 실천을 저해하지 않도록 해야 한다. 상담자는 고용기관의 사업들이 상담자의 윤리강령과 일치하는가를 확실히 하기 위한 절차를 서면으로 확인해야 한다(NASW 윤리강령

3.09(d)). 예를 들어서, 고용기관에서 일반인들에게 건강한 자녀 교육을 하는 데 도움을 주기 위해 내담자의 허락 없이 상담사례를 공개하는 상담사례집을 정기적으로 발간하는 계획을 세운다면 이것은 내담자의 비밀유지에 관련된 상담윤리에 어긋나는 것이다. 그러므로 상담자는 상담사례집을 발간하기 전에 상담내용 공개에 대해 내담자로부터 사전 허락을 받은 후에 내담자의 정체가 전혀 노출이 되는 않는 상태에서 책을 발간한다든지, 그렇지 않고 내담자가 상담사례 공개를 허용하지 않는 경우에는 그 계획을 수정하는 데 의견을 모아야 할 것이다.

(3) 상담 기관 운영자

상담 기관 운영자는 기본적으로 상담윤리에 대한 인식과 지식을 갖추어야 한다. 만일 상담윤리에 인식과 이해가 부족하여 법적인 문제가 생기면 운영자와 상담자, 그리고 내담자간에 불화와 불이익을 초래할 수가 있다. 예를 들어, 내담자가 일정 기간 동안 상담 중이거나 상담을 종료한 후에 자살을 하였다면 사망한 내담자의 가족은 상담자를 제소할 수가 있다. 경찰은 사인 조사 과정에서 내담자의 상담기록 공개를 요청할 수가 있다. 이러한 일로 대중매체에 오르내리는 사태가 생길 경우 운영자는 상담윤리의 적용보다 상담기관의 안전과 명예를 우선으로 하므로 상담자의 허락 없이 내담자의 자료를 공개하거나 상담자에게 상담비밀을 공개하도록 압력을 가할 수도 있기 때문이다. 한국상담심리학회 윤리강령에서는 상담 기관 운영에 대하여 다음과 같이 명시하고 있다.

2.다.(1). 상담기관 운영자는 다음 목록을 작성해 두어야 한
다. 기관에 소속된 상담자의 증명서나 자격증은 그중 최고
의 것으로 하고, 자격의 유형, 주소, 연락처, 직무시간, 상
담의 유형과 종류, 그와 관련된 다른 정보 등이 정확하게
기록되어 있어야 한다.

2.다.(2). 상담기관 운영자는 자신과 현재 종사하고 있는 직
원의 발전에 책임이 있다.

2.다.(3). 상담기관 운영자는 직원들에게 기관의 목표와 상담
프로그램에 대해 알려 주어야 한다.

2.다.(4). 상담기관 운영자는 고용, 승진, 인사, 연수 및 지도
시에 나이, 문화, 장애, 성, 인종, 종교 혹은 사회경제적 지
위 등을 이유로 어떤 차별적 행동을 해서는 안 된다.

2.다.(5). 상담기관 운영자는 직원이나 학생, 수련생, 동료 등
을 교육, 감독하거나 평가 시에 착취하는 관계를 가져서는
안 된다.

2.다.(6). 상담자가 개업상담자로서 상담을 홍보하고자 할 때
는 일반인들에게 상담의 전문적 활동, 전문지식, 활용할 수
있는 상담 기술 등을 정확하게 알려 주어야 한다.

2.다.(7). 기관에 재직 중인 상담심리사는 상담 개업 활동에
적극적으로 종사하고 있지 않다면, 자신의 이름이 상업광

고에 사용되도록 해서는 안 된다.

2.다.(8). 상담자는 다른 상담자나 정신건강 전문가와 협력
체제를 맺을 수 있는데 이럴 때 기관의 특수성을 분명히 인
지하고 있어야한다.

2.다.(9). 상담자는 자신의 개업 활동에 대해 내담자에게 신
뢰감을 주기 위해 학회나 연구단체의 회원임을 거론하는
것은 비윤리적이다.

2.다.(10). 내담자나 교육생을 모집하기 위해, 개인상담소를
고용이나 기관 가입의 장소로 이용해서는 안 된다.

2) 내담자의 보호

(1) 비밀보장과 공개

미국상담학회(The American Counseling Association: ACA)의 2005
년도 윤리기준 B.1은 내담자 권리의 존중에 대한 조항이며 B.1.b에
서는 "상담자는 내담자의 사생활권을 존중"하며, B.1.C에서는 "내담
자에 관한 정보를 불법적으로 혹은 부당하게 공개하지 않는다."라고
명시하고 있다.

상담자는 내담자의 비밀을 유지해야 할 윤리적인 의무와 함께 사
안에 따라서는 그것을 공개해야 할 책임도 있다. 내담자의 비밀유지
가 보장되지 않는다면 그 상담은 신뢰 가운데 이루어지기가 어렵다.
그러므로 상담자는 비밀유지를 훼손하지 않아야 한다. 비밀유지에도

한계가 있다. 왜냐하면 비밀유지로 말미암아 내담자나 타인에게 심각한 손해를 끼칠 수도 있고, 사회적인 문제를 일으킬 수도 있기 때문이다. 만일 내담자의 비밀을 공개해야 할 경우 어디까지 공개할 수 있으며 어느 선에서 비밀을 유지해야 하는가 하는 딜레마를 겪는다. 딜레마의 어원은 그리스어의 di(두 번)와 lemma(제안, 명제)의 합성어이며, 그 의미는 진퇴양난, 궁지의 뜻으로 '만족할 만한 해결책을 찾을 수 없는 문제 상황 또는 곤경'이다(정주연, 2002).

즉, 딜레마는 상담자가 내담자와의 상담내용에 대해 비밀을 지킬 것인가, 아니면 공개를 할 것인가 하는 양자택일의 갈등에 직면한 윤리적 문제다. 그러므로 내담자의 비밀 공개에 대한 윤리강령의 적절한 실천 규범이 필요하다.

미국상담학회 윤리기준의 B.2.a에서는 다음의 경우 비밀보장 원칙에서 제외된다.

- 내담자나 그 외의 사람들이 위협에 처해 있어 이를 막기 위해 비밀공개가 필요한 경우
- 법적 요청에 의해서 내담자에게 대한 정보가 노출되어야 할 경우 예외에 대한 타당성이 의심스러울 때 상담자는 다른 전문가와 논의한다.

한국상담심리학회 윤리강령에서는 비밀보장의 예외에 대해 다음과 같이 밝히고 있다.

5.다.(1). 내담자의 생명이나 사회의 안전을 위협하는 경우

5.다.(2). 내담자가 감염성이 있는 치명적인 질병이 있다는 확실한 정보를 가졌을 경우

5.다.(3). 법적으로 정보의 공개가 요구되는 경우

이와 비슷한 한국상담학회 윤리강령 제3조의 내용을 살펴보면 다음과 같다.

(4) 상담자는 내담자에 대한 정보를 동료상담자 혹은 수퍼바이저에게 제공할 경우 사실적이고 객관적인 정보로 구성하며, 내담자의 구체적 신분에 대해 파악할 수 없도록 할 책임이 있다. 더 많은 사항을 밝히기 위해서는 사적인 정보의 공개에 앞서 내담자에게 알린다.

(5) 내담자에 관한 정보를 교육 및 연구의 목적으로 사용할 경우에는 내담자와 합의를 거쳐야 하며, 그의 정체가 전혀 노출되지 않도록 해야 한다.

3) 적절한 상담료의 윤리

(1) 상담료 설정

상담료는 내담자의 재정 상태, 지역사회의 경제 상태, 상담자의 상담전문 자격 수준에 근거하여 합리적으로 책정해야 한다. 그리고 실

제 상담 상황에서 누가 상담 서비스를 제공할 것인지에 대해 확인되어야 한다.

(2) 내담자의 상담료 수용

상담료가 내담자에게 미리 제시되어 있지 않고 상담 후에 상담료를 요청하면 내담자가 상담료 지불을 거부할 수도 있다. 그러므로 상담소는 상담료가 일정하게 정해져 있어야 한다. 그리고 상담 전에 반드시 상담료에 대한 정보를 제공한 후에 상담계약을 맺을 때 상담료에 대한 지불 인정에 대한 서명을 받고 보관해야 한다. 상담료의 결정은 내담자의 경제적 상황, 지역의 경제 상황, 그리고 상담자의 능력의 정도에 따라 합리적으로 결정한다.

(3) 무료상담 실시

상담소 또는 상담자는 천재지변과 같이 국가가 위기 상황에 처했을 때 일반 국민을 대상으로 상담을 실시해야 할 경우를 대비하여 언제든지 무료상담을 실시할 자세를 갖고 있어야 한다.

(4) 선물 또는 뇌물

상담자는 정해진 상담료 외에 내담자로부터 뇌물성이 있는 거액의 현금이라든지, 물품, 선물카드 등은 물론이며 소액의 현금이나 선물을 받아서는 안 된다(AAMFT, 2001: 윤리강령 3.10). 이러한 것들은 상담의 신뢰성에 영향을 끼칠 뿐만 아니라 상담 후에도 문제를 발생시키는 요인이 될 수 있다. 예를 들어, 남편이 아내에게 폭력을 가한 후에 가족상담이나 부부상담을 실시하였다. 그 후에 남편이 상담을 해 주어서 부부관계를 증진하는 데 감사하다는 표시로 선물을 제공하였다. 그런데 얼마 후에 다시 관계가 악화되어 이혼 법정에 섰을 경우 뇌물을 제공한 남편은 상담자에게 자신에게 유리한 증언을 해 줄 것을 요구할 수가 있으며, 한편으로 상담자 자신 역시 이미 받은 뇌물이나 선물은 상담의 객관성을 유지하는 데 걸림돌이 될 수 있고, 선물 혹은 뇌물을 제공한 남편의 입장에서 변호해 줄 가능성도 있다.

4) 정보유출과 기록보관

(1) 기록보관

상담자는 상담 서비스를 활성화하고, 지속적인 상담관계 형성을 위해 내담자에 대한 기본 정보를 보관해야 한다. 한국상담심리학회 윤리강령에서는 정보를 보관하기 위해 다음과 같은 사항을 명시하고 있다. 상담자는 고용인, 지도감독자, 사무보조원, 그리고 자원봉사자들을 포함한 직원들에게도 내담자의 사생활과 비밀이 보호되도록 주지시켜야 한다.

> 5.나.(1). 법, 규제 혹은 제도적 절차에 따라, 상담심리사는 내담자에게 전문적인 서비스를 제공하기 위해서 반드시 기록을 보존한다.

5.나.(2). 상담심리사는 녹음 및 기록에 관해 내담자의 동의를 구한다.

5.나.(3). 상담심리사는 면접기록, 심리검사 자료, 편지, 녹음·녹화 테이프, 기타 문서기록 등 상담과 관련된 기록들이 내담자를 위해 보존된다는 것을 인식하며, 상담기록의 안전과 비밀보호에 책임진다.

5.나.(4). 상담기관이나 연구단체는 상담기록 및 보관에 관한 규정을 작성해야 하며, 그렇지 않을 경우 상담기록은 상담심리사가 속해 있는 기관이나 연구단체의 기록으로 간주한다. 상담심리사는 내담자가 기록에 대한 열람이나 복사를 요구할 경우, 그 기록이 내담자에게 잘못 이해될 가능성이 없고 내담자에게 해가 되지 않으면 응하는 것이 원칙이다. 단, 여러 명의 내담자를 상담하는 경우, 다른 내담자와 관련된 사적인 정보는 제외하고 열람하도록 한다.

5.나.(5). 상담심리사는 기록과 자료에 대한 비밀보호가 자신의 죽음, 능력상실, 자격 박탈 등의 경우에도 보호될 수 있도록 미리 계획을 세운다.

5.나.(6). 상담심리사는 상담과 관련된 기록을 보관하고 처리하는 데 있어서 비밀을 보호해야 하며, 이를 타인에게 공개할 때에는 내담자의 직접적인 동의가 있을 때에만 가능하다.

5.나.(7). 상담심리사는 다음에 정한 바와 같이 비밀보호의

예외가 존재하는 경우를 제외하고는, 내담자의 서면 동의 없이는 제 삼의 개인, 단체에게 상담기록을 밝히거나 전달하지 않는다.

(2) 정보유출

기타 목적을 위한 내담자 정보의 사용은 다음과 같은 한국상담심리학회 윤리강령에 따라 수행하여야 한다.

5.마.(1). 교육이나 연구 또는 출판을 목적으로 상담관계로부터 얻어진 자료를 사용할 때에는 내담자의 서면 동의를 구해야 하며, 각 개인의 익명성이 보장되도록 자료 변형 및 신상 정보의 삭제와 같은 적절한 조치를 취하여 내담자의 신상에 피해를 주지 않도록 한다.

5.마.(2). 다른 전문가의 자문을 구할 경우, 상담자는 사전에 내담자의 서면 동의를 구해야 하며, 적절한 조치를 통해 내담자의 사생활과 비밀을 보호하도록 노력한다.

(3) 전자 정보의 비밀보호

5.바.(1). 컴퓨터를 사용하면 광범위하게 자료를 보관하고 조사 · 분석 할 수 있지만, 정보를 관리하는 데 한계가 있다는 사실을 알아야 한다.

5.바.⑵. 내담자의 기록이 전자 정보 형태로 보존되어 제3자가 내담자의 동의 없이 접근할 수 있을 때, 상담전문가는 적절한 방법을 통해 내담자의 신상이 드러나지 않도록 조치를 취한다.

4. 기타 상담현장의 윤리적 이슈

1) 상담자와 내담자 간의 사적인 관계

(1) 성적 관계 금지

일반적으로 상담관련 윤리는 상담자가 내담자와 성적으로 부적절한 관계를 맺어서는 안 된다는 것을 명시하고 있다. 예를 들어, 가족상담학회 제5조 제3항에는 "상담자는 내담자와 성적으로 친밀한 관계를 맺어서는 안 된다."라고 명시하고 있다.

그리고 전문가가 내담자와 성적인 관계를 가졌을 때 내담자에게 심각한 정서적 행동적 장애를 가져온다. 즉, 전문가와 부적절한 성적인 관계를 가진 내담자는 거부감, 죄책감, 수치심, 고립감, 분노, 우울, 신뢰감의 손상, 자아 존중감의 상실, 분노 표현의 어려움, 정서적 불안정, 정신, 신체적 장애, 성적 혼란, 자살 위협의 증가 등을 나타낸다고 한다(Shebib, 2006).

(2) 사적 필요 충족 관계 금지

상담자는 내담자를 이용하여 상담자 개인의 필요를 충족하고자 하는 활동 및 행동을 취해서는 안 된다(한국상담학회 윤리강령 제2조 제2항).

2) 상담자의 차별

상담자는 내담자, 직원, 수퍼바이저, 학생들을 구분하여 차별하지 않아야 한다. 상담자는 내담자들의 문화, 인종, 종교, 생활방식, 연령, 장애, 성별 등의 차이를 인정하고 존중해야 한다.

3) 상담소의 내담자 차별

상담소는 내담자를 어떠한 이유에서든 차별해서는 안 된다. 즉, 인간은 인종, 문화, 성별, 지위, 학벌, 종교, 결혼 유무, 연령 등을 초월하여 동등하게 존중받아야 할 권리가 있다.

4) 관련기관과의 긴밀한 협력

상담자는 상담 장면에서 그들의 훈련, 경험, 능력 이상의 전문적 상담을 제공해서는 안 된다. 만일 자신의 개인문제나 능력으로 인해 한계로 인해 더 이상이 도움을 주지 못한다는 것으로 판단되면 다른

동료 전문가 혹은 타 기관에 의뢰를 한다(한국상담학회 윤리강령 제2조
제3항; 가족상담학회 윤리강령 제2조 제3항).

5) 타 전문분야와의 윤리

상담자는 자신의 전문적 자질이 타 전문분야에서 오용되는 것에
적절하게 대처해야 하며, 자신의 이익을 위해서 타 전문직을 손상시
키는 언어 및 행동을 삼간다(한국상담학회 윤리강령 제8조 제3항).

6) 고용 기관과의 협력

상담자는 자기가 속한 기관의 목적 및 방침에 모순되지 않는 활동
을 할 책임이 있다.

5. 현장 윤리문제 분쟁해결

1) 윤리위원회와 협력

상담자는 자기가 속한 학회의 윤리강령을 유지할 필요가 있으며,
윤리위원회와 협력하여 윤리적 문제를 해결해야 한다. 한국상담심리
학회 윤리강령에서는 이에 대해 다음과 같이 규정하고 있다.

8.가.(1). 상담심리사는 본 윤리강령 및 적용 가능한 타 윤리강령을 숙지해야 할 의무가 있다. 윤리적 기준에 대해 모르고 있거나, 잘못 이해하고 있다는 사실이 비윤리적 행위에 대한 근거가 되지는 못한다.

8.가.(2). 상담심리사는 윤리강령의 시행 과정을 돕는다. 상담심리사는 윤리강령을 위반한 것으로 지목되는 사람들에 대해 윤리 위원회의 조사, 요청, 소송절차에 협력한다.

2) 윤리위반

상담자는 자기가 속한 학회의 윤리강령을 위반해서는 안되며, 위반한 사실을 발견할 경우에는 해당 학회의 윤리위원회, 동료, 수퍼바이저에게 자문을 구해야 한다. 이와 관련된 한국상담심리학회 윤리강령을 살펴보면 다음과 같다.

8.나.(2). 특정 상황이나 조치가 윤리강령에 위반되는지 불분명할 경우, 상담자는 윤리강령에 대해 지식이 있는 다른 상담자, 해당 권위자 및 윤리위원회의 자문을 구한다.

8.나.(3). 소속 기관 및 단체와 본 윤리강령 간에 갈등이 있을 경우, 상담자는 갈등의 본질을 명확히 하고, 소속 기관 및 단체에 윤리강령을 알려서 이를 준수하는 방향으로 해결책을 찾도록 한다.

8.나.(4). 다른 상담자의 윤리위반에 대해 비공식적인 해결이 가장 적절한 개입으로 여겨질 경우에는, 당사자에게 보고하여 해결하려는 시도를 한다.

8.나.(5). 명백한 윤리강령 위반이 비공식적인 방법으로 해결되지 않거나, 그 방법이 부적절하다면 윤리위원회에 위임한다.

3) 현장 윤리문제 해결 절차

상담현장에서 발생할 수 있는 윤리문제 해결을 위한 필수적 절차는 다음과 같은 6단계를 거쳐야 한다(이형득 외, 2005, pp. 340-341).

- 윤리적 문제나 딜레마가 있는지 확인하라.
- 현재 상황에서 문제가 되는 중요한 가치와 원리가 무엇인가 확인하라.
- 전문가적인 판단에서 지금 초점이 되는 주제와 딜레마에 가장 관련성이 깊은 가치나 윤리적 원칙부터 순서를 매기라.
- 딜레마 상황에 가장 핵심적인 가치와 일치하는 행동계획을 세우라.
- 가장 적절한 기법과 기술을 가지고 계획을 실행하라.
- 지금까지 내린 윤리적인 결정들의 효과를 검토하라.

4) 윤리적 딜레마 해결의 5가지 원칙

Cottone과 Tarvydas(1998, p .135)는 윤리적 딜레마를 해결하는데 도움이 될 수 있는 5가지 윤리적 규칙 혹은 원칙을 확인하였다 (Shebib, 2006, p.78 재인용).

- 자율성: 개인의 결정에 대한 권리를 존중하는 것
- 선행: 다른 사람에게 선하게 행동하는 것
- 피해 없음: 다른 사람에게 해를 끼치지 않는 것
- 정의: 공정한 것, 다른 사람에게 공평하게 대하는 것
- 성실: 충실, 정직하고 약속을 지키는 것

5) 윤리적 의사결정 지침 4가지 원칙

가치와 윤리가 대립할 때 어느 것이 우선권을 가져야 하는가에 대한 결정은 고통스러울 정도로 어려울 수 있다. Hepworth, Rooney 그리고 Larsen(1997)은 지침으로 다음과 같은 4가지 원칙을 제안하였다(Shebib, 2006, p. 80 재인용).

- 삶, 건강, 행복, 삶에 필요한 것들에 대한 권리는 비밀의 권리보다 우선한다.
- 행복에 대한 개인의 기본적인 권리는 다른 사람의 사생활, 자유,

자기결정에 대한 권리보다 우선한다.

- 자기결정에 대한 사람들의 권리는 기본적인 행복에 대한 그들의 권리보다 우선한다.
- 행복에 대한 개인의 권리는 법률, 정책, 기관의 합의사항보다 우위에 설 수도 있다.

참고문헌

강진령(2006). **집단상담의 실제**. 서울: 학지사.
권영욱(2002). 상담관계를 위협하는 윤리문제의 연구. 계명대학교 대학원 석사학위논문.
김진숙, 김창대, 박애선, 유동수, 전종국, 천성문(2008). **집단상담과정과 실제** (제7판). 서울: 시그마프레스.
김유숙(2003). **가족상담**. 서울: 학지사
이형득, 김성회, 설기문, 김창대, 김정희(2002/2005). **집단상담**. 서울: 중앙적성출판사.
정주연(2002). 상담사 개별요인이 직업재활 과정에서 윤리적 딜레마에 발생하는 미치는 영향. 대구대학교 대학원 석사학위논문.
최원호(전문직업인으로서의 상담윤리에 관한 고찰) 교수논문

아동청소년상담학회 윤리규정.
집단상담학회 윤리강령
초월영성상담학회 윤리규정.
한국상담학회 윤리강령.
한국상담심리학회 윤리강령.

Bowen, M. (1992). *Family Therapy in Clinical Practice*. Northvale, NJ: Jason Aronson.
Cottone, R. R., & Tarvydas, V. M. (1998) *Ethical and Professional Issuein*

counseling. Englewood cliffs, NJ: Prentice-Hall.

Hepworth, D.H., Rooney, R. H., & Larsen, J.(1997). *Direct Social Work Practice, Theory and skills.* (5th ed.). Pacific Grove, Ca: Brooks/Cole.

Gurman, A., & Kniskern, D. P. (1991). *Handbook of Family Therapy* Vol II. New York: Brunner/Mazel.

Nichols, M. (1984). *Family Therapy: Concepts and Methods.* Needham, MA: A Division of Simon & Schuster.

Satir, V. (1964). *Conjoint Family Therapy.* Palo Alto, Ca: Science and Behavior Books, Inc.

Shebib, B. (2006) Choices: Counseling skills for Social Workers and Other Professionals. 제석봉, 이윤국, 박충선, 이수용 공역. **사회복지 상담심리학**. 서울: 학지사.

Sue, D. W., Arrendondo, P., & McDavis, R. J. (1992). Multicultural counseling competences and standards: A call to the Profession. *Jaurnal of counseling and Development, 70*(4), 477-486

American Counseling Association (2005). Code of Ethics.

The American Association for Marriage and Family Therapy. (2001). Code of Ethics.

National Association of Social Workers. Code of Ethics.

제 6 장

대상별
윤리문제

최해림

1. 자살 위험이 있는 내담자

최근 들어 자살이 사회적으로 큰 문제가 되고 있다. 2004년과 2005년도 통계를 보면(통계청, 2006) 우리나라는 OECD 국가 중 자살률 1위를 기록하였으며, 사망 원인 순위에서 1990년에 10위이던 것이 2006년에는 4위로 순위가 상승하였다. 또한 20대 사망 원인 중 1위가 자살로 나타났다. 여기에 최진실 등 최근 연예인의 자살 사건이 매스컴에 방송되고, 또한 여러 대학교에서 자살과 자살시도가 빈번히 일어나고 있다는 보고(최명식, 2007)로 사회적으로 자살문제에 대한 관심이 증폭되고 있다. 현재 한국에서 상담 도중 자살을 하는 사례에 대한 통계나 소송은 없지만, 미국의 경우 정신건강 전문가들이 법 소송을 당하는 사례 중 자살과 관련된 사례가 큰 부분을 차지하고 있다고 한다(Baeger,2001).

상담 중 내담자가 자살을 했거나 자살 시도를 했던 경험이 있는 상담자는 이 악몽의 후유증을 잘 알고 있을 것이다. 슬픔, 상실, 우울뿐만 아니라 상담자로서의 죄책감, 부적절감, 자기 비난, 어쩌면 고소당할지도 모른다는 공포에서 오랫동안 시달려야 한다. 직접적인 경험이 없더라도 상담 장면에서 가장 많은 스트레스를 받는 상황이 내담자가 자살 위험이 있을 때다. 이럴 때 상담자가 직면하는 윤리적 문제 중 하나는 내담자의 자율성이 우선인가, 상담자가 내담자를 대신하여 결정을 해야 하는가다. 즉, 삶과 죽음이라는 결정에 책임질 의향이 있고 이러한 결정을 내릴 능력이 있는가의 문제다.

1) 자살과 비밀보장

개인이 자살할 권리가 있다고 생각하는 사람들도 있으나, 상담자의 윤리적 입장에서는 어떠한 파괴적인 행동도 막아야 한다는 데 일치한다. 한국상담심리학회 윤리강령에는 "상담심리사는 사생활과 비밀유지에 대한 내담자의 권리를 최대한 존중해야 할 의무"(5.가.(1).)가 있지만 "내담자의 생명이나 사회의 안전을 위협하는 경우가 발생한 경우에 한하여 내담자의 동의 없이도 내담자에 대한 정보를 관련 전문인이나 사회에 알릴 수 있다."(5.다.(1).)라고 명시하고 있다. 즉, 상담자는 내담자의 비밀을 보장해야 하지만, 내담자 자신이나 타인에게 분명하고 절박한 위험이 있을 경우에는 비밀을 지키지 않아도 된다는 의미다. 이러한 결정을 내리기 위하여 상담자는 내담자의 자살 위험이 얼마나 심각한가를 우선적으로 평가하여야 한다.

2) 자살 위험의 평가

어떤 내담자에게 자살 위험이 있는가를 결정하는 것은 상담자의 능력과 연결된다. 제일 먼저 상담자가 그런 내담자를 다룰 수 있는 적절한 훈련과 경험이 있는지, 아니면 다른 전문가에게 의뢰를 해야 할 것인지 결정할 필요가 있는 것이다(Wubbolding, 1996). 또한 상담자가 자살사고를 평가하는 표준화된 또는 비표준화된 도구를 사용할 수 있는 기술이 있는지, 또 적절한 개입을 할 수 있는지 전문가로서의 능력이 중요하다. 상담자는 자살 위험이 있는 내담자를 다룰 줄 알아야 할 필요가 있다. 실제적인 기술이 필요할 뿐 아니라, 높은 수준의 윤리적 상황을 다룰 수 있어야 한다. 내담자와 자살 위협에 대하여 진솔하게 토론하고, 그 위협이 얼마나 치명적인가를 평가하고, 구조의 수위를 결정하고, 그 이상의 개입이 필요한가를 알아보아야 한다. Corey, Corey 그리고 Callanan(1998)은 자살행동 평가를 위하여 주시해야 할 위험신호들을 다음과 같이 제안하고 있다(p. 173).

• 언어적 경고는 가장 중요한 예언신호이므로 심각하게 받아들여야 한다.

- 과거의 자살시도에 관심을 가지라. 이 또한 중요한 치명적인 신호이다.

- 내담자가 우울증으로 고통스러워하는지 확인하라. 우울은 모든 자살자에게 나타나는 공통된 특징이다. 불면증은 우울증을 더 심하게 하는 중요한 신호다. 임상적으로 우울증이 있는 사람은 일반인에 비해 20배 정도 자살률이 높다.

- 절망감과 무기력감에 주시하라. 자살의도와 밀접한 관련이 있는 것으로 보인다. 절망적이고, 죄의식을 갖고, 가치 없다고 느낄 수 있다.

- 심각한 불안과 공황상태를 점검하라.

- 어떤 계획을 갖고 있는지 보라. 계획이 확실할수록 상황은 더 심각하다. 자살시도하려는 사람들에게 그들의 계획에 대하여 말하도록 하고 자살에 대한 환상을 말하도록 격려하라.

- 심각한 알코올 또는 약물 남용의 과거를 가지고 있는지 알아보라. 이들은 일반인보다 더 위험하다. 알코올이 자살의 1/4 또는 1/3 정도 관련되는 요인이다.

- 소중한 물건을 나누어 주거나 사업을 정리하거나 유언을 고치는 등의 행동을 주시하라.

- 정신과적 치료나 입원을 한 과거가 있는지 보라. 정서장애로 입원한 경력이 있는 사람들이 자살하기 쉽다.

- 내담자에게 그들이 사용 가능한 자원과 지지망에 대하여 질문하라. 이런 지지와 자원을 사용하기를 거부한다는 것은 대화를 끊

는다는, 즉 자살의도가 심각하다는 의미일 수 있다.

Pope과 Vasquez(1991)는 이외에도 내담자가 혼자 살고 있는지, 최근 몇 년 안에 가까운 사람이 사망하였는지, 무직인지, 충동적인지, 경직된 사고를 가졌는지, 최근 병원에서 퇴원하였는지, 최근 스트레스를 받았는지, 최근 건강상태가 나빠졌는지 살펴보는 것이 중요하다고 하였다.

내담자가 자살 위험이 있다고 생각될 때 다음과 같은 구체적 질문을 하여 필요한 정보를 얻는 것이 중요하다(Wubbolding, 1996).

(1) 죽을 생각을 하고 있는가

"이 상황을 더 이상 견딜 수가 없어요." "모든 것을 끝내고 싶어요." "내가 없어지는 게 나을 거예요."와 같이 내담자가 간접적으로 자살에 대한 의도를 비칠 때 상담자는 조용히 이런 말들이 자살하고 싶은 생각을 표현한 것인가를 물어본다. 내담자가 자살에 대하여 처음으로 표현할 수 있게 되면, 오히려 마음이 편해지고 이 문제에 대하여 이야기할 수 있게 된다.

내담자의 의학적인 상태도 자살 요인이 될 수 있으므로 심각한 질병이 있어 자살을 더 생각하게 되었는지 물어본다. 또한 최근에 상실, 상실의 위협, 공적으로 체면이 손상된 일, 자존심이 상하는 일, 사업이나 정치적 압박, 친구나 친척의 사망, 사랑하는 이로부터의 거부 등을 경험하였는지 확인하는 것이 필요하다. 내담자가 영원한 해결책을 택하려는 심정을 공감하고 내담자가 앞으로 어떻게 할 것인가, 미래의 목표는 무엇인가, 다시 말해서 한 달, 일 년 후의 삶이 어떠할 것인가를 언어로 표현하도록 하는 것이 도움이 된다.

(2) 과거에 자살을 시도한 적이 있는가

과거에 자살 시도했던 사람은 더 치명적일 수 있다. 최근 처음으로 자살에 대한 생각을 하였다면 그 위협은 없어지지는 않더라도 감소될 수 있다. 과거의 자살 시도에 대해 탐색하면서 상담자는 내담자가 정신건강 전문가들에게 어떤 도움을 받은 경험이 있는가도 알아보아야 한다. 만약 정신과 의사에게 도움을 받은 적이 있거나 받고 있다면 약물이나 알코올 남용에 대해서도 알아보아야 한다. 또는 가정폭력, 다른 종류의 폭력이나 외적 행동 표현이 있었는지 확인한다.

(3) 자살에 대한 구체적 계획이 있는가

자신을 어떻게 죽이려고 하는지, 즉 총기를 사용하려고 하는지, 목을 매달려고 하는지, 높은 곳에서 뛰어 내리려고 하는지, 극약을 먹을 것인지 등 구체적인 계획이 있을 때 더 치명적이다. 이럴 때 상담자는 외부 도움을 청해야 한다.

(4) 가능한 방법을 갖고 있는가

내담자가 자신이 어떻게 죽을 것인가 분명히 알고 있고 그 방법이 가능한가를 물어야 한다. 권총을 지니고 있다거나 극약을 지니고 있다면 자살 위험은 치명적이다.

(5) 일정 기간 동안 자살하지 않겠다는 서약을 할 것인가

이 질문은 평가 과정에서 시금석이 된다. 상담자를 위해서가 아니라 내담자 자신을 위해서 스스로에게 죽지 않을 것이라는 약속을 하는 것이다. 이 서약은 내담자 혼자 하는 약속이기 때문에 일방적이기는 하지만 내담자의 마음속에 굳게 박힐 것이라는 점이 중요하다. 자살하고자 하는 생각이 있는 사람들은 자동차를 험하게 운전한다든가, 수면제를 과도하게 복용한다든가 하여 간접적으로 자살 시도를 하는 경우가 있다. 한 달 동안, 2주일 동안, 아니면 24시간 동안만이라도 자살하지 않겠다는 시간을 명시하는 것이 중요하다. 시간의 길이보다 상담자가 내담자로 하여금 자살하지 않겠다는 결정을 내리도록 노력하는 것이 초점이다.

(6) 자살하지 못하도록 막을 수 있는 가까운 사람 혹은 자살하고 싶다고 느낄 때 터놓고 말할 수 있는 사람이 있는가

자살 충동을 느끼는 내담자들은 종종 소외되고 자신을 통제할 수 없다고 느낀다. 내담자가 자살을 막을 수 있는 내담자의 주변사람들과 연결이 되도록 상세한 계획을 세우도록 돕는다. 그래서 다른 가망성이 내담자에게 분명해지고 효과적인 통제력을 얻을 수 있다.

내담자가 구체적인 기간 동안 죽지 않고 살아 있겠다는 계획을 세우지 않고 거절한다면 자살 위험은 치명적이고 상담자는 외부의 도움을 청해야 한다. 그리고 이러한 사실을 부모, 배우자, 의사 또는 내담자에게 의미 있는 사람에게 알려야 한다. 반면, 내담자가 전에 자살 시도를 해 본 적이 없고 지금 그런 생각이 들었다면, 또 구체적 계획이나 방법을 갖고 있지 않고 죽지 않겠다는 서약을 순순히 한다면, 그 위협은 그렇게 치명적이지 않고 외부의 개입이 급박하지 않다. 그러나 내담자가 외부의 도움을 받아야 하는지 아닌지에 대해 상담자로서도 확신할 수 없다. 그렇다고 외부의 도움을 무조건 받으려고 하는 것도 삼가야 한다. 모든 질문을 주고받고 자살 위험에 대한 수위를 결정하는 것은 주관적이고, 결국 이 판단은 전문가가 내릴 수밖에 없다.

Corey 등(Corey, Corey, & Callanan, 1998)은 자살 위험이 있는 내담자를 상담하고 있을 때 상담자가 자신과 내담자를 위하여 알고 있으면 도움이 될 만한 것을 다음과 같이 제안하였다(p. 174)

- 상담자 자신의 한계를 잘 알아야 한다. 자살 위험이 있는 내담자와 상담한다는 것은 스트레스를 많이 받을 뿐만 아니라 상담자 자신이 많은 애를 써야 한다는 것을 의미한다.
- 자살 위험이 있는 내담자와 상담하려면 지지적 환경을 조성하라.
- 의도적이든 아니든, 자살하지 않겠다는 약속을 받아 내라.
- 정기적으로 동료 상담자의 협조를 구하여 내담자 상태에 대한 관점을 물어보라. 경험 있는 상담자라 할지라도 혼자보다 둘이

도움이 된다.

- 내담자에게 항상 연락할 수 있다는 것을 알려 주고 연락 방법을 알려 주라.

- 자살 예방과 위기개입 기법에 대한 훈련을 받으라. 최근 연구, 이론과 실제를 알라.

- 자신의 능력의 한계를 알고, 언제, 어떻게 내담자를 다른 전문가에게 의뢰해야 하는지를 알라.

- 입원의 장단점과 가능한 효과를 저울질해 보고 입원을 고려하라. 만약 내담자가 입원을 했다면 퇴원 직후가 가장 주시해야 할 위험 시기다.

- 상담이 기관 내에서 이루어진다면 적절한 책임의 위계를 모든 사람이 분명히 알고 있어야 한다.

- 내담자가 위험한 총기 등을 쉽게 얻을 수 없도록 하라. 만약 내담자가 갖고 있다면 제삼자가 보관하도록 하라.

- 상담 횟수를 늘리도록 해 보라.

- 내담자의 장점, 살아남고 싶은 원망에 작업하라.

- 현실성이 있는 희망을 나누라.

- 상담자의 돌봄을 알리라. 자살 위험이 있는 사람들은 때로 다른 사람들이 자신의 말에 경청하지 않는 것을 자신을 사랑하지 않고 돌보지 않기 때문이라고 느낀다. 사람들이 잘 들어주지 않기 때문에 자살하는 사람이 발생할지도 모른다. 돌봄은 어떤 구체적 행동과 상담자 편에서의 제한이 따른다.

- 상담자는 내담자에 대한 결정에서 유일한 책임자가 되지 말라. 내담자도 자신의 결정에 궁극적인 책임을 져야 한다.
- 내담자가 이 고통을 견디도록 도움을 줄 수 있는 가족, 친구의 지지망을 만들라. 내담자와 의논하여 돌볼 수 있는 사람들의 자원을 얻으라.

자살 위험이 있는 내담자를 상담하면서 내담자 행동에 대하여 상담자가 갖는 부정적 역전이나 부정적 반응에 민감하여야 한다(Pope & Vasquez, 1991).

3) 전문가로서 상담에 대한 책임

전문가로서 내담자의 자살에 대한 책임에서 보호받으려면 상담 중이 문제를 다룰 때 수용받을 수 있는 규준을 따라야 한다. 정신과 의사, 심리학자, 다른 정신건강 분야에서 종사하는 전문가들은 전문가의 의무를 수행함에 있어서 '표준적인 상담(standard of care)'을 하는데, 이는 같거나 비슷한 상황에서 현명한 사람이라면 일반적으로 행하였을 상담 수준, 전형적이며 평균적인 전문가의 수준을 말한다. 그 분야의 전문가들이 일반적으로 사용하는 기술이나 방법을 따라 상담을 제공하지 못했다면 문제가 된다. 이는 전문가의 무책임한 행동이나 기술의 부족으로 여겨질 수 있다. 누구든 상담자가 내담자를 제대로 돌보지 않았다고 주장하려면(예를 들면, 고소당했을 때) 다음과 같은 4가지가 전제되어야 한다(Baerger, 2007).

- 상담자가 내담자에게 상담의 책임이 있다.
- 이 상담의 책임을 상담자가 지키지 않았다.
- 내담자가 상해와 고통을 받았고 이는 보상받아야 한다.
- 내담자의 상해는 상담자의 행동에 직접적인 원인이 된다.

상담에 대한 책임을 논할 때 두 가지 중요한 법적 문제, 즉 예측성과 적절한 조치(foreseeability and causation)를 유념해야 한다. 상담자가 내담자의 자살을 예상하고 내담자를 보호하기 위하여 자살 방지를 위한 충분히 조치를 하였는가는 매우 중요하다. 이는 내담자가 호소한 위험에 대해 철저한 평가를 해야 함을 의미한다. 이 위험 상황에 대한 평가에 기초하여 안전한 상담계획과 조치를 하였는가는 인과관계를 말한다. 중요한 것은 내담자의 호소가 얼마나 위급한지 위험 수준을 평가하고 진단 내리는 위험 요인에 대한 지식과 기술을 필요로 한다. 상담자가 자살 위험을 예측하고 필요한 상담계획과 조치를 취했다면 책임을 안졌다는 문책을 받지 않아야 한다(Simon, 1988).

Bongar, Maris, Berman 그리고 Litman(1998)은 피소당할 수 있는 자살사례의 예를 다음과 같이 들었다(Baerger, 2001 재인용).

- 약물치료의 필요성을 간과하거나 부적절한 약물치료를 했을 때

- 입원에 대하여 구체적 설명을 해 주지 않았을 때
- 적절한 상담자−내담자 관계를 유지하지 못했을 때
- 수퍼비전, 자문을 받지 않았을 때
- 접수 때 자살 위험이 있다는 평가를 내리지 못했을 때
- 상담으로 연결하며 자살 위험이 있다고 평가하지 못했을 때
- 과거 치료에 대한 정보를 확보하지 못하였거나 과거력을 제대로 다루지 못하였을 때
- 정신상태 검진을 하지 않았을 때
- 진단에 실패하였을 때
- 공식적인 치료 계획을 세우지 않았을 때
- 주위 환경을 안전하게 지키지 못하였을 때
- 임상적 판단, 판단에 대한 근거, 관찰에 대한 기록이 제대로 되어 있지 않을 때

　다시 강조하고 싶은 것은 상담자가 위기사례에서 어떤 과정을 거치며 상담을 어떻게 하였는가를 기록해 두는 것이 좋다. 자살 위험이 있는 내담자를 상담할 때 상담자는 자신을 방어할 수 있는 기록을 남기는 것이 필요하다. 이 기록을 통하여 상담자가 법적으로, 윤리적으로 전문가로서의 판단을 하였다는 것을 명백히 드러내는 것이 중요하다.

　마지막으로 강조하고 싶은 것은 상담자가 내담자의 파괴적인 행동을 방지하는 데 한계가 있다는 것을 알아야 한다. 내담자가 도움을

청하지 않고, 나아가 적극적으로 도움을 거절할 때 상담자가 강제로 입원을 시켜야 하는가? 내담자가 삶의 의미를 찾지 못하고 오랜 숙고 끝에 자살을 결정하고 평화를 느낄 때 어떻게 할 것인가? 상담자로서 죽을 권리에 대한 개인 입장이 분명하고 자신의 가치관이 분명해야 앞에서 제안한 여러 가지를 따를 수 있다. 실제 상담 상황에서 비밀 보장만이 문제가 아니고, 정말 어떻게 하는 것이 내담자를 가장 위하는 것인지 결정하기 힘들 때가 많다. 상담자로서 각 내담자의 상황 외의 여러 가지를 고려하여야 한다는 점이 자살의 윤리문제를 다루기 어렵게 한다.

사례 1.

최근 S대학교 학생생활상담소에서 상담 중 내담자가 자살을 하였다. 내담자가 호전되고 있는 중에 일어난 일이라 상담자의 충격은 말로 표현하기 힘든 정도였다. 근본적으로 부모, 특히 어머니와의 관계에 심각한 문제가 있었기 때문에 부모에게 도움을 청할 수 없는 상황이었다. 자살 전 어머니로부터 극도의 모욕적인 대접을 받고 그동안 조금씩 회복되고 있던 자존심이 여지없이 무너지고 말았다. 도움을 청한다는 것은 오히려 내담자에게 더 큰 어려움을 줄 수 있는 경우였다. 그러나 자살은 일어났고 부모가 상담자의 책임을 물을 때 상담자는 어떻게 변호받을 수 있는지 생각해 볼 문제다.

이 경우에는 내담자가 상담자에게 어떤 피해도 없었으면 좋겠다는 비디오를 남겼고, 부모도 처음에는 상담자 기록을 보여 달라는 요구를 하였지만 다시 철회하여 문제가 되지 않았다.

사례 2.

　26세의 남성 내담자는 분노, 적개심과 함께 자기 비하, 우울이 심하였다. 아버지의 목을 조른 과거가 있고, 동생을 죽이겠다고 칼을 갖고 다닌 적도 있으며, 수시로 죽겠다는 말을 하는 내담자였다. 예비군 훈련을 받으러 갔을 때에는 총이 손에 들어오니 주위의 사람들을 다 죽이고 자신도 죽겠다고 하였다. 상담자는 끔찍한 사건이 일어날 수 있다는 가능성 때문에 크게 걱정이 되었다. 여기서 어느 공권력이라도 신뢰할 수가 없었기 때문에 공권력에 알린다면 상담자가 내담자를 포기하는 것으로 여겨졌고, 상담자의 포기는 이 내담자에게 치명적일 것이라고 보았다. 그동안 상담자—내담자의 관계가 좋았고, 이 고비만 넘기면 앞으로 상담을 계속하여 진전이 있을 것으로 생각되었다. 상담자는 떨렸지만 이 위험을 감수하기로 결정하였다. 예비군 훈련이 끝난 후 즉시 만날 상담 약속을 하고 상담자가 기다리고 있으리라는 강력한 메시지와 함께 훈련 중이라도 급하면 연락하도록 하였다. 다행히 내담자는 별일 없이 훈련을 끝내고 돌아 왔다. 나중에 내담자는 훈련 가기 전 상담자의 간절한 마음이 전달되어 상담자의 기대를 따르게 되었다는 보고를 하였다(최해림, 2000).

2. 미성년자 상담

　아동이나 청소년 내담자인 경우 성인 내담자와 다른 문제를 안고 있다. 보통 미성년자를 상담할 때는 부모나 법적 보호자의 동의가 있어야 하며, 이와 관련하여 비밀보장 등의 문제를 떠올려야 한다. Mannheim 등(2002)의 미네소타 아동심리자 설문조사(Minnesota

Child Psychologist Survey)에서 아동과 관련하여 다음 4가지 윤리적 문제영역을 사용하였다.

- 임상적 경계의 문제는 상담 본래에 꼭 필수적이지 않지만 상담 과정에서 일어날 수 있는 행동에 대한 것이다. 예를 들어, 내담자 로부터 포옹을 받거나, 내담자가 통제되지 않을 때 꽉 붙잡는다 거나, 음식이나 선물을 사 주거나, 아동 내담자의 학교 행사에 참 석하거나, 화장실에 데려다 주는 등의 행동이다. 아동이 어릴수 록 수용할 수 있는 행동이지만 분별을 요한다.
- 전문적 관계 문제는 이중 또는 다중 관계의 문제다. 아동 내담자 나 그의 부모와 사교적 관계를 갖게 될 때, 사교적 관계에 있는 부모의 자녀를 내담자로 만날 때, 아동 내담자의 가족을 동시에 가족상담을 하게 되었을 때, 가족상담 중 한 구성원이 개인상담 내담자가 될 때 등이다.
- 비밀보장의 문제는 아동 내담자의 반대에도 불구하고 부모에게 내담자의 행동에 대하여 이야기할 것인가, 반사회적 행동은 알 려도 괜찮은가, 가족의 각 구성원에 대하여 기록 파일을 가질 것 인가 아니면 아동의 파일에 부모 검사 자료도 함께 포함할 것인 가, 가족의 다른 구성원을 상담하는 다른 상담원과 정보를 나눌 것인가 등의 문제다.
- 법정 의견은 개인상담을 하는 아동 내담자의 양육권 문제, 보호 시설에 보내는 문제 등 전문가 의견을 제공하는 경우를 말한다.

이러한 영역에서 개인 차이, 집단 차이, 상황 차이를 고려하면서 어떤 가능한 윤리문제가 일어날 수 있는가를 아는 것은 도움이 된다. 그러나 가장 많이 논의되는 영역은 미성년 내담자가 상담에 동의하는 문제와 상담을 하는 경우 상담 내용에 대한 비밀보장의 문제다.

1) 상담에 동의하는 문제

한국상담심리학회 윤리강령 3.다.(3)에 따르면 "미성년자 혹은 자발적인 동의를 할 수 없는 사람이 내담자일 경우, 상담심리사는 이런 내담자의 최상의 복지……."라고 하였다. 아동 내담자는 부모나 보호자로부터의 의뢰로 상담을 받게 되고, 부모나 보호자가 상담료를 내는 경우가 대부분이다. 문제는 부모가 적극 개입을 원하지만 아동 내담자가 비밀을 원할 때 갈등이 일어난다. 최근 점점 부모의 허락 없이 상담을 허용하는 추세다. 부모의 허락을 받아야만 하면 미성년자가 상담을 받는 것이 위태로워질 때 구체적인 상황에서 부모 모르게 상담을 받을 수 있도록 고려하지 않을 수 없다. Gustafson과 McNamara(1987)는 미성년자 상담에 대하여 부모의 동의가 필요하지 않은 다음 네 가지 경우를 들었다. 즉, 치료의 본질과 그 결과에 대하여 이해할 정도로 성숙한 미성년자일 경우(mature minor exception), 성인의 의무와 권리가 법적으로 주어진 미성년자일 경우(emancipated minor, 예를 들어 18세 이하라도 결혼을 한 경우), 위급한 상황이기 때문에 부모의 동의가 수반된다고 가정하는 경우

(emergency treatment), 상담을 법정에서 명령받은 경우(count ordered)다.

미성년자가 충분히 성숙한가는 발달적 고려를 해 보아야 한다 (Gustafson & McNamara, 1987). 즉, 미성년자일지라도 충분히 정보를 가지고 결정을 지을 수 있는 성숙도를 가지고 있는가를 살펴보아야 한다. 15세 이상의 미성년자들이 성인보다 인지적 능력이 덜하다는 증거는 거의 없고, 아마 11세 이하 미성년자라면 필요한 지적 능력이 없기 때문에 자발적인 동의를 할 수가 없으리라고 볼 수 있다. 형식적 조작기의 사고를 11~14세에 습득하므로 여러 가지 행동의 결과를 추상적으로 개념화할 수 있고, 그에 따른 가설을 세울 수 있으므로 자발적 동의를 할 수 있다고 본다. 15세쯤 되면 자신의 권리를 이해하고 행사할 수 있다고 보는 관점이 우세하다.

또한 동의를 하려면 치료의 위험 부담과 그 도움에 대해 확인할 수 있는 능력도 필요하다. Kaser-Boyed와 Adelman 그리고 Taylor(1985)의 연구에 따르면 15세 이상 되는, 과거에 상담 경험이 있는 미성년자들은 치료의 위험 부담과 도움에 대하여 과장되고 추상적으로 설명하는 경향이 있었고, 경험이 없거나 15세 미만의 미성년자들은 오히려 치료의 위험과 도움에 있어 더 현실적이었다고 한다. 미성년자들이 그들에게 관련된 결정에 관심을 갖고 참여할 때 상담이 더 효과적이고 그 결과 자신감을 가질 수도 있다고 한다.

중요한 것은 아동에게 가장 도움이 되는 결정을 내리는 것이다. Myers(1982)는 비밀보장의 책임이 그 부모보다 내담자인 아동에게 있다고 주장한다. 미국정신의학회 아동-청소년 임상기록과 비밀보장에 대한 태스크포스(American Psychiatric Association's Task Force on Confidentiality of Children's and Adolescents' Clinical Records)에서 미성년자가 비밀보장에 대한 동의서에 서명할 수 있는 연령을 12세로 제안하였다(APA, 1979; Gustafson & McNamara, 1987 재인용). 미성년자가 누구인가에 따라, 어떤 사례 또는 어떤 상황인가에 따라 달라질 수도 있다. 상담자는 정보를 공개하기 전 미성년자의 보호자가 그 정보를 가지고 어떻게 사용할 것인가를 미리 생각해 보아야 한다. 부모가 내담자 상담에 도움이 될 수 있는 경우 제한된 비밀보장을 할 것을 미성년 내담자에게 이해시킬 수도 있다.

2) 미성년 내담자와 비밀보장

위험 부담이 있는 청소년을 다루는 상담자는 청소년의 위험 행동에 대하여 청소년을 보호하기 위하여 부모에게 알려야 하는지 말아야 하는지 결정해야 할 때가 있다(Sullivan, Ramirez, Rae, Razo, & George, 2002). 문제는 아동과 마찬가지로 양립하기 어려운 두 가지 요인이 내포된다. 즉, 청소년의 부정적인 행동 요인은 비밀보장을 깨도록 하지만, 상담과정을 지속하는 요인은 비밀보장을 유지하도록 요구한다. 종합적으로, 청소년의 행동이 얼마나 위험한가의 정도를 체계적으로 평가하는 것이 중요하다. 모든 심리학적 지식을 동원하여 청소년의 발달적 맥락에서 그 위험스러운 행동의 성격과 결과는 행동의 유형, 빈도, 강도, 지속성과 함께 평가되어야 한다. 상담을 지속하려면 비밀보장을 해야 하지만 비밀보장을 할 수 없을 때 어떤 방법으로 깨는가가 중요하다.

대한의사협회 의사윤리지침(2006) 제5조 제1항에서는 "의사는 그 직무상 알게 된 환자에 대한 비밀을 누설하거나 발표하여서는 아니 된다. 다만, 법률에 특정한 규정이 있는 경우에는 그러하지 아니하며, 환자가 미성년자인 경우 필요하다고 판단되면 법정대리인에게 알릴 수 있다."라고 되어 있다. 한국상담심리학회 윤리강령은 이 만큼 강경하지는 않은 것으로 보인다. 한국상담심리학회 윤리강령 5. 가.(1)에 따르면 "상담심리사는 사생활과 비밀유지에 대한 내담자의 권리를 최대한 존중해야 할 의무가 있다."라고 명시되어 있으며, 5. 다.(3)에서는 "법적으로 정보의 공개가 요구될 때에는 비밀보호의 원칙에서 예외이지만, 법원이 내담자의 허락 없이 사적인 정보를 요구할 경우, 상담심리사는 내담자와의 관계를 해칠 수 있기 때문에 정보를 요구하지 말 것을 법원에 요청한다."라고 명시되어 있다. 또한 5. 다.(6).에서는"상담이 시작할 때와 상담과정 중 필요할 때에, 상담심리사는 내담자에게 비밀 보호의 한계를 알리고 비밀 보호가 불이행되는 상황에 대해 인식시킨다."라고 밝히고 있다.

Taylor와 Adelman(1989)은 비밀보장이 지켜질 수 없는 경우에 대하여 미성년자에게 상담자는 정보제공을 해야 한다고 다음과 같이 주장한다. "우리가 나눈 이야기는 비밀 보장이 되지만 다른 사람에게 말해야 할 경우가 세 가지 있다. 누가 너를 심각하게 해치고 있다면 경찰에게 보고해야 하고, 너 자신을 해칠 계획을 세우고 있다면 부모에게 알려야 하고 또 만약 네가 누구를 심각하게 해치려는 계획을 갖고 있다면 그 사람에게 경고를 해야 한다. 이외의 어떤 것도 비밀 보장이 된다."

미성년자에 대한 비밀보장에 대하여 모든 상담자가 동일한 결정을 내리는 것 같지 않다. 많은 상담자는 법이 어떠하든 미성년자를 무조건 부모의 동의 없이 상담하기도 한다. 이런 경우 상담료는 없거나 청소년의 용돈 수준에서 청구되기도 한다. 그래서 상담비를 받아야 하는 유료기관에서는 이러한 상담은 거의 하지 않는다. 부모의 동의가 있더라도 많은 상담자는 미성년 내담자의 상담 내용에 대하여 부모에게 제한을 둔다.

Gustafson과 McNamara(1987)는 상담자를 위하여 몇 가지 제언을 한다. 미성년 내담자의 경우 비밀보장이 되지 않으면 아예 상담을 시작하지 않을 수도 있다. 비밀보장이 된다 하더라도 정말 중요한 부분을 드러내지 않을 수도 있다. 청소년이 상담을 받도록 하는 것이 도움이 되므로 비밀보장을 해 주어야 한다. 미성년 내담자가 비밀이 보장된 관계에서 상담에 적극적으로 참여하면 상담자와 동맹관계를 맺으며 상담과정에 대한 거부감이 줄어들 수 있다. 또한 미성년 대담자가 정보를 누구에게 얼마만큼 개방할 것인가를 포함하여 상담계획을 결정하는 데 참여하면 최고의 상담 효과를 볼 수 있을 뿐만 아니라 중요한 사회학습 경험을 할 수 있다. 이러한 경험은 앞으로 의사결정을 할 때 도움이 되는 동시에 자신의 안녕에 적극적인 책임을 느끼게 된다.

Gustafson과 McNamara(1987)는 상담 경험을 최대화시킬 수 있는 전략을 다음과 같이 제시한다.

- 적절하고 필요한 비밀보장의 수준에 대하여 결정을 하였으면 가족과 미성년 내담자를 만날 약속을 한다. 그리고 왜 그런 결정을 하였는가에 대하여 설명을 한다. 상담자는 가족들과 라포 형성을 반드시 해야 하고, 가족들은 상담 조건에 대한 이해가 있어야 한다. 비밀보장의 조건과 제한을 문서로 남겨 확인을 받는다. 부모, 청소년, 상담자는 전문가 서비스 조건에 대하여 동의하고 이 기록은 보관되어야 한다. 전문가 서비스 계약서(professional services agreement)는 상담 내용을 알고자 하는 부모로부터 보호해 줄 수 있다.

- 상담자에 따라, 문제에 성질에 따라 부모의 개입이 달라질 수 있다. 실제로 미성년자를 상담할 때 부모의 개입이 가장 좋으나 청소년과의 대화는 그래도 비밀보장이 되어야 한다. 때로 부모–자녀 관계 향상이 상담의 궁극적인 목표일 때 부모의 직접적인 개입을 요한다. 비밀보장이 꼭 방해가 되지는 않는다. 경우에 따라 가족관계가 너무도 황폐하여 생산적인 작업을 이루지 못할 수도 있다. 관계와 대화가 부모와 청소년 사이에 이루어지기 전에 상담자와 청소년 사이에 이루어져야 한다. 경우에 따라 부모가 상담과정에 간접적으로 개입하기도 한다. 상담 장면 밖에서, 즉 가정에서 청소년의 행동이 어떻게 변화하는가 관찰하여 보고하는

것이다. 청소년이 염려하면 부모의 개입을 더욱 제한할 수도 있다. 청소년과 상담자 사이에 신뢰 있는 관계가 형성되어 부모에게 말하지 못했던 비밀스런 내용을 상담자에게 털어놓을 수 있다는 사실을 부모에게 알려 줄 수 있다. 상담자는 이런 경우 상담자와 청소년의 밀접한 관계가 부모에게 위협이 되거나 상담자에게 질투를 일으키는지 알아봐야 한다. 이런 감정에 대하여 솔직히 토론하면 도움이 된다.

- 상담과정에 대하여 염려가 되는 경우 부모들은 언제나 면담을 요청하도록 한다. 상담동의서에 언급되었듯이 가족상담이 치료자와 아동 사이의 비밀보장에 차질이 생겨서는 안 된다는 것이 부모와 아동 모두에게 분명해야 한다. 상담자는 아동과 개인적으로 나눈 이야기에 대하여 비밀보장을 유지하면서도 부모와 관계를 맺는 것이 중요하다. 이럴 때 부모는 상담자의 능력과 상담의 효과에 더 신뢰하게 된다.

- 상담 전반에 걸쳐 상담자는 상담에 대한 설명을 아동의 발달 수준에 맞추어 제공하도록 한다.

- 상담자는 관련된 법규를 알고 이 법규에 따라야만 한다. 그렇지만 미성년자의 비밀보장에 관한 법의 적용이 분명하지 않다.

- 전문가로서 판단이 확실히 서지 않으면 자문을 구하고 관련 서적을 찾아보도록 한다.

때로는 미성년 내담자와 비밀을 지키는 것이 그 내담자를 위하여 가장 좋은 일인지 고려해야 한다. 부모가 상담 내용에 대하여 별로 알 수 없어서 불만을 가지고 상담을 그만두겠다고 하면 상담을 그만둘 수밖에 없다. 어떤 미성년자는 이러한 상황을 남용하기도 하므로 주의를 기울여야 한다.

비밀보장을 지키지 못하는 사실에 초점 맞추기보다 관계형성에 더 중점을 두는 것이 중요할 수 있다. 내담자에게 정보를 나누도록 제안하며, 내담자가 정보를 나누고 싶어 하지 않을 때 손익을 따져 보도록 토론할 수 있다. 내담자를 설득하는 데 시간이 걸리겠지만 끝내 동의하지 않으면 윤리적 고려를 하여 비밀보장을 깨야 하는 경우도 있을 것이다.

내담자 정보를 공개하는 것이 본인에게 도움이 된다고 결정하면 어떻게 전달할 것인가도 문제가 된다. 공개에 따른 부정적 결과를 최소화하기 위하여 노력해야 한다. 내담자에게 공개의 이유를 설명하고, 상담 안팎에서 일어날 수 있는 영향에 대하여 설명하고, 어떻게 하면 긍정적 효과를 극대화시키고 부정적 결과를 최소화시킬 수 있는지 토론하는 것이 바람직하다.

3) 아동학대

미성년자와 관련하여 비빌보장의 문제 외에 관심을 가져야 할 문제가 아동학대에 관한 것이다. 아동학대에 대한 보고가 증가하고 있고(네이버 뉴스, 2007; Melton & Limber, 1999), 상담자도 아동학대에 대한 지식과 이해가 있어야 한다. 미국에서 심리학자가 전문가로서 법정에 서는 경우가 종종 있지만(Melton & Limber, 1999) 한국에서는 극히 드물다. 더욱이 상담자가 학대받는 아동을 직접 만나는 경우는 드물고 보통 아동보호기관이나 행정, 사법기관에서 학대받는 아동을 다루게 된다. 필요에 따라 아동보호기관이나 행정기관을 통하여 의뢰받아 상담을 할 수 있지만, 상담자들은 오히려 자녀를 학대하지 않는지 의심되는 내담자를 만나는 경우가 있다.

아동복지법 제26조 제1항에 따르면 "누구든지 아동 학대를 알게 된 때에는 아동보호전문기관 또는 수사기관에게 신고하여야 한다." 라고 되어 있다. 상담자는 아동이 학대를 받는다는 의심이 들 때, 제대로 돌봄을 받지 못할 때 보고할 의무가 있다. 아동학대와 심리학자들의 보고에 대한 연구는 한국에서 없는 것으로 알고 있는데, 미국의 경우 아동학대에 대한 심리학자의 보고에 대하여 신중한 태도를 볼수 있다. 오래된 연구(예: Muehleman & Kimmons, 1981)에서 심리학자는 아동이 학대받는다는 것을 알게 되었을 때 보고를 결정하기 위하여 아동의 생활, 비밀보장, 마지막으로 법이 중요하다고 지각하였다. 좀 더 최근의 연구(예: Kalichaman & Craig, 1991)에서도 심리학자들은 아동학대의 보고가 법적으로 요구되지만 일반적으로 보고를 고수하지 않는다고 하였다. 아동의 연령, 면담 중에 보이는 아동의 행동, 학대의 유형, 학대자와의 관계 등이 보고 결정에 영향을 미치는 요인으로 작용하였다. 아동학대의 보고는 상황적 요인과 심리학자의 경험이 중요하다는 결과를 제시하고 심리학자들의 보고하지 않으려는 편향에 대하여 경고하였다. 학대에 대한 아동의 증언과 관계하여 고려하여야 할 문제들은 이 책의 다른 장에서 다루게 된다.

모든 윤리적 문제와 마찬가지로 상담자는 아동학대에 대한 평가와 보고에 대하여 나름대로의 분명한 지식과 견해를 갖고 있어야 한다. 다음과 같은 질문을 생각해 볼 수 있다(Corey, Corey, & Callanan, 1998, p. 180)

- 학대 상황인가를 결정하기 위하여 어떤 문화적 요인을 고려해야 하는가?
- 내담자가 학대를 가하지만 스스로 상담을 청한 경우 상담자가 이 내담자를 보고하지 않아도 되는가?
- 학대가 언제 일어나든 다 보고를 해야 하는가? 항상 보고하는 것이 아동을 위해서 좋을까?
- 학대하는 내담자를 보고하고 상담을 계속할 수 있는가?
- 아동학대를 보고하고 나서 힘든 점이 있는가?
- 법을 따른다고 다 윤리적인가?
- 어떤 상황에서 내담자에게 스스로 학대를 보고하게 하고도 상담 관계가 더 좋아질 수 있는가?
- 학대한 사실을 인정한 내담자를 관계기관에 보고하지 않고 계속 상담하는 것이 더 도움이 된다는 주장에 대해 어떻게 생각하는가?

사례 1

내담자는 아버지의 직장관계 문제로 여러 나라에서 외국생활을 한 경험이 있는 대학 신입생이다. 어머니는 심리학과 대학원 출신이었다. 첫 상담소 방문은 내담자와 어머니가 함께하였다. 내담자의 상태가 심각하여 우선입원시킬 것을 권고하고 퇴원 후 상담하기로 하였다. 상담자는 어머니가 과거에 내담자를 영양주사를 맞자고 속이고 입원시킨 것을 알게 되었다. 심리학과 출신이므로 정신분열증에 대한 설명을 하고 아들에게 증상에 대하여 숨기고 속이는 것이 더 문제가 될 수 있다고 말해 주었다. 퇴원 후 상담이 잘 진행되고 있던 중 내담자는 가족과 함께 스키를 타러 갔다. 돌아온 첫 면담에서 내담자는 상담을 그만두겠다고 하여 여러 가지 이유를 알아보려고 했으나 헛수고였다. 상담자에게 줄 선물까지 준비해 온 상태였다. 아쉽게 갑자기 종결을 할 수밖에 없었다. 어머니와 전화연결이 되어 알게 된 것은 스키장에서 다른 가족과 같이 있을 때 내담자가 미성숙한 행동을 하였는데 어머니가 화가 나서 "상담 선생님도 너 미쳤다고 하더라."라고 하였단다.

이 사례는 비밀보장의 문제가 아니라 내담자의 가족 관계에서 증상에 대하여 어느 정도의 설명이 적절한지의 문제라고 생각된다. 내담자의 가족에게 도움을 청할 때도 마찬가지다. 상담자는 내담자의 어머니가 심리학과 출신이기 때문에 정신분열증이라는 병명과 함께 그 증상을 자세히 설명한 것이 오히려 어머니에 의해 잘못 사용된 것이다. 자신의 아들이 정상이 아니라는 것을 믿고 싶어 하지 않는 내담자의 어머니 또한 환자라는 것을 간과한 상담자의 불찰이었다.

사례 2

　고등학교 1학년인 16세 여성 내담자는 임신을 하였는데 부모에게 알리면 때려 죽일까 봐 가출하겠다고 하였다. 상담소에 오기 전 이미 임신, 유산의 경험이 있고 이것이 두 번째다. 남자친구와 상의하여 유산하기로 결정한 상태다. 상담자는 미성년자이기 때문에 부모에게 알려야 할 책임이 있다고 생각하였지만 비밀을 지켜 주지 않으면 상담을 계속할 수 없다는 현실이 더 중요하다고 판단하였다. 피임에 대한 교육을 하여 다시 임신하지 않도록 조심시키며 궁극적으로 상담을 통하여 자신을 위한 책임 있는 행동을 선택하도록 도움을 주었다.

사례 3

　내담자는 4개월 후 만 18세가 되는 고3 여학생이다. 미혼인 담임선생님과 사귀어 오고 있는 가운데 6개월 전 두 번의 성관계가 있었다. 성관계에서 강제성은 없었다고 한다. 성관계 후에 여학생은 그 선생님이 자기에 대한 배려가 매우 달라졌다고 보고하고 있으며, 선생님은 여성 편력이 있다고 한다. 상담자로서 이 문제를 부모에게 이야기를 해야 하는지, 이러한 선생님을 사회기관에 알려야 하는지가 갈등되었다. 내담자는 부모에게 알리는 것을 반대하고 있지만, 내담자가 미성년자이고 담임의 상습성이 의심이 된다. 다른 피해자가 있을 수 있기 때문이다.

　이 내담자가 부모에게 알리는 것도, 사회기관에 알리는 것도 반대하고 있다. 상담자는 다음 몇 달 동안 내담자가 19세가 되기 전까지 내담자가 자발적으로 보고하도록 도울 수는 있으나 강요할 수 없다. 상담자는 이 내담자와 상관없이 담임선생의 상습성을 보고할 수 있는 방법을 알아보았다.

3. 에이즈 환자

국내 에이즈 감염자가 해마다 급속히 늘어 현재 모두 5,000명에 육박하고 있으며, 시민단체들은 실제 에이즈 감염자가 정부 발표치보다 3~5배 많은 것으로 추정하고 있다(KBS 뉴스, 2007. 7.20.). 에이즈 감염자는 이 치명적인 질병에 대한 두려움과 함께 이 감염이 노출되어 주위 사람들로부터 받을 거부, 이 병에 따르는 낙인에 대하여 분노를 경험한다. 이 병을 감염시킨 사람들뿐만 아니라 건강분야 전문인에게도 분노한다. 에이즈 감염자들은 사람들로부터 외면당하고 차별을 받기 쉽기 때문에 전문가들은 에이즈 감염자의 권리와 책임에 대하여 교육시키고 사전 동의를 얻는 데 조심스럽게 접근해야 한다(Corey, Corey, & Callanan, 1998).

한국에서는 현재 전문상담자가 에이즈 감염자 상담을 하고 있는 경우는 거의 없는 것으로 알고 있으나, 국립질병관리본부에서 에이즈 감염자를 위한 상담자 양성 프로그램을 구상하고 있는 것으로 알고 있다. 여기서는 에이즈 감염자 상담과 관련된 윤리를 살펴봄으로써 이와 흡사한 윤리 문제에 민감할 수 있도록 한다.

1) 피해에 대한 예측

총기를 들고 생명을 위협하는 사람과 높은 위험 수준의 행동을 하고 있는 에이즈 감염자 중 누가 더 위험한가? 에이즈 감염자의 위험 수준을 정확이 알려면 여러 요인이 복잡하게 포함된다. 우선, 에이즈 감염에 대한 정보와 지식이 필요하다. 파트너와의 성관계, 주사기 사용에 있어서 접촉 유형, 다른 질병과 관련된 감염에 의해 생긴 면역 억압성, 성적 접촉 시 상처의 유무, 바이러스의 유전적 구조, 감염자의 바이러스 수 등을 알아보아야 한다. 에이즈 균은 보통 접촉으로 감염되지 않는다. 신체의 액체로 옮아가기 때문에 공기로도 감염되지 않는다.

두 성인 간의 성행위는 서로의 동의에 의한 것이지만 상대가 에이즈 감염자라는 것을 모르고 동의하였다면 진정한 동의가 될 수 있는가? 또한 에이즈 감염이 의학적 예측인가 행동적 예측인가에 따라, 일차적으로 에이즈의 진단과 위험의 예측을 누가 할 것인가, 의사인가 또는 정신건강 전문가인가가 문제될 수 있다.

Melchert와 Patterson(1999)이 제시한 위험진단과 개입 모델(model of risk assessment and intervention)에 따르면 에이즈 감염 내담자가 감염시킬 수 있는 위험 수준에 관하여 4단계으로 분류하였다. 위험이 없는 수준, 부주의하면 위험한 수준, 높은 위험 수준, 타인을 의도적으로 감염시키려는 심각한 위험 수준이다. 첫 3개의 범주에 속하는 내담자가 보통의 접촉으로 감염이 안 되는 경우는 안전한 성관계를 맺고, 깨끗한 주사기를 사용하면 위험 부담이 거의 없다. 그러나 항문성교를 하거나, 주사기를 공동으로 사용하거나, 성병, 바이러스 양이 많을 때는 높은 위험이 있고 성격적 특징이 충동적이거나 반사회적 성향일 때도 위험 수준이 높아진다.

내담자로부터 에이즈 상태와 행동에 대하여 신뢰성 있는 정보를 얻을 수 있다면 몰라도, 많은 내담자가 자신도 모르게 과거에 위험수위의 행동을 하였고 검사를 받지 않았기 때문에 분명하지 않은 상태에서 에이즈 감염여부를 제삼자에게 공개할 수는 없다.

경고해야 할 의무가 있는가를 결정하려면 에이즈 환자와 성관계를 가진 제삼자에 대한 정보도 필요하다. 제삼자가 이미 상대방이 에이즈 환자라는 것을 알고 있다면 상담자가 경고할 필요는 없다. 그러나 이미 알고 있더라도 관계기관과 법이 상담자로 하여금 분명히 위험에 대하여 말하도록 요구한다면 경고해야 할 것이다. 제삼자가 모르고 있다면 행동의 자율권이 침해되겠지만 다 알고 행위를 한다면 경고할 필요는 없다. 다시 말하면 경고해야 할 의무가 있는가를 결정하기 위하여 내담자 행동과 관련된 에이즈 감염의 위험 수준, 에이즈 검사 결과, 검사 결과에 대하여 제삼자의 인식 등에 대한 정보를 종합하여 보아야 한다. 이 모든 것을 점검하고 나면 실제로 의무로 경고해야 할 경우는 매우 드물다.

확실한 경우는 에이즈로 타인을 감염시키려는 의도를 가지고 있는 내담자다. 가능한 피해자는 성 파트너, 주사기 공유자 등이다. 위급한 경우 상대가 누구인지 모르더라도 위험이 사라질 때까지 입원을 고려해 보아야 한다. 피해자가 누구인지 확인되면 경찰에 알리고 상대방에게 경고해야 한다.

경고할 의무가 있는 또 다른 상황은 높은 위험 수준의 내담자가 상대방이 내담자의 에이즈 감염을 모르는 상태에서 위험 수준의 행동을 할 때다. 내담자가 위험 행동을 멈출 것을 동의하도록 하고, 파트너에게 알리도록 하며, 동의하지 않으면 상담자는 파트너에게 경고하고 관련 기관이나 경찰에 보고하도록 요구한다. 고의로 상대방에게 에이즈를 감염시키는 행동은 범죄다.

내담자가 상대방에게 알릴 때 상담자가 동석하는 것이 바람직하다. 내담자의 파트너에게 필요하다면 정보와 지지를 할 수 있다. 내담자가 동석을 원하지 않더라도 필요한 정보와 접촉할 수 있는 기관을 알려 주도록 한다.

제삼자가 확인되지 않아 알릴 수 없다 하더라도 여러 가지 개입을 시도해 보아야 한다. 성관계나 약물사용을 완전히 피한다면 에이즈에 감염 위험이 극적으로 감소될 것이다. 성폭행을 통하여 감염의 위험이 있을 때 72시간 이내에 에이즈 약을 복용하면 효과적으로 감염을 예방할 수 있다. 감염이 의심되면서도 검사를 아직 하지 않은 경우 빨리 검사를 하고 치료를 받도록 하며 과거 파트너에게도 알린다면 감염을 줄일 수 있다.

상담자는 에이즈에 대한 최근 연구에 대하여 알아야 에이즈 감염자들을 효과적으로 도울 수 있다.

2) 비밀보장

상담자가 상담하던 중 내담자가 에이즈에 감염되었다고 의심이 들

때 어떻게 할 것인가? 또 감염이 되었다는 것이 확실할 때 제삼자가 에이즈에 감염되는 것을 막기 위하여 비밀을 공개해야 할 것인가? 비밀을 공개하면 상담관계가 깨지고 내담자의 안녕이 위험해질 수도 있지만 상담자－내담자의 작업동맹을 깨지 않고 제삼자에게 알리는 방법이 있는가? 이러한 상황에 관련된 법적·치료적 요인들을 검토해야 보아야 한다.

　에이즈와 관련된 상담 상황에서 비밀보장의 문제는 상담자－내담자 관계의 성립, 위험의 진단, 피해자 확인, 적절한 치료적 개입의 문제를 다루게 된다고 제시하였다(Lamb & Reeder, 1990).

　Chenneville(2000)이 제시한 의사결정 모델에 따르면 상담자는 우선 공개가 정당화되는가를 결정해야 한다. 피해의 가능성을 평가하고, 제삼자를 확인할 수 있는지, 피해자를 확인할 수 있는지 알아보아야 한다. 피해의 가능성을 보려면 내담자가 어느 정도로 성적으로 활발한지, 주사바늘 사용을 제삼자와 나누고 있는지, 얼마나 자주 하는지, 성관계를 할 때 감염되지 않도록 조심하는지 등을 검토해야 한다. 또한 내담자가 충동적인지, 공격적인지, 순종적인지, 수줍음을 타는지 등 성격 특징도 살펴봐야 한다. 그리고 에이즈 외에 다른 신체적 질병은 없는지, 약물을 사용하지는 않는지, 에이즈 감염자라는 것을 공개하기를 꺼리는 이유는 무엇인지 등도 알아보아야 한다.

　또한 상담자로서 제삼자가 위험하다는 것이 인지되었을 때 작업동맹에 대해 검토하여야 한다. 상담자－내담자 관계가 얼마나 신뢰 있고, 이해하고 수용하며 효과적이라고 지각하는지를 평가해 보아야 한다. 내담자의 최대 관심사와 우선적인 상담목표를 염두에 두고, 내담자가 스스로 공개하도록 돕는 것이 중요하다. 스스로 공개할 수 있다면 상담관계도 보존되고 내담자는 자신이 통제하고 책임감 있는 사람으로 느낄 것이다. 내담자가 스스로 공개하기로 한다면 제삼자의 신분을 확인할 필요는 없어진다.

상담자는 내담자의 상태를 공개함에 있어 에이즈 감염자에 관한 전문적 윤리지침을 참조하여야 한다. 한국상담심리학회 윤리강령 5. 다.(2).에 따르면 "내담자가 감염성이 있는 치명적인 질병이 있다는 확실한 정보를 가졌을 때, 상담심리사는, 그 질병에 위험한 수준으로 노출되어 있는 제삼자(내담자와 관계 맺고 있는)에게 그러한 정보를 공개할 수 있다. 상담심리사는 제삼자에게 이러한 정보를 공개하기 전에, 내담자가 자신의 질병에 대해서 그 사람에게 알렸는지, 아니면 조만간에 알릴 의도가 있는지를 확인한다."라고 명시하고 있으며, 대한의사협회의 의사윤리지침 제5조 2항에서도 "의사는 질병의 파급을 방지하기 위하여 법령이 정하는 바에 따라 필요한 대상에게 이를 공개할 수 있다."라고 명시하고 있다.

전문가 윤리지침뿐만 아니라 상담자는 에이즈 감염자에 관한 국가의 지침을 참조하여야 한다. 후천성면역결핍증 예방법 제7조에서는 "국가와 지방자치단체에서 후천성면역결핍증의 예방·관리와 감염인의 보호·지원에 관한 사무에 종사하고 있는 자" "감염자의 진단·검안·진료 및 간호에 참여한 자와 감염자에 관한 기록을 유지, 관리하는 자"는 재직 중은 불론 퇴직 후에도 정당한 사유 없이 감염자에 관하여 업무상 알게 된 비밀을 누설하여서는 안 된다고 하였다. 이 지침은 직접적으로 의사나 관련 기관에서 종사하고 있는 사람들을 대상으로 하기 때문에 상담과정 중에 나오는 정보에 대하여 상담자도 이 예방법에 구속을 받아야 하는지는 토론되어야 할 문제다.

미국의 경우(Chenneville, 2000), 법적으로 비밀의 공개가 허용되는 경우(permissive disclosure), 공개가 요구되는 경우(required disclosure), 비밀보장이 의무적인 경우(mandatory confidentiality) 중 하나인 경우가 보통이다.

공개가 허용되는 경우는 공개가 의무적이지는 않지만 허용되는 경우다. 정신건강 전문가는 공개가 내담자에게 미칠 영향, 내담자가 위험행동을 삼가고 치료에 응하는 태도, 내담자가 제삼자에게 공개하고자 하는 의지 등을 고려할 필요가 있다. 정신건강 전문가는 치료관계, 내담자의 정서적 안녕과 가능한 피해를 고려하면서 평가한다. 내담자가 위험행동을 하는 동기, 위험행동을 유지시키고, 치료에 협조하는 태도와 행동 특징을 살펴보는 것이 중요하다. 또한 자신의 상태를 공개하지 않으려는 동기를 알아보는 것도 중요하다. 미국심리학회(Americam Psychological Asscaition: APA)는 내담자가 제삼자와의 성관계에서 위험행동을 삼가지도 않고, 위험을 공개할 의도가 없을 때를 제외하고 내담자와의 관계에서 비밀보장은 전제되어야 함을 지지한다.

Lamb와 Reeder(1990)는 정신건강 전문가들이 에이즈 감염자를 다루면서 비밀을 공개할 때 위험성의 정도와 피해자의 확인을 고려한다는 연구결과를 보고하였다. 이 중 위험 수준이 더 중요한 요인이 된다고 하였다.

공개가 요청되는 경우는 정신건강 전문가가 내담자에게 우선 공개를 하도록 종용하지만 관계기관에 보고해야 하는 경우다. 이때는 자기 공개에 대한 확인과 증명이 문서화되는 것이 중요하다. 공개에 사전 동의를 구하지만 동의를 안 할 때도 정신건강 전문가는 보고한다고 알려야 한다. 이때도 상담관계에 대하여 의견을 나누고 그래도 거부를 하면 제삼자에게 공개할 때 최소한의 필요한 정보만 공개한다.

비밀보장이 의무적인 경우는 어떤 예외 없이 비밀보장이 의무적으로 요구된다. 정신건강 전문가는 내담자가 자신의 건강상태와 위험성을 제삼자에게 공개할 것을 종용한다. 내담자가 이를 거부하면 공개를 금지하는 문제와 행동에 대하여 다룬다. 결국 내담자의 위험행동을 변화시키도록 하는 수밖에 없다.

Melchert와 Patterson(1999)은 윤리적·법적 고려사항으로 수익의 원칙(principle of beneficence)을 들고 있다. 상담자는 내담자나 제삼자가 피해를 입지 않도록 해야 하지만 내담자나 제삼자가 얻는 이익보다 위험 부담과 치루어야 할 대가가 더 크면 안 된다는 의미다. Tarasoff의 사례와 달리 에이즈 감염자의 경우 비밀보장을 받을 권리가 제삼자에게 비밀을 깨고 얻을 수 있는 이익보다 더 크다고 판단 될 경우 비밀보장을 할 수 있다고 보는 관점이다.

감염 환자를 돌보는 것은 의사의 의무다. 가족이나 다른 사람에게 이 병에서 올 수 있는 위험이 무엇이라는 것과 함께 병의 존재를 알려야 한다. 후천성면역결핍증 환자의 신원이 밝혀졌을 때 환자에게 치명적인 피해를 초래할 가망성이 높은 경우는 공개의 정도와 대상에 대하여 특히 유념하여야 한다.

3) 제삼자를 보호할 의무

에이즈 감염자와 관련하여 가장 관심을 끄는 윤리적 · 법적 문제는 감염자의 자율성, 사생활 보호와 일반 대중이나 제삼자 보호다. 정신건강 전문가에게 내담자에 의한 제삼자의 감염보다 더 문제가 되는 것이 없다고 해도 과언이 아니다(Melton, 1998). 타라소프 사례(1장 참조)가 에이즈 감염자에게 적용되려면 여러 가지 상황을 고려해야 한다. 가장 중요한 요인은 심각한 피해의 예측이고, 이런 예측이 된다면 비밀을 공개할 수밖에 없다.

미국정신의학회 에이즈정책위원회(American Psychiatric Association Ad Hoc Committee on AIDS Policy, 1988; Melchart & Patterson, 1999 재인용)는 초기 임상면담에서 의사가 보기에 환자가 감염이 되었다고 의심되거나, 감염될 수 있는 행동을 하고 있다고 의심될 때, 비밀보장의 한계를 환자에게 알려 주어야 한다고 하는데 이는 상담자의 경우에도 해당된다. 바람직한 것은 내담자의 동의를 얻도록 하여 내담자가 위험 장소에 가지 않을 것, 위험에 노출된 다른 개인에게 알릴 것, 만약 내담자가 동의하지 않으면 제삼자에게 알리는 것이 상담자의 윤리적 입장이라는 것을 알려 준다. 미국의학회 윤리적 · 법적 문제 위원회(American Medical Association Council on Ethical and Judical Affairs, 1988; Melchart & Patterson, 1999 재인용)에서도 환자를 설득해 보고 설득이 안 되면 관계기관에 보고하며, 관계기관이 아무런 조치를 안 하면 의사가 제삼자에게 알릴 것을 제안한다. 미국심리학회 윤리기준(1991) 입장은 다음과 같다.

- 제삼자에게 알릴 법적 책임은 없다.
- 그러나 제삼자의 신원을 알고 있고 감염될 큰 위험에 처해 있다는 것을 알고 있을 때, 본인은 전혀 그 위험성을 모르고 있을 때, 내담자가 스스로 자진하여 말하도록 설득해도 설득이 되지 않을 때 상담자가 직접 알려야 한다.
- 법이 통과된다면, 공개하거나 공개하지 않기로 한 결정이 최선의 선택이었을 때 상담자에게 면죄부를 주어야 한다.

미국의 경우, 현재 거의 모든 주에서 에이즈 감염자에 대한 비밀보장을 제한하고, 누구나 건강기관에 서면으로 보고할 수 있도록 되어 있다. 건강기관은 에이즈에 걸려 있거나 곧 걸릴 것으로 생각되는 개인에게 에이즈 감염 또는 감염 가망성에 대하여 알리고, 많은 주에서는 이 보고자가 처벌을 받지 않도록 도와주고 있다 .

중요한 것은 법적 · 윤리적 고려보다 제삼자에게 감염 위험성을 경고하려면 제삼자와의 관계에서 내담자의 행동이 위험 수준인가 아닌가를 결정해야 한다. 감염의 위험이 충분히 낮은데도 내담자의 의사를 무시하고 제삼자에게 알리는 것은 정당화될 수 없다.

4) 회복이 불가능한 에이즈 감염자의 삶을 끊으려는 소망

최근 마지막 삶(end-of-life)에 대한 심리학자의 역할에 관심이 늘고 있다. 환자와 가족들을 위하여 발병하기 전, 발병 후 진단과 치료, 병의 악화와 사망 과정, 환자의 사망 후 가족들의 애도 등 여러 가지 연구와 접근 기술들의 개발이 일어나고 있다(Haley, Larson, Kasl-Godley, Neimeyer, & Kwilosz, 2003). 이러한 맥락에서 치명적인 병에 걸려 회복이 불가능하다고 생각하는 에이즈 환자와 관련하여 또 한 가지 생각해 볼 문제는 내담자가 자살을 희망할 때 일어나는 윤리적 · 법적 문제다. 죽음이 가까운 내담자가 죽음을 앞당기겠다는 의사를 표현할 때 상담자는 개인적 · 전문가적 가치관, 법적 파문, 전문가로서의 책임감 등에 대하여 깊은 성찰을 하게 된다. 고통이 심하고 회복의 가능성이 없을 때 죽음을 택하는 것은 내담자의 권리인가 아닌가 하는 문제는 끝없는 논쟁을 일으킨다.

대한의사협회 의사윤리지침 16조 '말기환자에 대한 의료의 개입과 중단' 에서는 의사의 대한 역할을 다음과 같이 정한다.

① 의사는 죽음을 앞둔 환자의 신체적, 정신적 고통을 줄이는 데 최선의 노력을 다하여야 한다.
② 의사는 죽음을 앞둔 환자가 자신의 죽음을 긍정적으로 받

아들여 품위 있는 죽음을 맞이할 수 있도록 노력하여야
한다.

③ 의사는 감내할 수 없고 치료와 조절이 불가능한 고통을 겪
는 환자에게 죽음을 초래할 물질을 투여하는 등의 인위적,
적극적인 방법으로 자연적인 사망 시기보다 앞서 환자가
사망에 이르게 하는 행위를 하여서는 아니 된다.

④ 의사는 환자가 자신의 생명을 끊는 데 필요한 수단이나 그
에 관한 정보를 의사가 제공함으로써 환자의 자살을 도와
주는 행위를 하여서는 아니 된다.

한국상담심리학회의 윤리강령에는 현재 이에 해당하는 조항이 없
다. 앞으로 관심을 가져야 할 부분이라고 생각한다.

Goldblum(1999)은 심리학자가 이 문제에 이해하여야 할 이유에
대하여 다음과 같이 정리하였다. 첫째, 불치병에 걸려 목숨을 끊고
자 하는 사람들은 자살소망이 심리적 장애로 일어난 사람들과 달리
특별한 부류의 개인일 수 있다. 우울증 같은 심리장애 때문에 이성을
잃고 자살하려는 충동을 가진 내담자에 대한 개입과 다르다. 치명적
인 병에 걸려 자살을 원하는 개인은 혼란된 사고 때문에 그러한 결정
을 내리지 않는다. 둘째, 불치병으로 자살하고자 하는 사람들이 제대
로 결정을 내릴 수 있는가에 대한 판단은 심리학자가 해야 할 전문적
역할이다. 셋째, 어느 누구도 이 문제를 내놓고 논의를 안 한다면 내
담자는 가능한 모든 방법을 검토하지 않고 혼자 되돌릴 수 없는 선택

을 하게 된다.

불치병으로 인한 극도의 고통 때문에 자살을 선택하려고 할 때 어떤 개입이 필요한가 판단하기 위하여 내담자를 만나기 전에 상담자들은 자신의 가치와 태도에 대하여 깊은 성찰을 해야 한다. 그리고 자살할 권리에 대한 자신의 태도와 이런 태도로 불치병을 앓으면서 자살을 원하는 내담자를 도울 수 있는가를 검토해야 한다. 개입 후 결정과정은 첫째, 내담자가 자신의 신체적 · 감정적 상황을 호전시키기 위하여 모든 방법을 동원하고 있는가, 둘째, 상담자가 시간을 벌기 위하여 결정을 보류할 수 있는 구체적 방법을 사용해야 하는가를 알아보아야 한다. 이런 과정을 통하여 상담자로서의 편향은 보통 내담자가 삶의 의미를 찾도록 끝까지 추구하게 한다. 이 과정은 치명적인 병에 걸린 사람이 삶을 끊겠다고 표현하면서 시작된다. 상담자와 내담자는 현 상태에 대한 철저한 탐색을 하여 현재 고통의 근원이 무엇인가 검토한다. 이 참을 수 없는 고통을 완화시킬 수 있는 방법이 없고 내담자가 죽는 것이 현재 삶의 질보다 더 좋다고 결정되면, 상담자는 내담자의 소망을 지지하고 내담자가 자살할 방법을 찾으려는 노력을 더 이상 막지 않을 수 있다. 이런 상황에서도 상담 목표는 통증 관리, 정서적 지지와 함께 삶을 계속할 수 있는 의미를 추구하도록 돕는 것이다. 다음은 상담 과정에서 내담자와 재차 확인해 볼 문제다.

- 내담자가 좀 더 생각해 보고 결정을 연기할 마음이 있는가?
- 내담자가 통증 관리를 포함하여 적절한 의학적 치료를 받고 있

는가?

- 내담자가 자신의 의학적 상태, 예후, 치료 가망성에 대하여 이해하고 있는가?
- 내담자의 사고에 심리적 왜곡이 없는가?
- 내담자가 필요한 사회적 지지를 받고 있는가? 의미 있는 사람이 자살 결정을 알고 있는가?
- 내담자가 죽겠다는 소망을 분명히, 반복적으로 표현하였는가?

상담자가 내담자의 입장을 공감하고 상담자-내담자가 협동하여 차근차근 결정 과정을 진행하는 것이 중요하다.

4. 동성애

이성 간의 성적 관계만을 존중하는 상담자가 성적 성향이 다른 동성애자를 상담하게 된다면 자신의 가치관으로 영향을 미칠 것인가? 전문가로서 모든 편견을 버려야 한다면 어떻게 해야 하는 것인가?

1) 소수집단으로서의 동성애자

얼마 전 탤런트 홍 모 씨가 커밍아웃을 하면서 동성애에 대한 관심이 공개적으로 표현되기 시작하였다. 많은 대학 캠퍼스에 동성애 클

럽이 형성되고 있고, 미디어를 통하여 동성애에 대한 관심이 일어나고 있다. 미국 인구의 7% 정도가 동성애자이고 50% 이상이 동성애 경험이 있는 것으로 보고하고 있다. 그러나 아직은 다른 소수집단과 마찬가지로 동성애 집단은 사회적으로 편견, 차별, 비난의 대상이 되기 쉽다. 한 설문연구에서 '두 남성 사이의 성행위는 완전히 잘못된 일이다.' 라는 진술에 68%가 강하게 또는 어느 정도 동의를 한다는 답이 나왔고, '두 여성 사이의 성행위는 완전히 잘못된 일이다.' 라는 진술에는 64%가 강하게 또는 어느 정도 동의한다는 답이 나왔다고 한다(Herek, 1994; Gerrig & Zimbardo, 2002, 재인용).

이러한 사회적 현실과 함께 동성애자들은 상담에서 나오는 모든 대인관계 문제와 더불어 그들만이 갖는 문제로 상담을 필요로 하고 있다. 자신의 성적 정체를 숨기고 살 것인가 커밍아웃을 선포할 것인가의 갈등, 이렇게 공개하였을 때 부모와 형제가 받을 상처와 부정적인 반응 등이 두려울 수 있다. 동성애자 중에는 내면화된 동성애 공포증(internalized homophobia)이라는 것을 경험하는 이들이 많다고 한다. 사회의 부정적 태도를 내면화시킨 동성애자들은 심리적 고통을 겪을 수 있다(Allen & Oleson, 1999; Gerrig & Zimbardo, 2002 재인용). 또한 에이즈 감염에 대한 공포, 에이즈로 인한 가까운 이들의 죽음 등을 다루고 싶어 한다. 동성애자로서 사회에서 직장생활을 하고 적응하는 문제들이 다양할 수 있다.

미국정신의학회에서는 1973년, 미국심리학회에서는 1975년에 동성애는 더 이상 정신병으로 분류하지 않았다. 따라서 동성애 성향은 문제가 되지 않고 동성애자들이 갖는 문제를 다루게 되었다. 한국상담심리학회 윤리강령 3.나.(1).에 따르면 "상담심리사는 모든 인간의 기본적인 권리, 존엄성, 가치를 존중하며 연령이나 성별, 인종, 종교, 성적인 선호, 장애 등을 이유로 내담자를 차별하지 않는다."라고 명시되어 있다. 또한 1.가.(1).에서는 "……상담심리사는 자신의 능력의 한계를 인정하고 교육이나 훈련, 경험을 통해 자격이 주어진 상담 활동만을 한다."라고 명시되어 있다. 그러나 이러한 윤리강령보다 상담을 하기 전 상담자들이 성 정체성, 성적 선호, 동성애자들에 대한 이해와 태도를 점검하는 것이 필요하다.

사례 1

대학원 상담이론 과목에서 "처음에 동성애자라고 밝힌 사람을 내담자로 받겠는가, 상담 몇 회기 후 내담자가 동성애자라는 것을 알았을 때 상담을 계속하겠는가, 한다면 상담에 영향을 줄 것인가?" 등을 토론하라는 시험문제를 낸 적이 있었다. 거의 모든 학생이 "다른 상담자에게 의뢰하겠다. 상담할 자신이 없다."라고 대답하였다.

사례 2

필자는 오래전 미국상담학회를 통하여 동성애에 대한 설문지를 받은 적이 있다. 대강 이런 의도였던 것으로 기억한다. 설문지의 질문과 필자가 적은 답변을 기억나는 대로 말하면 다음과 같다.

• 동성애자라는 것을 알고 계속 인간관계를 가지겠는가? 예.

> • 악수나 포옹 같은 사교적 스킨쉽을 하겠는가? 예.
> • 동성애자 친구가 그들이 잘 가는 bar로 생일 초대를 하면 가겠는가? 예.
> • 거기서 아는 사람을 만나면 괜찮겠는가? 예.
> • 당신 상관을 만나면? 그건 좀 곤란함.
>
> 물론 설문지를 부치고 난 후 '아차! 그런데 그 상관은 왜 거기 왔지? 마찬가지 아닌가?' 라고 생각하고 웃었던 적이 있다.

이 두 사례 모두 동성애자에 대한 상담자의 태도가 드러난다. 우리 사회에서 동성애자에 대한 편견이 약간 달라지기는 하였지만, 많은 상담자들이 인지적으로는 동성애에 대하여 수용하고 존중할 것으로 생각하더라도 감정적으로 깊이 내재되어 있는 불편함이 아직 자유롭지 않다. 한국의 상담분야에서 동성애는 아직 익숙하지 않은 주제이며, 동성애자에 대한 상담연구는 거의 없는 것으로 알고 있다. 필자는 이 설문지를 통하여 자신의 태도를 알게 되어 그 후 동성애 내담자 상담에 큰 도움이 되었다.

미국심리학회 동성애자를 위한 심리치료 편향 태스크 포스(APA's Task Force on Bias in Psychotherapy with Lesbians and Gay Men)는 심리학자를 대상으로 설문지를 실시하였는데, 심리학자들의 편견, 부적절 또는 부당한 사례를 보고하였다. 예를 들면, 다음과 같다(Corey, Corey, & Callanan, 1998 재인용).

- 내담자의 문제를 자동적으로 그의 성적 성향 탓으로 귀인한다.
- 동성애자가 양자, 양녀를 삼지 못하도록 종용한다.
- 동성애자나 그들의 경험을 하잘것없다는 듯이 여긴다.
- 그들이 경험하는 편견과 차별에 민감하지 못하다.
- 동성애에 대한 부정확하고 편향된 정보를 준다.

동성애 부부가 관계 향상을 위해 상담을 원할 때, 동성애자가 자신의 성적 성향과 종교적 갈등을 할 때, 동성애자가 가정을 이루고 자녀를 두었을 때, 전 배후자와의 관계에서 생긴 자녀의 양육권 갈등이 있을 때 민감하게 상담할 수 있는지 생각해 볼 문제다.

2) 상담자의 가치관 vs. 소수집단 차별

Herman과 Herlihy(2006)는 어느 한 상담자가 자신의 종교적 신념에 위배된다는 이유로 동성애 내담자가 파트너와의 관계 향상을 도와 달라는 상담 요청을 거부하였다가 면직된 사례(Bruff vs. North Mississippi Health Services, Inc., 2001, Herman & Herlihy, 2006 재인용)를 제시하며 이 사례가 시사하는 윤리적 함의에 대하여 논하였다. 간단히 소개하면 다음과 같다.

상담 기관의 고용자가 피고용인의 종교적 신앙을 수행할 수 있도록 허용한다고 하여 피고용자인 상담자가 동성애 내담자가 파트너와의 관계 개선을 위한 상담을 요구할 때 다른 상담자에게 의뢰할 수 없다. 상담자가 자신의 신앙과 일치하지 않는 문제를 가진 내담자를 상담하지 않겠다는 것은 법으로 보장받을 수 없다. 자신의 신앙과 위배되지 않는 문제만을 상담하겠다는 자세는 경직된 자세다. 내담자의 성적 성향 문제로 상담을 거부한 상담자를 허용하는 기관에서는 동성애 내담자는 상담받을 수 없다는 의미이고 이것은 차별이다. 상담자가 자신의 종교적 신앙을 성적 성향에 근거하여 차별의 이유로 사용하는 것은 정당화될 수 없다. 또한 동성애 내담자의 관계 문제를 상담하기를 거부한다면 그 동성애자에게 정서적 피해를 줄 수 있다. 동성애자의 관계 문제를 다루지 않겠다면 동성애자를 상담하지 않겠다는 의미이고 이것은 차별이다. 상담자가 상담할 문제를 정하는 것이 아니고 내담자가 상담하고 싶은 것을 상담하는 것이 중요하다.

여기서 상담자가 자신이 상담할 수 없다고 느낄 때 다른 상담자에게 의뢰해야 하고 자신의 능력 내에서 상담을 해야 한다면 그 능력의 한계를 어떻게 결정할 것인가가 문제가 된다. 또 나이, 문화, 장애, 출신, 종교, 성, 성적 성향 때문에 내담자를 차별할 수 없다는 윤리원칙에 위배되는 것이 아닌가도 고려해야 한다. 상담자는 내담자에게 가장 도움이 되는 것이 무엇인가 고려한 후 이를 바탕으로 상담 여부를 결정해야 한다. 다양성을 존중하는 상담자의 태도 또한 중요하다. 상담자가 전문가로서 일반적이고 상식적인 표준 서비스에 반하는 선택을 한다면 법적 책임을 져야 한다고 본다. 상담자가 자신의 가치, 신념 태도를 의식하고 자신과 다른 가치, 신념, 태도를 가진 내담자에게 영향을 미치지 않고 상담할 수 있는 역량을 가지는 것이 중요하다.

사례 3

3년 이상 상담을 한 동성애 내담자는 4형제 중 셋째이고, 바로 위로 누나가 있었지만 태어난 지 1년이 안 되어 사망하였다. 어머니가 항상 딸이 사망한 데 대해 한탄스러워하였다. 내담자는 어려서부터 부엌일, 바느질 등 어머니를 도우며 딸 노릇을 하였다. 초등학생 때 중학생이던 형이 성폭행을 하였고, 이 성폭행은 3~4년 동안 계속되었다. 아무도 관심을 안 가져 주는 집에서 그 형의 행위만이 유일하게 받는 관심이었다. 결국 내담자는 동성애자가 되었고, 많은 아동 및 청소년과 관계를 가졌다. 성인이 된 지금 무척 혼돈된 상태에 빠졌다. 위로를 필요로 하는 이에게 위로(동성애 행위)하는 것이 왜 잘못되었지 모르겠다 하면서도 다른 사람들이 알게 되면 안 된다는 생각이 들면 어쩔 줄 몰라 했다. 상담의 방향은 내담자가 동성애 관계를 갖고 싶지 않다는 분명한 의사를 표현하였지만 동성애 관계를 갖는가, 안 갖는가에 초점을 맞추지 않았다. 이성이든 동성이든 관계는 성인끼리 서로가 원할 때, 상대방의 동의를 얻어 이루어진다는 데 초점을 두고 이와 관련된 문제들을 다루었다. 내담자는 과거에 자신과 관계를 가졌던 아동과 청소년(지금은 자라서 성인이 된)을 찾아가 진심으로 사과하였다.

3) 동성애에 대한 교육과 훈련

동성애에 대한 편견, 오해, 현실을 보기 위하여 상담자는 발달이론, 성 정체성, 동성애자가 된다는 의미, 이들이 갖는 문제들의 진단, 개입에 대한 기본적 정보를 가지고 있어야 한다. 미국심리학회의 동성애자와 양성애자를 위한 심리치료 지침 태스크 포스(Task Force on Guidelines for Psychotherapy With Lesbian, Gay, and Bisexual Clients)에서 제시한 동성애 내담자에 대한 치료지침을 소개하면 다음과 같다.

- 심리학자는 동성애가 정신병의 표시가 아님을 이해한다.
- 심리학자는 동성애에 대한 지식과 태도가 진단, 치료나 자문을 구하고 의뢰를 할 때 어떻게 관련되는지를 인식하도록 한다.
- 편견, 차별, 폭행 같은 사회적 낙인이 동성애자의 정신건강과 안녕에 어떻게 위험을 주는가를 이해하도록 한다.
- 동성애에 대한 부정확하고 편견적인 관점이 치료와 치료과정에서 동성애 내담자가 드러내는 내용에 영향을 미칠 수 있다는 사실을 이해하도록 한다.
- 동성애적 관계의 중요성을 존중하고 인지하도록 한다.
- 부모로서의 동성애자들이 직면하는 특별한 상황과 문제를 이해하도록 한다.
- 동성애자의 가족은 생물학적으로, 법적으로 관계가 없을 수 있다는 것을 이해한다.
- 동성애적 성향이 그의 원가족과 원가족과의 관계에 영향을 미치고 있다는 것을 이해하도록 한다.
- 인종이 다르고 소수민족인 동성애자들이 처하는 다문화적이고 때로 갈등이 있는 문화 규준, 가치관, 신념과 관계되는 특정 인생 문제와 어려움을 인식한다.
- 양성애자가 경험하는 특별한 문제를 인식한다.
- 동성애 청소년에게 있는 특별한 문제와 위험을 이해하도록 한다.

- 노년 동성애자가 경험할 수 있는 동성애 집단 내에 세대 차이를 고려한다.
- 신체적·인지적·정서적 장애를 가진 동성애자가 경험하는 특별한 문제를 인지한다.
- 동성애에 대한 전문적 교육과 훈련에 참여한다.
- 교육, 훈련, 수퍼비전, 자문을 통하여 동성애에 대한 지식과 이해를 증진시킨다.
- 동성애자를 위한 정신건강, 교육, 지역사회 자원에 익숙해지도록 노력한다.

상담자는 동성애자가 겪고 있는 정치적·역사적·심리적 현실에 대한 지식이 있어야 한다. 동성애자의 자서전이나 동성애 문학작품 등을 통해 그들에 대한 지식을 얻을 수 있다. 또한 이들을 위한 사회적·지역적 지지자원 등을 알고 있어야 한다. 이들의 우울, 알코올 중독, 약물사용, 부모나 친구로부터 신체적 학대 등 많은 증상들로 상담을 받고자 할 수 있다. 오랫동안의 차별로 가지게 된 낮은 자존감은 우울을 한 층 더 심하게 하였을 수 있다. 상담자들은 안전한 성관계, 에이즈 감염 예방 및 치료에 대하여 알려 주도록 한다.

무엇보다 상담자가 '의식 향상'이 필요하고, 긍정적 태도를 가지도록 교육과 훈련을 받아야 한다.

참고문헌

네이버 뉴스(2007. 07. 04.). 아동 성폭력 근절 특별법 개정 등 법, 제도정비.

보건복지부(2004). 아동복지법, 법률 제6151호.

질병관리본부(2006). **HIV/AIDS 관리지침.**

최명식(2007). 대학 내 자살에 관한 연구. **인간이해, 28,** 1-50, 서강대학교 학
　　생생활상담연구소.

최해림(2000). 엄마의 구원자가 되고자 한 26세의 남학생. 개소 30주년 기념
　　상담사례 연구. 서강대학교 학생생활상담연구소.

통계청(2006). 사망원인 통계결과.

KBS 뉴스(2007.07.20.). 에이즈 '5천 명' 감염…음지서 확산.

대한의사협회(2006). 의사윤리지침.

한국상담심리학회(2005). 상담심리사 윤리강령.

Allen, D. J., & Olesom, T. (1999). Shame and internalized homophobia
　　in gay men *Lournal of Homosexualiity, 37,* 33-34.

American Counselor Association (2005). Code of ethics.

American Psychological Association (2002). *Ethical principles of
　　psychologists and code of conduct.*

American Psychological Association (2002). Guidelines for psychotherapy
　　with lesbian, gay, and bisexual clients. *American Psychologist,*
　　55, 1440-1451, Author.

Baerger, D. R. (2001). Risk management with the suicidal patient: lessons
　　from caselaw. *Professional Psychology: Research and Practice,*
　　32, 359-366, American Psychological Association.

Bongar, B., Maris, R. W., Berman, A. L., & Litman, R. E. (1998). Outpatient
　　standards of care and the suicidal patient. In B. Bonger, A. L.
　　Berman, R. W. Maris, M. M. Silverman, E. A., Harris, & W. L.
　　Packman (Eds.), *Risk management with suicial patients* (pp.4-
　　33). New York: Guilford.

Chenneville, T. (2000). HIV, confidentiality, and duty to protect: a
　　decision-making model. *Professional Psychology: Research and
　　Practice, 31,* 661-670. American Psychological Association.

Corey, G., Corey, M. S., & Callanan, P. (1998). *Issues and ethics in the helping professions* (5th ed.). Pacific Grove, CA: Brooks/Cole Publishing Company

Gerrg, R. J., & Zimbardo, P. G. (2002). *Psychology and life* (16th ed.). Boston: Allyn & Bacon

Goldblum P. B. (1999). Principles for the discussion of life and death options with terminally ill clients with HIV. *Professional Psychology: Research and Practice, 30*, 2, 187-197.

Gustafson, K. E., & McNamara, R. (1987). Confidentiality with minor clients: Issues and Guidelines for therapists. *Professional Psychology: Research and Practice, 18*, 503-508.

Haley, W. E., Larson, D. G., Kasl-Godley, J., Neimeyer, R. S., & Kwilosz, D. M. (2003). Roles for Psychologists in End-of Life Care. *Professional Psychology: Research and Practice, 34*, 6, 626-633.

Herek, G. M. (1994). Assessng metrosexuals, attitudes towarcl lesbians and gay men. In B. Green & G.M.Herek (Eds.), *Lesbian and gay Psychology: Theory, research, and clnical applications* (pp.206-228). Thousand Oaks,CA: Sage

Herek, G. M. (Ed.). (1998). *Stigma and sexual orientation: Understanding prejudice against esbians. gay men, and bisexuals.* Newbury Park, CA: Sage.

Herlihy, B., & Corey, G. (Eds.). *ACA ethical standards casebook* (5th ed.). Alexandria, VA: American Counseling Association.

Herman, M. A,. & Herlihy, B. R. (2006). Legal and ethical implications of refusing to counsel homosexual clients. *Journal of Counseling & Development, 84*, 4, 414-418.

Kalichamn, S. C., Craig, M. E., & Follingstad, D. R. (1989). Factors influencing the reporting of father-child sexual abuse: study of licensed practicing psychologists. *Professional Psychology: Research and Practice, 20*, 2, 84-89.

Kalichamn, S. C., & Craig, M. E. (1991). Professional psychologists' decisions to report suspected child abuse: clinician and situation influences. *Professional Psychology: Research and Practice, 22*,

1, 84-89.

Kaser-Boyed, N., Adelman, H., & Taylor, L. (1985). Minors' ability to identify risks and benefits of therapy. *Professional Psychology: Research and Practice, 16,* 411-417

Lamb, D. H., & Reeder, G. (1990). Tarasoff and confidentiality in AIDS-related psychotherapy. *Professional Psychology: Research and Practice, 21,* 3, 155-160.

Mannheim, C. I., Sancilio, M., Phipps-yonas, S., Brunnquell, D., Somers, P., Farseth, G., & Nimouvuevo, F. (2003). *Ethical ambiguities in the practice of child clinical psychology in Ethical Conflicts in Psychology by Donald N. Bersoff.* Washington, DC: American Psychological Association,

Melchert, T. P., & Patterson, M. M. (1999). Duty to warn and interventions with HIV-positive clients. *Professional Psychology: Research and Practice, 30,* 2, 180-186.

Melton, G., & Limber, S. (1999). Psychologists' involvement in cases of child maltreatment: limits of role and expertise. *American Psychologist, 44,* 9, 1225-1233.

Muehleman, T., & Kimmons, C. (1981). Psychologists' vies on child abuse reporting, confidentiality, life, and the law: an exploratory study. *Professional Psychology: Research and Practice, 12,* 5, 631-638.

Myers, J. E. B. (1982). Legal issues surrounding psychotherapy with minor clients. *Clinical Social Work Journal, 10,* 303-314.

Pope K. S., & Vasquez, M. J. T. (1991). *Ethics in Psychotherapy and Counseling: A Practival guide for Psychologists.* San Francisco: Jossey-Bass Publishers.

Sullivan, J. R., Ramirez, E., Rae, W. R., Razo, N. P., & George, C. A. (2002). Factors contributing to breaking confidentiality with adolescent clients: A Survey of pediatric psychologists. *Professional Psychology: Research and Practice, 33,* 4, 396-401.

Taylor, L., & Adelman, H. (1989). Reframing the conficentiality dilemma to work in children's best interests. *Professional Psychology: Research and Practice, 20,* 79-83.

Totten, G., Lamb, D. H., & Reeder, G. (1990). Tarasoff and confidentiality in AIDS-realted psychotherapy. *Professional Psychology: Research and Practice, 21*, 3, 155-160.

Welder, A. N. (1998). Sexual abuse victimization and the child witness in Canada: legal, ethical, and professional issues for psychologists. *Canadian Psychology, 41*, 3, 160-173.

Wobbolding, R. E. (1996). Working with suicidal clients. In B. Herlihy & G. Corey (Eds.), *ACA ethical standards casebook* (5th ed.) pp. 267-274. Alexandria, VA: American Counseling Association.

부록

① 한국심리학회 윤리규정

서문

한국심리학회 개인 정회원(이하 심리학자라 한다)의 역할은 전문적이고 과학적인 활동을 통해서 인간에 대한 지식을 확장하고 개인과 사회의 안녕을 위해 자신의 지식과 능력을 발휘하는 것이다. 본 심리학자 윤리규정(이하 윤리규정이라 한다)은 심리학자가 이러한 역할을 수행하는 과정에서 확립되어야 할 원칙과 기준을 규정한다.

심리학자는 언제나 최대한의 윤리적 책임을 지는 행동을 하도록 노력할 의무가 있다. 심리학자는 전문적이고 과학적인 기초 위에서 활동함으로써 자신의 지식과 능력의 범위를 인식할 의무가 있으며, 또 이를 남용하거나 악용하게 하는 개인적, 사회적, 경제적, 정치적 영향으로부터 벗어나도록 노력해야 할 의무가 있다.

윤리규정에 어긋나는 행위를 한 심리학자는 윤리규정과 한국심리학회 회칙에서 정한 절차에 따라 회원자격박탈, 회원자격정지, 자격(면허)상실, 자격(면허)정지 등의 징계를 할 수 있다. 또, 이 조처를 다른 기관이나 개인에게 알릴 수 있다.

제1장 윤리규정의 시행에 관한 지침

제1조 윤리규정 서약

한국심리학회 회원으로 가입하기 위해서는 윤리규정에 서약해야 한다. 본 윤리규정의 발효 시 기존 회원은 본 윤리규정에 서약한 것으로 간주한다.

제2조 윤리규정과 현행법과의 갈등

현행법이 윤리규정을 제한할 경우는 전자가 우선적으로 적용된다. 만약 윤리규정이 현행법이 요구하는 것보다 엄격한 기준을 설정하고 있다면, 심리학자는 윤리규정을 따라야 한다.

제3조 윤리규정과 조직 요구와의 갈등

심리학자가 소속되어 있는 기관이 윤리규정에 반하는 요구를 할 경우, 심리학자는 자신이 윤리규정에 이미 서약하였음을 알리고, 윤리규정을 준수하는 방식으로 그 갈등을 해결하도록 노력한다. 또한, 윤리규정에 반하는 기관의 요구를 학회 및 상벌위원회에 알리고 자문을 구하여야 하며, 위원회는 적절한 자문을 해 주어야 한다.

제4조 윤리위반의 보고

심리학자는 다른 심리학자가 윤리규정을 위반한 것을 인지하게 되면 그 심리학자로 하여금 윤리규정에 주목하게 함으로써 문제를 해결하도록 노력한다. 그러나, 문제가 해결되지 않거나 명백한 윤리규정 위반으로 비공식적 방식이 적절하지 않은 경우, 한국심리학회 산하학회 또는 한국심리학회 상벌 및 윤리위원회에 보고한다. 한국심리학회 산하학회 또는 한국심리학회 상벌 및 윤리위원회는 문제를 학회에 보고한 심리학자의 신원을 외부에 공개해서는 안 된다.

제5조 상벌 및 윤리위원회와의 협조

윤리규정 위반으로 보고된 심리학자는 학국심리학회 산하학회 또는 한국심리학회 상벌 및 윤리위원회에서 행하는 조사에 협조해야 한다. 윤리조사에 협조하지 않는 것 자체가 윤리규정 위반이 된다.

제6조 소명 기회의 보장

윤리규정 위반으로 보고된 심리학자에게 충분한 소명의 기회가 주어져야 한다.

제7조 징계심사 대상자에 대한 비밀 보호

윤리규정 위반에 대해 한국심리학회 이사회의 징계 결정이 내려질 때까지 한국심리학회 산하학회의 윤리위원과 한국심리학회 상벌 및 윤리위원은 해당 심리학자의 신원을 외부에 공개해서는 안 된다.

제8조 윤리규정의 수정

윤리규정의 수정 절차는 한국심리학회 회칙 개정 절차에 준한다. 윤리규정이 수정될 경우, 수정 전의 규정에 서약한 회원은 추가적인 서약 없이 새로운 규정에 서약한 것으로 간주한다.

제2장 일반적 윤리

제9조 심리학자의 기본적 책무

1. 심리학자는 인간의 정신 및 신체건강의 향상을 위해 노력하여야 한다.
2. 심리학자는 개인과 사회의 발전을 위해 노력하여야 한다.

3. 심리학자는 학문연구, 교육, 평가 및 치료의 제 분야에서 정확하고, 정직하며, 진실되게 업무를 수행하여야 한다.

4. 심리학자는 자신의 업무가 사회와 인류에 영향을 미칠 수 있음을 자각하여, 신뢰를 바탕으로 전문가로서의 책임을 다한다.

5. 심리학자는 심리학적 연구결과와 서비스가 필요한 모든 사람에게 공정하게 제공될 수 있도록 최선의 노력을 기울여야 한다.

6. 심리학자는 인간의 가치와 존엄성을 존중하며, 아울러 사생활을 침해받지 않을 개인의 권리와 자기결정권을 존중한다.

제10조 전문성

1. 심리학자는 자신의 능력과 전문성을 발전시키고 유지하기 위하여 지속적인 노력을 기울여야 한다.

2. 연구와 교육에 종사하는 심리학자는 전문분야에 대한 과학적 지식을 추구하고 이를 정확하게 전달하기 위하여 끊임없이 노력하여야 한다.

3. 평가와 심리치료에 종사하는 심리학자는 교육, 훈련, 수련, 지도감독을 받고, 연구 및 전문적 경험을 쌓은 전문적인 영역의 범위 내에서 서비스를 제공하여야 한다. 긴급한 개입을 요하는 비상상황인데 의뢰할 수 있는 심리학자가 없는 경우에는 자격을 갖추지 못한 심리학자가 서비스를 제공할 수 있다. 단, 이 경우에는 자격을 갖춘 심리학자의 서비스가 가능해지는 순간 종료하여야 한다.

4. 자신의 전문 영역 밖의 지식과 경험이 요구되는 서비스를 제공하고자 하는 심리학자는 이와 관련된 교육과 수련 및 지도감독을 받아야 한다.

제11조 업무위임

심리학자가 피고용인, 지도감독을 받는 수련생, 조교에게 업무를 위임할 때에는 다음과 같은 조처를 한다.

(1) 서비스를 받게 될 사람과 다중관계를 가지고 있어서 착취하거나 객관
성을 상실할 가능성이 있는 사람에게는 업무위임을 피한다. (제14조 다
중관계, 참조)

(2) 이수한 교육, 수련 또는 경험상 독립적으로 또는 지도감독하에서 업무
를 유능하게 수행할 것으로 여겨지는 사람에게만 업무를 위임한다.

(3) 위임받은 자가 위임받은 업무를 유능하게 수행하는지를 확인한다.

제12조 업무와 관련된 인간관계

1. 심리학자는 동료 심리학자를 존중하고, 동료 심리학자의 업무활동에 대해
사실에 근거하지 않은 비판을 하지 않는다.

2. 심리학자는 성실성과 인내심을 가지고 함께 일하는 다른 분야의 종사자와
협조적으로 업무를 수행한다.

3. 심리학자는 학생이나 수련생에게 필요한 지식과 경험을 제공하여야 하며,
그들에게 종속적인 업무만을 하도록 하여서는 아니 된다. (제13조 착취관계,
참조)

4. 심리학자는 연구참여자의 인격을 존중하여야 하며, 연구 참여 과정 중에
이들이 위험에 처하지 않도록 안전과 복지를 보장하는 조치를 취하여야
한다. (제23조 연구참여자에 대한 책임, 참조)

5. 심리학자는 내담자/환자와 신뢰 관계를 형성하여야 하며, 다중관계나 착
취관계를 가지지 않는다. (제14조 다중관계, 제13조 착취관계, 참조)

제13조 착취관계

심리학자는 자신이 지도감독하거나 평가하거나 기타의 권위를 행사하는 대
상, 즉 내담자/환자, 학생, 지도감독을 받는 수련생, 연구참여자 및 피고용인을

물질적, 신체적, 업무상으로 착취하지 않는다.

제14조 다중관계

1. 다중관계, 즉 어떤 사람과 전문적 역할 관계에 있으면서 동시에 또 다른 역할관계를 가지는 것은 심리학자가 공정하고 객관적이며 효율적으로 업무를 수행하는 데 위험요인이 될 수 있으며, 또한 상대방을 착취하거나 해를 입힐 가능성이 있으므로, 심리학자는 다중관계가 발생하게 될 때 신중하여야 한다.

2. 심리학자는 자신의 업무 수행에 위험요인이 되고 상대방에게 해를 입힐 수 있는 다음과 같은 다중관계를 피하여야 한다.

   (1) 사제관계이면서 동시에 사적 친밀관계인 경우(제44조 학생 및 수련생과의 성적 관계, 참조).

   (2) 사제관계이면서 동시에 치료자−내담자/환자 관계인 경우(제43조 개인치료 및 집단치료 2항, 참조)

   (3) 같은 기관에 소속되어 사제관계, 고용관계, 또는 상하관계에 있으면서 기관내의 치료자-내담자/환자에 대한 지도감독의 대가로 직접 금전적 관계를 형성하는 경우

   (4) 치료자−내담자/환자 관계이면서 동시에 사적 친밀관계인 경우(제60조 내담자/환자와의 성적 친밀성, 참조)

   (5) 내담자/환자의 가까운 친척이나 보호자와 사적 친밀관계를 가지는 경우

   (6) 기타 업무수행의 공정성을 저해할 가능성이 있거나 착취를 하거나 피해를 입힐 가능성이 있는 다중관계

3. 심리학자의 업무 수행에 위험요인이 되지 않고, 또 상대방에게 해를 입히지 않을 것으로 생각되는 다중관계는 비윤리적이지 않다.

4. 예측하지 못한 요인으로 인해 해로울 수 있는 다중관계가 형성된 것을 알

게 되면, 심리학자는 이로 인해 영향받을 사람들의 이익을 고려하여 합당한 조처를 하고 윤리규정을 따르도록 한다.

제15조 이해의 상충

심리학자는 개인적, 과학적, 전문적, 법적, 재정적 또는 기타 이해관계나 대인관계에 있어서 다음과 같은 경우에는 전문적 역할을 맡는 것을 자제하여야 한다.

(1) 심리학자로서의 역할을 수행하는 데 객관성, 유능성, 혹은 효율성을 해치는 경우

(2) 전문적 관계를 가지고 있는 개인이나 조직에 해를 입히거나 착취할 것으로 생각되는 경우

제16조 성적 괴롭힘

심리학자는 성적 괴롭힘을 하지 않는다. 성적 괴롭힘은 심리학자로서의 역할과 활동을 하는 과정에서 나타나는 성적 유혹, 신체적 접촉, 또는 근본적으로 성적인 의미가 있는 언어적, 비언어적 품행을 포괄한다.

제17조 비밀 유지 및 노출

1. 심리학자는 연구, 교육, 평가 및 치료과정에서 알게 된 비밀정보를 보호하여야 할 일차적 의무가 있다. 비밀 보호의 의무는 고백한 사람의 가족과 동료에 대해서도 지켜져야 한다. 그러나 내담자/환자의 상담과 치료에 관여한 심리학자와 의사 및 이들의 업무를 도운 보조자들 간에서나, 또는 내담자/환자가 비밀노출을 허락한 대상에 대해서는 예외로 한다. 그러나 이 경우에도 실명노출을 최소화하기 위해 노력한다.

2. 심리학자는 조직 내담자, 개인 내담자/환자, 또는 내담자/환자를 대신해서

법적으로 권한을 부여받은 사람의 동의를 얻어 비밀정보를 노출할 수도 있다. 이는 전문적인 연구 목적에 국한하여야 하며, 이 경우에는 실명을 노출해서는 안 된다.

3. 법률에 의해 위임된 경우, 또는 다음과 같은 타당한 목적을 위해 법률에 의해 승인된 경우에는 개인의 동의 없이 비밀 정보를 최소한으로 노출할 수 있다.

　(1) 필요한 전문적 서비스를 제공하기 위한 경우

　(2) 적절한 전문적 자문을 구하기 위한 경우

　(3) 내담자/환자, 심리학자 또는 그 밖의 사람들을 상해로부터 보호하기 위한 경우

　(4) 내담자/환자로부터 서비스에 대한 비용을 받기 위한 경우

제18조 업무의 문서화 및 문서의 보존과 양도

1. 심리학자는 연구, 교육, 및 평가, 치료과정에서 개인으로부터 받은 구두 동의, 허락, 승인 내용을 문서화하여야 한다.

2. 심리학자는 다음과 같은 목적으로 자신의 전문적 과학적 업무에 대해 기록하여 문서화하여야 한다.

　(1) 자신을 포함한 전문가들의 이후 연구, 교육, 평가 및 치료에 도움이 되도록 하기 위해

　(2) 연구설계와 분석을 반복검증하기 위해

　(3) 기관의 요구에 부응하기 위해

　(4) 청구서 작성과 지불의 정확성을 보장하기 위해

　(5) 법률 준수를 보장하기 위해

3. 심리학자는 문서화한 기록과 자료를 저장하고 보존하여야 하며, 직책이나 실무를 그만두게 될 경우에는 기록과 자료를 양도하여야 한다.

제19조 공적 진술

1. 공적 진술에는 유료 또는 무료 광고, 제작물 품질보증, 연구비 신청서, 자격증 신청서 등 다양한 종류의 신청서, 소책자, 인쇄물, 주소록, 개인이력서, 대중매체용 논평, 법적 소송에서의 진술, 강의와 구두 발표 및 출판물 등이 포함된다.

2. 심리학자가 강연, T.V. 프로그램, 인쇄물, 인터넷 또는 기타 매체를 통해 공적인 조언이나 논평을 할 때는 (1) 과학적 근거가 있는 전문지식, 수련 또는 경험을 토대로 진술하며, (2) 사실에 의하여 진술하며, (3) 본 윤리규정과 일치하게, 그리고 (4) 수혜자와 심리학자 간에 특수 관계가 있는 것으로 여겨지지 않도록 진술하여야 한다.

3. 심리학자는 (1) 학력, (2) 경력, (3) 자격, (4) 연구기관이나 학회 가입, (5) 제공할 수 있는 서비스의 종류(전문분야) (6) 자신이 제공하는 서비스의 과학적 임상적 기초와 그 성과의 정도, (7) 치료비, (8) 업적이나 연구결과에 관하여 허위 진술을 하지 않는다.

제20조 광고

심리학자는 거짓, 기만, 과장, 기타 비윤리적인 방식으로 영업, 상업광고, 호객행위 등의 활동을 하지 않는다. 다음 경우는 비윤리적인 활동에 해당되지 않는다.

(1) 사실에 근거한 자신의 업무와 전문성에 대한 정보를 기관 안내지, 안내편지, 언론매체, 인터넷 등의 정보매체를 이용하여 전달하는 것

(2) 이미 치료를 받은 내담자/환자에게 도움을 줄 목적으로 접촉을 시도하는 것

(3) 지역사회 봉사활동의 일환으로 심리평가, 상담 및 치료 서비스를 제공하기 위하여 그 대상자를 찾는 것

제3장 연구 관련 윤리

제21조 학문의 자유와 사회적 책임

연구에 종사하는 심리학자는 학문의 자유에 대한 기본권을 가지며, 그에 따른 다음과 같은 사회적 책임과 의무를 가진다.

(1) 사상, 종교, 나이, 성별 및 사회적 계층과 문화가 다른 집단의 학문적 업적에 대하여 편견 없이 인정하여야 한다.

(2) 자신의 연구에 대한 비판에 개방적이고, 자신의 지식에 대하여 끊임없이 회의하는 자세를 가져야 한다.

(3) 자신의 주장을 반박하는 설득력 있는 증거를 발견하면, 자신의 오류를 수정하려는 자세를 가져야 한다.

(4) 새로운 연구 문제, 사고 체계 및 접근법에 대하여 편견 없이 검토하여야 한다.

제22조 기관의 승인

연구수행 시 기관의 승인이 요구될 때, 심리학자는 연구를 수행하기 전에 연구계획에 대한 정확한 정보를 제공하고 승인을 얻는다. 또한 승인된 연구계획 안대로 연구를 수행하여야 한다.

제23조 연구참여자에 대한 책임

심리학자는 연구참여자에 대해 다음과 같은 책임을 가진다.

(1) 연구참여자의 인격, 사생활을 침해받지 않을 개인의 권리와 자기결정권을 존중한다.

(2) 연구참여자의 안전과 복지를 보장하기 위한 조처를 하고, 위험에 노출되지 않도록 하여야 한다.

(3) 연구참여자에게 심리적, 신체적 손상을 주어서는 아니 되며, 예상하지 못한 고통의 반응을 연구참여자가 보일 경우 연구를 즉시 중단하여야 한다.

제24조 연구 참여에 대한 동의

1. 연구 참여는 자유의지로 결정되어야 한다. 따라서 심리학자는 연구참여자로부터 연구 참여에 대한 동의를 받아야 한다. 동의를 얻을 때에는 다음 사항을 알려 주고, 이에 대해 질문하고 답을 들을 수 있는 기회를 제공한다.

   (1) 연구의 목적, 예상되는 기간 및 절차

   (2) 연구에 참여하거나 중간에 그만둘 수 있는 권리

   (3) 연구 참여를 거부하거나 그만두었을 때 예상되는 결과

   (4) 참여 자발성에 영향 미칠 것으로 예상되는 잠재적 위험, 고통 또는 해로운 영향

   (5) 연구에 참여함으로써 얻을 수 있을 것으로 예상되는 이득

   (6) 비밀 보장의 한계

   (7) 참여에 대한 보상

2. 실험 처치가 포함된 중재 연구를 수행하는 심리학자는 연구 시작부터 참여자에게 다음 사항을 분명하게 알려준다.

   (1) 실험 처치의 본질

   (2) 통제집단에게 이용할 수 있거나 또는 이용할 수 없게 될 서비스

   (3) 처치집단 또는 통제집단에의 할당 방법

   (4) 개인이 연구에 참여하고 싶지 않거나, 연구가 이미 시작된 후 그만두고 싶어 할 경우 이용 가능한 처치 대안

   (5) 연구 참여에 대한 보상이나 금전적인 대가

제25조 연구를 위한 음성 및 영상 기록에 대한 동의

심리학자는 자료수집을 위하여 연구참여자의 음성이나 영상이 필요한 경우에는 기록하기 전에 연구참여자로부터 동의를 받아야 하는데, 다음의 경우는 예외로 한다.

   (1) 연구의 내용이 공공장소에서 자연관찰하는 것이거나, 그 기록이 개인의 정체를 밝히거나 해를 끼치는 데 사용될 것으로 예상되지 않을 경우

   (2) 연구 설계에 속이기가 포함되어 있어서, 기록 후에 기록 사용에 대한 동의를 얻어야 하는 경우

제26조 내담자/환자, 학생 등 연구자에게 의존적인 참여자

1. 심리학자가 내담자/환자, 학생 등 자신에게 의존적인 사람을 대상으로 연구를 수행할 때에는, 심리학자는 이들이 참여를 거부하거나 그만둘 경우에 가지게 될 해로운 결과로부터 이들을 보호하는 조처를 한다.

2. 연구 참여가 수강 과목의 필수사항이거나 추가 학점을 받을 수 있는 기회가 될 경우, 수강학생에게 다른 대안적 활동을 제공하여 학생 스스로 선택할 수 있도록 한다.

제27조 연구 동의 면제

심리학자는 다음 경우에 연구참여자로부터 동의를 받지 않을 수 있다.

   (1) 연구가 고통을 주거나 해를 끼치지 않을 것으로 판단되는 경우

   ① 교육 장면에서 수행되는 교육 실무, 교과과정 또는 교실 운영 방법에 대한 연구

   ② 연구참여자의 반응 노출이 참여자들을 형사상 또는 민사상 책임의 위험에 놓이지 않게 하거나, 재정 상태, 고용가능성 또는 평판에 손상을 입히지 않으며, 비밀이 보장되는 익명의 질문지, 자연관찰 또

는 자료수집 연구

③ 조직 장면에서 수행되는 직업이나 조직 효율성에 관련된 요인들에 대한 연구로, 참여자의 고용 가능성에 위험이 되지 않고, 비밀이 보장되는 경우

(2) 국가의 법률 또는 기관의 규칙에 의해 허용되는 경우

제28조 연구 참여에 대한 보상

1. 심리학자는 연구 참여에 대해 적절한 정도의 보상을 한다. 그러나 연구 참여를 강요하게 될 정도로 지나치게 부적절한 금전적 또는 기타의 보상을 제공하지 않는다.

2. 연구 참여에 대한 보상으로 전문적 서비스를 제공할 시, 심리학자는 그 서비스의 본질뿐만 아니라, 위험, 의무, 한계를 분명히 하여야 한다.

제29조 연구에서 속이기

1. 심리학자는 속이기 기법을 사용하는 것이 연구에서 예상되는 과학적, 교육적, 혹은 응용 가치에 의해서 정당한 사유가 되고, 또한 속임수를 쓰지 않는 효과적인 대안적 절차들이 가능하지 않다고 결정한 경우를 제외하고는 속임수가 포함된 연구를 수행하지 않는다.

2. 심리학자는 연구에 참여할 사람들에게 신체적 통증이나 심한 정서적 고통을 일으킬 수도 있다는 정보를 알려 주고 속이지 않는다.

3. 심리학자는 실험에 포함된 속임수를 가능한 빨리, 가급적이면 연구 참여가 끝났을 때, 아니면 늦어도 자료수집이 완료되기 전에 설명함으로써, 참여자들에게 자신의 실험자료를 철회할 수 있는 기회를 준다.

제30조 연구참여자에 대한 사후보고

1. 심리학자는 연구참여자들에게 연구의 본질, 결과 및 결론에 대한 정보를 제공하는 것이 과학적 가치와 인간적 가치를 손상시키지 않는 한, 연구참여자들이 이에 대한 정보를 얻을 수 있는 기회를 제공한다.

2. 심리학자는 연구절차가 참여자들에게 피해를 입혔다는 것을 알게 되면, 그 피해를 최소화하기 위한 조처를 한다.

제31조 동물의 인도적인 보호와 사용

심리학 연구에서 동물실험은 불가피할 수 있다. 그러나 심리학자의 기본 의무는 생명을 존중하는 것이므로 동물을 대상으로 연구할 때 다음과 같은 기준에 따라야 한다.

  (1) 연구를 위해 동물실험 이외의 대안적 방법이 없는지에 대해 신중히 생각하고, 대안이 없을 경우에만 동물을 대상으로 연구한다.

  (2) 동물실험은 과학적 지식을 얻기 위한 목적으로만 수행되어야 하며, 실험 방법, 사용하는 동물의 종, 동물의 수가 적절한지에 대해 심사숙고하여야 한다.

  (3) 현행 법률과 규정에 따라서 그리고 전문적 기준에 따라서 동물을 확보하고, 돌보고, 사용하며, 처리한다.

  (4) 동물 피험자의 고통, 통증 및 상해를 최소화하기 위해 노력한다.

  (5) 대안적인 절차 사용이 가능하지 않을 때에만, 그리고 그 목적이 과학적, 교육적 또는 응용 가치에 의해 정당화될 때에만 동물을 통증, 스트레스, 혹은 박탈 상황에 노출하는 절차를 사용할 수 있다.

제32조 연구결과 보고

1. 심리학자는 자료를 조작하지 않는다.

2. 심리학자는 연구대상 개개인이 식별될 수 있는 자료는 익명화하여 보고하여야 한다.

3. 심리학자는 출판된 자신의 자료에서 중대한 오류를 발견하면, 정정, 취소, 정오표 등 적절한 출판수단을 사용하여 오류를 바로잡기 위한 조치를 취한다.

제33조 표절

심리학자는 자신이 수행하지 않은 연구나 주장의 일부분을 자신의 연구나 주장인 것처럼 논문이나 저술에 제시하지 아니한다. 비록 그 출처를 논문이나 저술에서 여러 차례 참조하더라도, 그 일부분을 자신의 연구나 주장인 것처럼 제시하는 것은 표절이 된다.

제34조 출판 업적

1. 심리학자는 자신이 실제로 수행하거나 공헌한 연구에 대해서만 저자로서의 책임을 지며, 또한 업적으로 인정받는다.

2. 논문이나 기타 출판 업적의 저자나 저자의 순서는 상대적 지위에 관계없이 연구에 기여한 정도를 상대적으로 정확하게 반영하여야 한다. 단순히 어떤 직책에 있다고 해서 저자가 되거나 제1저자로서의 업적을 인정받는 것은 정당화되지 않는다. 연구나 저술에 대한 작은 기여는 각주, 서문, 사의 등에서 적절하게 고마움을 표한다.

3. 예외적인 상황을 제외하고, 학생의 석사학위 또는 박사학위 논문을 토대로 한 여러 명의 공동 저술인 논문에서는 학생이 제1저자가 된다.

제35조 연구자료의 이중 출판

국내외 출판을 막론하고 심리학자는 이전에 출판된 자료(출판 예정이나 출판 심사 중인 자료 포함)를 새로운 자료인 것처럼 출판하거나 출판을 시도하지 않는다. 이미 발표된 자료를 사용하여 출판하고자할 때에는, 출판하고자 하는 저널의 편집자에게 게재 요청 시에 이전 출판에 대한 정보를 제공하고 이중 출판에 해당하는지 여부를 확인하여야 한다.

제36조 결과 재검증을 위한 연구자료 공유

1. 연구결과가 발표된 후, 다른 연구자가 재분석을 통해 발표된 결과를 재검증하기 위한 목적으로 연구자료를 요청하면, 연구참여자에 대한 기밀이 보호될 수 있고, 또 소유한 자료에 대한 법적 권리가 자료 공개를 금하지 않는 한, 심리학자는 자료를 제공한다.
2. 전항에 의해 자료제공을 받은 심리학자는 오로지 그 목적으로만 자료를 사용할 수 있으며, 그 외의 다른 목적으로 자료를 사용하고자 할 경우에는 사전에 서면 동의를 얻어야 한다.

제37조 심사

투고논문, 학술발표원고, 연구계획서를 심사하는 심리학자는 제출자와 제출 내용에 대해 비밀을 유지하고 저자의 저작권을 존중한다.

제4장 교육 및 수련 관련 윤리

제38조 교육자로서의 심리학자

1. 심리학자는 과거로부터 현재에 이르기까지 수행된 여러 심리학 연구에서 밝혀진 과학적 사실들을 정확하고 이해하기 쉽게 전달하고자 노력하여야 한다.

2. 심리학자는 배우는 사람과 가르치는 사람의 역할 관계에 대하여 분명하게 인식하고 있어야 하며, 자신이 가르치는 사람으로서의 역할을 제대로 수행하고 있는지 스스로 자성하는 자세를 가져야 한다.

3. 심리학자는 학생이나 수련생에게 끼칠 수 있는 영향력을 인식하고, 그들의 인격을 손상하는 행위를 하지 않도록 노력하여야 한다.

제39조 교육 내용의 구성

심리학자가 교과목을 개설하거나 교육 및 수련 프로그램을 제공하는 경우, 학생 또는 수련생에게 필요한 지식과 경험을 제공할 수 있도록 그 내용을 구성한다. 제공하고자 하는 교육 프로그램이 자격증 취득과 관련된 것일 경우는 자격증 취득에 필요한 요건을 충족할 수 있도록 내용을 구성한다.

제40조 교육 내용에 대한 기술

1. 교과목을 개설하는 심리학자는 강의계획서를 통해 교과목의 특징, 강의에서 다룰 주제, 평가기준 등에 대한 정보를 제공하며, 강의계획서의 내용에 따라 강의를 진행하도록 한다.

2. 심리학자가 교육 및 수련 프로그램을 제공하는 경우, 프로그램의 내용, 수련 목적, 참가비, 그리고 프로그램 이수증을 취득하기 위한 요건(예: 출석, 시험평가 등)을 프로그램 안내서에 명시한다.

제41조 정확한 지식 전달

심리학자는 과학적 근거에 기초한 지식을 객관적이고 정확하게 또 이해하기 쉽게 전달해야 한다. 개인적 견해를 전달하고자 할 때에는 사적인 견해임을 밝힌다.

제42조 학생 및 수련생에 대한 수행 평가

1. 심리학자가 교과목을 수강하는 학생과 지도감독을 받는 수련생에 대한 수행을 평가할 때에는 제때에, 공정한 기준에 의하여 평가하여야 하며, 평가에 대한 피드백을 제공해야 한다. 수행 평가기준에 대한 정보는 강의 또는 지도감독을 시작할 때 학생 또는 수련생에게 제공한다.
2. 학생과 수련생을 평가할 때에는, 프로그램에서 요구하는 항목에 대한 실제 수행을 평가기준에 따라 평가한다.

제43조 개인치료 및 집단치료의 위임

1. 심리학자는 자신의 업무 수행에 위험요인이 되고 상대방에게 해를 입힐 수 있는 다중관계를 가지지 않도록 하여야 한다. 따라서 학생의 학업 수행을 평가하거나 평가할 가능성이 있는 교수는 그 학생을 직접 치료하지 않는다.(제14조 다중관계 참조)
2. 개인치료나 집단치료가 프로그램 또는 교과과정의 필수과목일 때, 이 프로그램을 주관하는 심리학자는 다중관계를 피하기 위해 프로그램 참여 학생들에게 이 프로그램과 직접 관계가 없는 다른 전문가로부터 치료를 받을 수 있도록 허락해야 한다. 그러나, 교육을 목적으로 수업료 이외의 비용을 지불하지 않고 이루어지는 집단 치료나 상담의 경우는 예외로 한다.

제44조 학생 및 수련생과의 성적 관계

심리학자는 자신의 학과, 기관, 또는 수련 센터의 학생이나 수련생, 혹은 자신이 평가 권한을 가지고 있거나 그럴 가능성이 있는 사람과 성적 관계를 가져서는 아니 된다. (제14조 다중관계 참조)

제45조 학생 및 수련생의 개인 정보 노출 요구

심리학자는 수업 또는 프로그램을 진행하는 과정에서 학생이나 지도감독을 받는 수련생에게 구두상으로나 서면상으로 개인정보(성 관련 내력, 학대나 방치 내력, 심리학적 치료 경험 및 부모, 동료, 배우자 또는 중요한 타인들과의 관계)를 노출하도록 요구하지 않는다. 그러나 다음의 경우는 예외로 한다. (제17조 비밀 유지 및 노출 3항 참조)

(1) 프로그램 신청 서류에 이 요건이 명시되어 있을 경우
(2) 학생의 개인적 문제가 학생 자신의 수련활동과 전문적 활동에 방해가 되고 또 학생 자신과 타인에게 위협이 될 것으로 판단되어서, 학생에게 필요한 평가를 하여 도움을 주기 위해 학생에 대한 개인 정보가 필요한 경우

제46조 학생 및 수련생의 개인 정보에 대한 비밀 유지

심리학자가 수업 또는 프로그램을 진행하는 과정에서 알게 된 학생 또는 수련생의 개인 정보에 대해서는 비밀을 보장하여야 한다. (제17조 비밀 유지 및 노출 1항 참조)

제5장 평가 관련 윤리

제47조 평가의 기초

1. 법정 증언을 포함한 추천서, 보고서, 진단서, 평가서에 의견을 기술할 때, 심리학자는 자신의 의견을 입증할 만한 객관적 정보 또는 기법에 근거하여야 한다.
2. 개인의 심리 특성에 대한 의견을 진술할 때, 심리학자는 자신의 진술을 지지하기 위한 면밀한 검사과정을 거쳐야 한다. 그러한 노력에도 불구하고

검사가 실제적이지 못할 경우, 심리학자는 자신이 기울인 노력의 과정과 결과를 문서화하고, 불충분한 정보가 자신의 견해의 신뢰도와 타당도에 영향을 미칠 수 있음을 밝히고, 결론이나 권고 사항의 본질과 범위를 제한한다.

3. 개인에 대한 개별검사가 보장되지 않는 상황에서 자료를 검토, 자문, 지도 감독해야 할 경우에, 심리학자는 자신의 견해가 개별검사에 기초하지 않았다는 사실을 밝히고 자신의 견해를 뒷받침하는 근거 정보를 제시한다.

제48조 평가의 사용

1. 심리학자는 검사도구, 면접, 평가기법을 목적에 맞게 실시하고, 번안하고, 채점하고, 해석하고, 사용하여야 한다.

2. 심리학자는 타당도와 신뢰도가 검증된 평가도구를 사용하여야 한다. 그렇지 못한 경우에는 검사결과 및 해석의 장점과 제한점을 기술한다.

3. 심리학자는 평가서 작성 및 이용에 있어서, 객관적이고 학문적으로 근거가 있어야 하고 세심하고 양심적이어야 한다.

제49조 검사 및 평가기법 개발

검사 및 기타 평가기법을 개발하는 심리학자는 표준화, 타당화, 편파의 축소와 제거를 위해 적합한 심리측정 절차와 전문적 지식을 사용해야 한다.

제50조 평가에 대한 동의

1. 평가 및 진단을 하기 위해서는 내담자로부터 평가 동의를 받아야 한다. 평가 동의를 구할 때에는 평가의 본질과 목적, 비용, 비밀유지의 한계에 대해 알려야 한다. 그러나 다음의 경우는 평가 동의를 받지 않아도 된다.

    (1) 법률에 의해 검사가 위임된 경우

(2) 검사가 일상적인 교육적, 제도적 활동 또는 기관의 활동(예, 취업 시 검사)으로 실시되는 경우

2. 동의할 능력이 없는 개인과, 법률에 의해 검사가 위임된 사람에게도 평가의 본질과 목적에 대해 알려 주어야 한다.

3. 검사결과를 해석해 주는 자동화된 해석 서비스를 사용하는 심리학자는 이에 대해 내담자/환자로부터 동의를 얻어야 하며, 검사결과의 기밀성과 검사 안정성이 유지되도록 해야 하며, 법정증언을 포함하여, 추천서, 보고서, 진단적, 평가적 진술서에서 수집된 자료의 제한성에 대해 기술해야 한다.

제51조 평가 결과의 해석

1. 평가 결과를 해석할 때, 심리학자는 해석의 정확성을 감소시킬 수 있는 다양한 검사 요인들, 예를 들어 피검사자의 검사받는 능력과 검사에 영향을 미칠 수 있는 상황이나 개인적, 언어적, 문화적 차이 등을 고려해야 한다.

2. 평가 결과의 해석은 내담자/환자에게 내용적으로 이해가능해야 한다.

제52조 무자격자에 의한 평가

심리학자는 무자격자가 심리평가 기법을 사용하도록 허용해서는 안 된다. 단 적절한 감독하에 수련 목적으로 사용하는 경우는 예외로 하며 다음과 같은 사항에 주의한다. 수련생의 교육, 수련 및 경험에 비추어 수행할 수 있는 평가 기법들에 한정해 주어야 하며 수련생이 그 일을 유능하게 수행할 수 있는지 지속적으로 감독해야 한다.

제53조 사용되지 않는 검사와 오래된 검사결과

1. 심리학자는 실시한 지 시간이 많이 경과된 검사결과에 기초하여 평가, 중재 결정, 중재 권고를 하지 않아야 한다.

2. 심리학자는 현재 사용되고 있지 않거나 현재의 목적에 유용하지 않은, 제작된 지 오래된 검사나 척도에 기초하여 평가, 중재 결정, 중재 권고를 하지 않아야 한다.

제54조 검사채점 및 해석 서비스

1. 다른 심리학자에게 검사 또는 채점 서비스를 제공하는 심리학자는 절차의 목적, 규준, 타당도, 신뢰도 및 절차의 적용, 그리고 사용할 수 있는 자격에 대해 정확하게 기술해야 한다.
2. 심리학자는 프로그램과 절차의 타당도에 대한 증거에 기초하여 채점 및 해석 서비스를 선택해야 한다.
3. 심리학자가 직접 검사를 실시, 채점, 해석하거나, 자동화된 서비스 또는 기타 서비스를 사용하더라도, 평가도구의 적절한 적용, 해석 및 사용에 대해 책임을 져야 한다.

제55조 평가 결과 설명

검사의 채점 및 해석과 관련하여, 심리학자는 검사를 받은 개인이나 검사집단의 대표자에게 결과를 설명해 주어야 한다. 그러나 관계의 특성에 따라서는 결과를 설명해 주지 않아도 되는 경우도 있다(예, 조직에 대한 자문, 사전고용, 보안심사, 법정에서의 평가 등). 이러한 사실은 평가받을 개인에게 사전에 분명하게 알려주어야 한다.

제56조 평가서, 검사 보고서 열람

1. 평가서의 의뢰인과 피검사자가 동일하지 않을 경우에, 평가서와 검사보고서는 의뢰인이 동의할 때 피검사자에게 열람될 수 있다.
2. 건강에 피해를 줄 수 있다고 판단되지 않는 한, 피검사자가 원할 때는 평가

서와 검사보고서를 볼 수 있도록 도와야 한다.

3. 평가서를 보여 주어서 안 되는 경우, 사전에 피검사자에게 이 사실을 인지
시켜 주어야 한다.

제57조 검사자료 양도

내담자/환자를 다른 서비스 기관으로 의뢰할 경우, 심리학자는 내담자/환자
또는 의뢰기관에 명시된 다른 전문가에게 검사자료를 제공할 수 있다. 그러나
검사자료가 오용되거나 잘못 이해되는 것으로부터 내담자/환자를 보호하기 위
해 검사자료를 양도하지 않을 수도 있다. 여기에서 검사자료란 원점수와 환산
점수, 검사 질문이나 자극에 대한 내담자/환자의 반응, 그리고 검사하는 동안의
내담자/환자의 진술과 행동을 지칭한다.

제6장 치료 관련 윤리

제58조 치료 절차에 대한 설명과 동의

1. 심리학자는 내담자/환자에게 치료의 본질과 치료절차를 알려주고 동의를
얻어야 한다. 이때 치료비, 비밀유지의 한계 및 제3자의 관여 등에 대한 설
명도 있어야 한다.

2. 치료에서 위험요인이 있을 때는 그 사실과 다른 대체 치료방법에 대한 설
명도 하여야 한다.

3. 이에 더하여 심리학자는 내담자/환자에게는 그 사람의 능력에 맞게 치료
에 관하여 설명하여야 하며 치료에 대한 동의를 구하여야 한다.

4. 심리학자는 내담자/환자의 선호와 최상의 이익을 고려해야 한다.

제59조 집단치료

집단치료 서비스를 하는 경우, 심리학자는 치료를 시작할 때 모든 당사자의 역할과 책임, 그리고 비밀유지의 한계에 대하여 설명한다.

제60조 내담자/환자와의 성적 친밀성

1. 심리학자는 치료적 관계에서 내담자/환자와 어떤 성적 관계도 허용되지 않는다.
2. 심리학자는 내담자/환자의 보호자, 친척 또는 중요한 타인과 성적 친밀성을 가져서는 안 된다.
3. 심리학자는 과거 성적 친밀성을 가졌던 사람을 내담자/환자로 받아들이지 않아야 한다.
4. 심리학자는 치료 종결 후 적어도 3년 동안 자신이 치료했던 내담자/환자와 성적 친밀성을 가지지 않아야 한다. 그러나 가능하면 치료 종결 3년 후에라도 자신이 치료했던 내담자/환자와 성적 친밀성을 가지지 않는다.

제61조 치료의 중단

심리학자는 자신의 질병, 죽음, 연락 두절, 전근, 퇴직 또는 내담자/환자의 이사나 재정적인 곤란 등과 같은 요인으로 심리학적 서비스가 중단될 경우에 대비하여, 내담자/환자에 대한 최상의 복지를 고려하고, 법적인 범위 안에서 이후의 서비스를 계획해 주는 적절한 조처를 취하는 노력을 하여야 한다.

제62조 치료 종결하기

1. 심리학자는 내담자/환자가 더 이상 심리학적 서비스를 필요로 하지 않거나, 계속적인 서비스가 도움이 되지 않거나 오히려 건강을 해칠 경우에는 치료를 중단한다.

2. 심리학자는 내담자/환자 또는 내담자/환자와 관계가 있는 제3자의 위협을 받거나 위험에 처하게 될 경우에는 치료를 종결할 수 있다.

제63조 다른 기관에서 서비스 받고 있는 사람에게 서비스제공하기

다른 곳에서 정신건강 서비스를 받고 있는 사람에게 서비스를 제공할 것인지를 결정할 때, 심리학자는 치료의 쟁점과 내담자/환자의 복지에 대해 심사숙고해야 한다. 이러한 문제들과 관련하여 혼란과 갈등이 발생할 위험을 최소화하기 위해 심리학자는 내담자/환자 자신 또는 내담자/환자를 대신하여 법적인 권한을 부여받은 사람과 이러한 문제들에 대해 논의하고, 가능하다면 내담자/환자가 서비스를 받고 있는 다른 서비스 제공자의 자문을 구하면서 치료적 쟁점들을 주의깊고 세심하게 처리한다.

제64조 치료에 관한 기록

1. 심리학자는 심리학적 서비스에 관한 기록을 최소한 10년 이상 보관하여야 한다.
2. 심리학자는 내담자/환자가 동의할 경우 다른 심리학자에게 치료 기록이나 기록의 요약을 넘길 수도 있다.
3. 심리학자가 퇴직하거나 개인 개업을 중단할 경우에는 보관 기간을 고려하여 기록을 없애고, 내담자/환자가 동의할 경우에만 기록을 후임 심리학자에게 넘길 수 있다.
4. 심리학자는 권리가 손상되지 않을 경우 치료의 종결 시점에서 내담자/환자가 희망할 경우 기록을 보게 할 수도 있다.

제65조 치료비

1. 심리학자와 내담자/환자는 가능한 빨리, 치료비 관련 문제에 대해 논의하

고 합의한다.

2. 심리학자는 치료비에 대하여 허위 진술을 하지 않는다.

3. 재정적인 한계로 인하여 서비스의 한계가 예상될 경우, 이 문제를 내담자/
   환자와 가능한 빨리 논의한다.

4. 내담자가 동의했던 서비스에 대한 치료비를 지불하지 않을 경우나 심리학
   자가 치료비를 받아내기 위하여 법적인 수단을 이용하려고 하는 경우, 심
   리학자는 그러한 수단이 취해질 것임을 내담자에게 먼저 통지하여 신속히
   지불할 기회를 준다.

2003년 8월 제정(2004년 8월 수정)
한국심리학회 상벌 및 윤리위원회

주: 본 윤리규정은 미국심리학회 윤리규정과 독일심리학회와 심리사협회의 윤리요강을 참고하였다.

2 한국상담심리학회 회칙

제1조(명칭)

본 학회는 한국심리학회 산하 학회로서 사단법인 한국상담심리학회(Korean Counseling Psychological Association)라 한다(이하 '본 학회' 라 한다).

제2조(소재지)

본 학회의 사무실은 이사회에서 지정하는 장소에 둔다.

제3조(목적)

본 학회는 상담심리학 및 심리치료에 관한 제반 학술연구, 국민의 심리적 건강 증진을 위한 활동, 이를 수행할 수 있는 상담심리사의 양성 및 회원의 자질 향상과 회원 상호 간의 친목을 도모함을 목적으로 한다.

제4조(사업)

본 학회는 다음과 같은 사업을 한다.

1. 학술연구 및 발표
2. 국민의 심리적 건강 증진을 위한 지원 및 연구 활동
3. 학술지 발간
4. 상담심리사 자격제도 시행
5. 학회발전을 위한 교육 및 연수

6. 국내외 학회와의 유대

7. 회원의 권익보호 및 친목

8. 기타 본 학회 발전에 필요한 사업

제5조(회원)

회원은 정회원, 준회원, 종신회원, 그리고 기관회원으로 구분한다.

1. 정회원은 다음 각 호에 해당하는 자로서 한국심리학회 정회원이어야 한다

    1) 대학원에서 상담관련 분야의 학문을 전공하여 석사 이상의 학위를 취
       득한 자

    2) 대학에서 상담관련 분야의 강좌를 담당하고 있는 자 또는 상담 및 심리
       치료 전문직에 종사하고 있는 석사 이상의 학위소지자로서 학회운영위
       원회의 인준을 받은 자

    3) 상담심리사 1급(상담심리전문가, 이하 '상담심리전문가'라 함) 또는 상담심
       리사 2급(상담심리사, 이하 '상담심리사'라 함) 자격을 획득한 자

    4) 기타 본 학회 운영위원회의 인준을 받은 자

2. 준회원은 다음 각 호에 해당하는 자가 된다.

    1) 상담관련 분야의 석사과정을 이수중인 자

    2) 상담관련 분야의 학사학위를 받은 자

    3) 상담관련 분야 이외의 학사학위 취득자로서 3년 이상 상담관련 업무에
       종사한 자

    4) 전문학사로서 상담을 전공하고 상담기관에서 5년 이상 근무한 자

    5) 기타 본 학회 운영위원회의 인준을 받은 자

3. 종신회원은 다음에 해당하는 자가 된다.

    1) 본 학회 회장을 역임한 자로서 만 65세 이상인 자

    2) 본 학회 정회원으로서 종신회비를 납부한 자

3) 종신회원에게는 종신회원증을 발급한다.

4. 기관회원은 다음 각 호에 해당하는 기관이 된다.

1) 상담심리사 1급 자격소지자가 운영 또는 재직하는 기관으로 본 학회 운영위원회의 인준을 받은 기관

2) 기관회비를 납부한 국공립 및 공공도서관

3) 기관회원은 본 학회 정회원과 동등한 권리, 의무를 가지며 학회에서는 3년 단위로 인준서를 발급한다.

4) 기관회원의 권리와 의무는 따로 정한다.

5. 회원의 자격 정지 및 제명

1) 2년 이상(당해년도 제외) 회비가 체납된 회원은 체납회비가 완납될 때까지 회원 자격 및 권리가 정지된다. 단, 종신회원은 회비 납부 의무를 지니지 않는다.

2) 상벌 및 윤리위원회가 제명하기로 결정한 사람은 회장이 이사회의 인준을 얻어 제명한다.

6. 위 1항과 2항의 상담관련 분야의 인정 범위는 자격관리위원회에서 정한다.

제6조(임원)

1. 본 회에는 다음과 같은 임원을 둔다.

1) 회장

2) 차기회장

3) 부회장(발전기획위원장)

4) 총무이사

5) 지회장(시, 도지회 결성 시)

6) 학술위원장

7) 사례연구위원장

8) 자격관리위원장

9) 자격검정위원장

10) 교육연수위원장

11) 상담심리사 수련위원장

12) 홍보위원장

13) 대외협력위원장

14) 학회지 편집위원장

15) 상벌 및 윤리위원장

16) 학술윤리위원장

17) 감사

2. 임원 선출

1) 회장은 임기 개시 1년 전까지 개최되는 정기총회에서 선출한다.

2) 감사는 정기총회에서 선출하며, 이사를 겸할 수 없다.

3) 기타 임원은 회장의 추천으로 이사회에서 선출한다.

4) 부득이한 사유(예: 정족수 미달 등)로 정기총회가 개최되지 못한 경우에는 이후 개최되는 첫 임시총회에서 임원을 선출한다.

3. 임원 임기

1) 회장의 임기는 익년도 1월1일부터 12월31일로 한다.

2) 기타 임원의 임기는 회장의 재임기간으로 한다.

3) 회장의 유고 시에는 부회장, 차기회장 순으로 승계하며 기타 임원의 결원 시에는 이사회에서 보선, 승계하도록 한다. 이 경우 임기는 전임자의 잔여 기간으로 한다.

제7조(총회)

1. 총회의 기능

1) 임원의 선출에 관한 사항

2) 회칙 개정 의결

3) 예산 및 결산의 인준

4) 다음 1년간의 사업 계획의 인준

5) 학회의 해산 의결

6) 기타 학회 운영에 중요한 사항의 의결

2. 정기총회: 매년 12월에 개최한다.

3. 임시총회: 회장이 필요하다고 인정하거나 목적사항을 제시하여 정회원 1/3 이상 또는 이사 1/2 이상의 요구가 있을 때 소집 요구일로부터 30일 이내에 소집하며 정기총회와 같은 일을 행할 수 있다.

4. 총회의 의결정족수: 정회원 과반수의 출석으로 개회하고 출석인원 과반수의 찬성으로 의결한다. 다만, 가부동수인 경우에는 의장이 결정하며 해산에 관한 사항은 따로 정한다.

5. 총회의 의장은 회장이 겸한다

6. 총회의 의장은 회의 안건을 명기하여 7일 전에 각 회원에게 통지하여야 한다. 총회는 통지 사항에 한하여만 의결할 수 있다.

제8조(이사회)

1. 이사회는 당연직 이사와 선임이사로 구성한다.

1) 당연직 이사: 학회장, 차기학회장, 부회장, 총무이사, 각 위원회 위원장

2) 선임이사: 선임이사는 50명 내외로 하며 총회에서 선출한다.

2. 당연직 이사의 임기는 재임기간에 한하며, 선임이사의 임기는 1년으로 한다.

3. 이사회의 의장은 학회장이 겸한다.

4. 이사회는 이사회장의 요청 또는 목적사항을 제시하여 재적 이사 1/2 이상

의 요구가 있을 때 소집 요구일로부터 20일 이내에 이사회장이 소집하며, 회의 7일 전까지 회의의 목적과 일시, 장소를 명시하여 각 이사에게 통지하여야 한다. 이사회는 통지 사항에 한하여만 의결할 수 있다.

5. 이사회는 재적 이사 과반수의 출석으로 개회하고 출석이사 과반수의 찬성으로 심의 안건을 인준 또는 의결한다. 다만, 가부동수인 경우에는 의장이 결정한다.

6. 이사회는 다음과 같은 사항을 심의, 인준 또는 의결한다.

   1) 학회의 연간 사업계획의 심의 및 인준

   2) 본 회의의 예산 및 결산의 심의 및 인준

   3) 임원의 선출

   4) 회칙 및 각종 규정의 개정 심의

   5) 상임위원회 및 특별위원회의 설치 및 폐지 의결

   6) 지회 및 분회의 설치 및 폐지 의결

   7) 회비(입회비 연회비, 및 종신회비), 회의비(이사회비 등) 및 학회 재원확보 방안의 심의 및 의결

   8) 외부 기관과의 관계 체결 의결

   9) 기타 학회 운영에 필요한 제반 사항의 심의, 인준, 또는 의결

제9조(지회)

1. 본 회는 이사회의 결의에 따라 지회(서울, 중부지역 제외한 시·도별)를 둘 수 있다.

2. 지회는 본 학회의 목적에 따라 운영되며 세부 운영규정은 별도로 정한다.

3. 지회는 해당 지역의 모든 분회를 포함하며, 상담심리전문가 7인 이상, 정·준회원 합 40인 이상으로 구성한다.

4. 지회는 상담심리사를 위한 수련회를 실시할 수 있다. 단, 수련회 실시 3개

월 전에 계획서를 작성하여 상담심리사 수련위원회를 거쳐 학회 운영위원회의 승인을 받아야 하며, 수련회 강사는 상담심리전문가를 원칙으로 한다.

5. 지회는 매년 정기총회에서 연간 업무 보고를 해야 한다.

제10조(위원회)

본 학회에서는 다음의 상임위원회를 둔다.

1. 운영위원회

　1) 구성: 위원장(회장), 위원(차기회장, 부회장, 총무이사, 각 위원회 위원장, 한국상담전문가협회 회장)

　2) 임무:

　　① 학회 사업의 계획 수립 및 시행

　　② 예산안 작성 및 결산 업무

　　③ 각 상임위원회의 업무 계획 및 예산 집행 협의 및 승인

　　④ 분회, 지회, 및 상임연구회의 설립 및 폐지 심의

　　⑤ 대외 관계 사업

　　⑥ 임시위원회(Task Force Team)의 설치와 폐지

　　⑦ 기타 학회 운영에 필요한 제반 사항

　3) 운영위원회에 다음의 특별위원회를 둔다.

　− 발전기획위원회

　　① 구성: 위원장(부회장)

　　　위원(각 위원회 부위원장)

　　② 임무: 학회발전을 위한 방안 수립 및 건의

2. 상임위원회

　1) 학술위원회

① 구성: 위원장, 부위원장, 위원 약간 명

② 임무: 학술발표, 세미나, 각 상담연구회 관리

2) 사례연구위원회

① 구성: 위원장, 부위원장, 위원 약간 명

② 임무: 사례연구 및 발표, 분회 관리

3) 자격관리위원회

① 구성: 위원장, 부위원장, 위원 약간 명

② 임무: 회원자격관리, 상담심리사자격관리

③ 상담심리사의 자격과 관련된 자격규정은 별도로 정한다.

4) 자격검정위원회 (신설)

① 구성 : 위원장, 부위원장, 위원 약간 명

② 임무 : 자격시험 및 자격심사업무관리. 단, 이사회 결의에 의거, 자격
시험 및 자격심사 업무를 한국상담전문가협회에 위임할 수 있다. 협
회는 자격시험 및 자격심사 업무를 학회 제 규정에 따라 시행한다.

③ 상담심리사의 자격검정규칙 및 시행세칙은 별도로 정한다.

5) 교육연수위원회

① 구성: 위원장, 부위원장, 위원 약간 명

② 임무: 회원 연수 및 제반 교육훈련

6) 상담심리사 수련위원회

① 구성: 위원장, 부위원장, 위원 약간 명

② 임무: 상담심리사 자질향상을 위한 연수 및 교육 훈련

7) 홍보 위원회

① 구성: 위원장, 부위원장, 위원 약간 명

② 임무: 국민의 심리적 건강 증진을 위한 교육 및 대외활동, 대외홍보
자료수집 및 홍보.

8) 대외협력위원회

　① 구성: 위원장, 부위원장, 위원 약간 명

　② 임무: 학회(회원) 권익을 위한 대외협력활동

9) 학회지 편집위원회

　① 구성: 위원장, 부위원장, 위원 약간 명

　② 임무: 학회지 관련 제반 업무

10) 상벌 및 윤리위원회

　① 구성: 위원장, 부위원장, 위원 약간 명(상임위원장 및 회장이 지명하는
　　5명 내외의 전문가 회원)

　② 임무: 상벌 및 윤리에 관한 규정 제정 및 시행

11) 학술윤리위원회

　① 구성: 위원장, 부위원장, 위원 약간명

　② 임무: 학술연구 윤리에 관한 규정 제정 및 시행

3. 상임위원회의 위원수는 5-10인으로 하며, 위원은 2개 이상 중복 소속되지 않는 것을 원칙으로 한다.

4. 각 위원회 위원장은 회장과 협의하여 위원을 운영위원회에 추천하여 인준을 받으며 임기는 회장의 재임기간으로 한다.

5. 각 위원회는 회장과 협의하여 운영세칙, 예산 또는 업무계획을 수립하고 운영위원회의 승인을 받아 집행하며 운영위원회 및 이사회에 사업 및 결산 보고를 하여야 한다.

6. 학회 총무이사는 각 위원회 당연직 위원이 되며, 각 위원회의 행정업무 및 공문수발을 지원해야 한다. 학회 홈페이지는 운영위원회의 지침을 받아 관리한다.

7. 각 위원회는 회장과 협의하여 별도의 재무관리를 할 수 있으나, 지출결의서(간사, 부위원장, 위원장 날인)에 의해 금전지출이 이루어져야 하며, 연 1회

이상(또는 주요행사 시) 운영위원회와 이사회에 결산 보고하고 그 결과는 학회에 귀속된다. 지출결의서 및 영수증은 5년, 금전출납부 및 통장은 10년 이상 보관한다.

제11조(각 분야별 상담연구회)

운영위원회의 결의에 따라 학술위원회 소속으로 전문분야별 상담연구회를 둘 수 있다. 연구회 회원은 본 학회 회원이어야 하며 분야별 상담연구회의 목적과 구성은 다음과 같으며 세부운영 규정은 별도로 정한다.

1. 목적: 전문 영역별 상담연구와 발표, 친목도모 및 회원들의 전문적 성장을 돕는 활동
2. 구성: 연구회장, 임원은 본회 회원이어야 하며 본회 정회원 10인 이상 포함
3. 연구회장은 상담심리전문가로서 학술위원회를 거쳐 운영위원회의 인준을 받고, 연구회의 임원은 본회 정회원이어야 한다.
4. 상담연구회는 학술 또는 사례발표회를 연 1회 이상 실시하여야 하며, 학술위원회를 거쳐 정기총회에 연 1회 이상 사업보고를 해야 한다.
5. 연구회의 회계는 본회 회계규정에 따르되 학회에 연 1회 회계보고를 하여야 한다.
6. 연구회가 다른 학회 및 단체와 공식적인 교류 및 후원할 경우 본 학회 학술위원회를 거쳐 운영위원회의 승인을 받아야 한다.

제12조(분회)

본 학회는 회원들의 상담사례 연구 및 토의를 위하여 다음과 같이 분회를 둔다.

1. 설립요건: 분회는 다른 분회에 소속되지 않은 상담심리사 1급 자격 소지자 2인 이상과 8인 이상의 회원(정·준회원)으로 구성된다.

2. 설립절차: 분회의 설립은 상담심리전문가 2인 이상이 발의하여 사례연구 위원회를 거쳐 운영위원회에 서면으로 신청하며, 운영위원회는 심의를 거쳐 분회 설립을 승인한다.

3. 분회장 : 분회장은 분회원들의 상담사례 연구 및 토의 활동의 지도감독의 책임을 지며, 다음 중 하나 이상에 해당하는 자로서 운영위원회의 승인을 거친 자여야 한다.

   1) 상담심리전문가 자격증 취득 후 5년 이상 경과된 자

   2) 자격관리위원회에서 그 경력이 인정된 자

   3) 상담심리전문가 자격증을 취득한 대학의 부교수 이상인 자

4. 분회 운영: 분회 운영의 책임은 분회장에게 있으며, 분회장은 매년 다음과 같은 활동을 개최하고 그 실적을 사례연구위원회에 연 1회 이상 서면으로 보고한다.

   1) 연 8회 이상 상담사례 연구 및 토의 모임 개최

   2) 분회 회원 관리 현황 보고

5. 분회 관리: 각 분회의 관리는 사례연구위원회에서 하며, 사례연구위원회는 활동 실적이 미비한 분회에 대해 분회 활동 정지 또는 분회 설립 취소 등을 운영위원회에 제청할 수 있으며, 운영위원회는 심의를 거쳐 분회 활동을 정지 또는 설립 취소시킬 수 있다.

제13조(재정)

1. 본 학회의 재정은 회비, 회의비, 학회운영 수익, 및 기타 찬조비 등으로 충당한다.

2. 회원 자격별 회비(입회비, 연회비 및 종신회비 등) 및 회의비(이사회비 등)는 이사회에서 정한다

3. 본 학회 회원으로서 2년 이상 연회비를 납부하지 않은 회원의 자격은 회비

납부 시까지 정지되며, 미납회비(당해년도를 포함한 3년분 미납 연회비)의 납부와 동시에 회원 자격이 회복된다.

4. 종신회비를 납부한 회원은 연회비가 면제된다.

5. 본 학회 재정의 모든 입출금은 본 학회가 보유한 은행 계좌를 통해 이루어진다. 단, 정회원의 회비 수령 권한은 별도의 약정에 의해 사단법인 한국심리학회에 위임할 수 있다.

제14조(회계년도)

본 학회의 회계년도는 정부의 회계년도를 따르는 것을 원칙으로 한다.

제15조(감사)

감사는 본 학회(각 상임위 포함)의 운영 및 예산결산에 관한 감사를 실시하여 총회에 보고하여 승인을 받는다. 회계 감사 시, 금전출납부, 지출결의서, 영수증, 통장을 포함하여 제출하여야 하며, 학회장은 지출결의서 및 영수증은 5년, 금전출납부 및 통장은 10년 이상 보관하여야 한다(상임위는 사본 보관). 감사 결과 부적절 의견이 제시되었을 경우 외부 공인회계사에게 감사를 의뢰하여 그 결과에 따라 이사회에서 처리한다.

제16조(해산)

본 학회의 해산은 정회원 과반수 출석으로 개최되는 총회에서 출석 회원 2/3 이상의 찬성으로 의결하되 한국심리학회 이사회의 인준을 거친다.

제17조(회칙개정)

본 학회의 회칙 개정은 이사회의 심의, 의결을 거쳐 정회원 과반수 출석으로 개회되는 총회에서 출석 회원 과반수의 찬성으로 의결하되 한국심리학회 이사회의 인준을 거친다.

부 칙

본 회칙은 1987년 5월 16일부터 시행한다.

본 개정 회칙은 1992년 11월 21일부터 시행한다.

본 개정 회칙은 1993년 9월 18일부터 시행한다.

본 개정 회칙은 1999년 12월 18일부터 시행한다.

본 개정 회칙은 2000년 9월 16일부터 시행한다.

본 개정 회칙은 2003년 11월 15일부터 시행한다.

본 개정 회칙은 2004년 4월 17일부터 시행한다.

본 개정 회칙은 2005년 4월 16일부터 시행한다.

본 개정 회칙은 2005년 9월 24일부터 시행한다.

본 개정 회칙은 2006년 9월 16일부터 시행한다.

본 개정 회칙은 2007년 3월 17일부터 시행한다.

본 개정 회칙은 2009년 3월 21일부터 시행한다.

3 한국상담심리학회 윤리강령

전문

한국상담심리학회는 학회 회원들이 모든 인간의 존엄성과 가치를 존중하고 다양한 조력활동을 통해, 인간 개개인의 잠재력과 독창성을 신장하여 저마다 자기를 실현하는 건전한 삶을 살도록 돕는 데 헌신한다.

본 학회에서 인증한 상담심리사(1급, 2급)는 전문적 지식과 기술을 개발하고 전문가로서의 능력과 자질을 향상시키며, 상담심리사의 역할을 하는 데 있어서 내담자의 복지를 최우선 순위에 둔다. 상담심리사는 전문적인 상담 활동을 통해 내담자의 개인적인 성장과 사회 공익에 기여하는 데 최선을 다하고 상담심리사로서 자신의 행동에 책임을 진다. 이를 위하여 본 학회에서 인증한 상담심리사는 다음과 같은 윤리 강령을 숙지하고 준수할 것을 다짐한다.

1. 전문가로서의 태도

가. 전문적 능력

(1) 상담심리사는 자기 자신의 교육과 수련, 경험 등에 의해 준비된 범위 안에서 전문적인 서비스와 교육을 제공한다. 상담심리사는 자신의 능력의 한계를 인정하고 교육이나 훈련, 경험을 통해 자격이 주어진 상담활동만을 한다.

(2) 상담심리사는 자신이 가진 능력 이상의 것을 주장하거나 암시해서는 안 되며, 타인에 의해 능력이나 자격이 오도되었을 때에는 수정해야 할 의무가 있다.

(3) 상담심리사는 자신의 활동분야에 있어서 최신의 과학적이고 전문적인 정보와 지식을 유지하기 위해 지속적인 교육과 연수의 필요성을 인식하고 참여한다.

(4) 상담심리사는 정기적으로 전문인으로서의 능력과 효율성에 대한 자기반성이나 평가가 있어야 하며, 필요한 경우 자신의 효율성을 증진시키기 위해 지도감독을 받을 책무가 있다.

(5) 상담심리사는 윤리강령과 시행세칙을 준수할 책임이 있다.

(6) 상담기관에 상담심리사를 고용할 때는 전문적인 능력을 갖춘 이를 선발해야 한다.

나. 성실성

(1) 상담심리사는 자신의 신념체계, 가치, 제한점 등이 상담에 미칠 영향력을 자각하고, 내담자에게 상담의 목표, 기법, 한계점, 위험성, 상담의 이점, 자신의 강점과 제한점, 심리검사와 보고서의 목적과 용도, 상담료, 상담료 지불방법 등을 명확히 알린다.

(2) 상담심리사는 개인의 이익을 위해 상담전문직의 가치와 권위를 훼손하는 행동을 해서는 안 된다.

(3) 상담심리사는 능력의 한계나 개인적인 문제로 내담자를 적절하게 도와줄 수 없을 때에는 상담을 시작해서는 안 되며, 다른 상담심리사나 정신건강 전문가에게 의뢰하는 등 내담자를 도와줄 수 있는 방법을 강구한다.

(4) 상담심리사는 자신의 질병, 죽음, 이동, 또는 내담자의 이동이나 재정적 한계 등과 같은 요인에 의해 상담이 중단될 경우, 이에 대한 적절한 조치

를 취해야 한다.

(5) 상담을 종결하는 데 있어서 어떤 이유보다도 우선적으로 내담자의 관점과 요구에 대해 논의해야 하며, 내담자가 다른 전문가를 필요로 할 경우에는 적절한 과정을 거쳐서 의뢰한다.

(6) 상담심리사는 내담자나 학생, 연구 참여자, 동료들이 피해를 입지 않도록 적절한 조치를 취한다.

(7) 상담심리사는 자신의 기술이나 자료가 다른 사람들에 의해 오용될 가능성이 있거나, 개선의 여지가 없는 활동에 참여해서는 안 되며, 이런 일이 일어난 경우에는 이를 바로잡거나 최소화하는 조치를 취한다.

다. 상담심리사 교육과 연수

(1) 상담심리사 교육은 학술적인 연구와 지도 감독하의 실습을 통합하는 과정으로 설정되어야 하며, 교육 프로그램은 교육생들이 상담기술, 지식, 자기이해를 넓힐 수 있는 방향으로 설정되어야 한다.

(2) 상담심리사 교육에 들어가기 전에 교육 프로그램의 내용, 기본적인 기술 개발, 진로 전망에 대해 알려 준다.

(3) 교육 프로그램은 개인과 사회를 위하는 상담의 이상적 가치를 교육생들에게 고무해야 하며, 따라서 재정적 보상이나 손실보다는 직업애와 인간애에 더 가치를 두도록 한다.

(4) 교육생들에게 다양한 이론적 입장을 제시하여, 교육생들이 이 이론들의 비교를 통해서, 스스로 자신의 입장을 선택할 수 있도록 한다.

(5) 교육 프로그램은 학회의 최근 관련 지침과 보조를 맞추어 진행되어야 한다.

(6) 상담심리사 교육에서는 교육생들에 대한 지속적인 평가를 통해, 장래의 상담활동을 수행하는 데 장애가 될 수도 있는, 교육생들의 한계를 알아내

야 한다. 지도 교육하는 상담심리사는 교육생들이 상담자로서 성장할 수 있도록 도와주는 한편, 교육 프로그램을 통해서 바람직한 상담활동을 할 수 없는 사람을 가려낼 수 있어야 한다.

(7) 상담심리사는 상담심리사 교육과 훈련프로그램을 전문적으로 실시하고, 윤리적인 역할 모델이 되어 교육생들이 윤리적 책임과 윤리강령을 잘 인식하도록 돕는다.

(8) 상담심리사는 상담 성과나 훈련 프로그램을 홍보하기 위해 내담자 또는 수련생과의 관계를 이용하지 않는다.

(9) 상담심리사가 교육목적으로 저술한 교재는 교육과 연수과정에 채택할 수 있다.

라. 자격증명서

(1) 본 학회에서 인증한 상담심리사는 자신의 자격을 일반 대중에게 알릴 수 있다.

(2) 상담심리사는 자격증에 명시된 것 이상으로 자신의 자격을 과장하지 않는다.

(3) 상담이나 혹은 정신건강 분야에 관련된 석사학위를 가지고 있으나 박사학위는 그 이외의 분야에서 취득한 상담심리사는 그들의 상담활동에서 '박사'라는 말을 사용하지 않으며, 그 상담활동이나 지위와 관련하여 박사학위를 가진 상담심리사인 것처럼 대중에게 알리지 않는다.

2. 사회적 책임

가. 사회와의 관계

(1) 상담심리사는 사회의 윤리와 도덕기준을 존중하고, 사회공익과 자신이 종사하는 전문직의 바람직한 이익을 위해 최선을 다한다.

(2) 상담심리사는 경제적 이득이 없는 경우에도 자신의 전문적 활동에 헌신함으로써 사회에 공헌한다.

(3) 상담비용을 책정할 때 상담심리사들은 내담자의 재정상태와 지역성을 고려하여야 한다. 책정된 상담료가 내담자에게 적절하지 않을 때에는, 가능한 비용에 적합한 서비스를 받을 수 있는 방법을 찾아줌으로써 내담자를 돕는다.

(4) 상담 전문가가 되기 위해 수련하는 학회 회원에게는 상담료나 교육비 책정에 있어서 특별한 배려를 한다.

나. 고용 기관과의 관계

(1) 상담심리사는 자신이 종사하는 기관의 목적과 방침에 공헌할 수 있는 활동을 할 책임이 있다. 만일 자신의 전문적 활동이 기관의 목적과 모순되고, 직무수행에서 갈등이 해소되지 않을 때에는 기관과의 관계를 종결해야 한다.

(2) 상담심리사는 근무기관의 관리자 및 동료들과의 관계를 통해서 상담업무, 비밀보장, 공적 자료와 개인자료의 구별, 기록된 정보의 보관과 처분, 업무량, 책임에 대한 상호 간의 동의가 이루어져야 한다. 이러한 동의는 구체적이어야 하며, 관련된 모든 사람이 알고 있어야 한다.

(3) 상담심리사는 그의 고용주에게 손해를 끼칠 수 있는 상황이나, 기관의 효율성에 제한을 줄 수 있는 상황에 대해 미리 경고를 해 주어야 한다.

(4) 상담심리사의 인사배치는 내담자의 권리와 복지를 보장하고 증진시킬 수 있도록 해야 한다.

(5) 상담심리사는 수련생에게 적절한 훈련과 지도감독을 제공하고, 수련생이 이 과정을 책임 있고 유능하게 수행할 수 있도록 도와야 하며, 만일 기관의 정책과 실제가 이런 의무의 수행을 막는다면, 가능한 범위에서 그 상황을 바로잡도록 노력한다.

다. 상담 기관 운영자

(1) 상담기관 운영자는 다음 목록을 작성해 두어야 한다. 기관에 소속된 상담심리사의 증명서나 자격증은 그중 최고 수준의 것으로 하고, 자격증의 유형, 주소, 연락처, 직무시간, 상담의 유형과 종류, 그와 관련된 다른 정보 등이 정확하게 기록되어야 한다.

(2) 상담기관 운영자는 자신과 현재 종사하고 있는 직원의 발전에 책임이 있다.

(3) 상담기관 운영자는 직원들에게 기관의 목표와 상담 프로그램에 대해 알려 주어야 한다.

(4) 상담기관 운영자는 고용, 승진, 인사, 연수 및 지도 시에 나이, 문화, 장애, 성, 인종, 종교, 혹은 사회경제적 지위 등을 이유로 어떤 차별적인 행동을 해서는 안 된다.

(5) 상담기관 운영자는 직원이나 학생, 수련생, 동료 등을 교육, 감독하거나 평가시에 착취하는 관계를 가져서는 안 된다.

(6) 상담심리사가 개업상담가로서 상담을 홍보하고자 할 때는 일반인들에게 상담의 전문적 활동, 전문지식, 활용할 수 있는 상담 기술 등을 정확하게 알려 주어야 한다.

(7) 기관에 재직 중인 상담심리사는 상담개업 활동에 적극적으로 종사하고

있지 않다면, 자신의 이름이 상업 광고에 사용되도록 해서는 안 된다.

(8) 상담심리사는 다른 상담심리사나 정신건강 전문가와 협력체제를 맺을 수 있는데, 이럴 때 기관의 특수성을 분명히 인지하고 있어야 한다.

(9) 상담심리사는 자신의 개업활동에 대해 내담자에게 신뢰감을 주기 위해 학회나 연구단체의 회원임을 거론하는 것은 비윤리적이다.

(10) 내담자나 교육생을 모집하기 위해, 개인상담소를 고용이나 기관 가입의 장소로 이용해서는 안 된다.

라. 다른 전문직과의 관계

(1) 상담심리사는 자신의 방식과 다른 전문적 상담 접근을 존중해야 한다. 상담심리사는 함께 일하는 다른 전문적 집단의 전통과 실제를 알고 이해해야 한다.

(2) 공적인 자리에서 개인 의견을 말할 경우, 상담심리사는 그것이 자기 자신의 관점에서 나온 것이고, 모든 상담심리사의 견해를 대변하는 것이 아님을 분명히 해야 한다.

(3) 내담자가 다른 정신건강 전문가의 서비스를 받고 있음을 알게 되면, 내담자의 동의하에 상담 사실을 그 전문가에게 알리고, 긍정적이고 협력적인 치료관계를 맺도록 노력한다.

(4) 상담심리사는 다른 전문가로부터 의뢰비용을 받으면 안 된다.

마. 자문

(1) 자문이란 개인, 집단, 사회단체가 전문적인 조력자의 도움이 필요하여 요청한 자발적인 관계를 말하는데, 상담심리사는 자문을 요청한 내담자나 기관의 문제 혹은 잠재된 문제를 규명하고 해결하는 데 도움을 준다.

(2) 상담심리사와 내담자는 문제 규명, 목표 변경, 상담 성과에 서로의 이해

와 동의를 구해야 한다.

(3) 상담심리사는 자신이 자문에 참여하는 개인 또는 기관에게 도움을 주는 데 필요한, 충분한 자질과 능력을 갖추었는지를 합리적인 방법으로 명시해야 한다.

(4) 자문을 할 때 개인이나 기관의 가치관을 바꾸는 데 도움을 주고자 한다면 상담심리사 자신의 가치관, 지식, 기술, 한계성이나 욕구에 대한 깊은 자각이 있어야 하고, 자문의 초점은 문제를 가진 사람이 아니라 풀어 나가야 할 문제 자체에 두어야 한다.

(5) 자문 관계는 내담자가 스스로 성장해 나가도록 격려하고 고양하는 것이어야 한다. 상담심리사는 이러한 역할을 일관성 있게 유지해야 하고, 내담자가 스스로의 의사결정자가 되도록 도와주어야 한다.

(6) 상담활동에서 자문의 활용에 대해 홍보할 때는 학회의 윤리강령을 성실하게 준수해야 한다.

바. 홍보

(1) 상담심리사는, 전문가로서의 자신의 자격과 상담활동에 대해 대중에게 홍보하거나 설명할 수 있으나, 그 내용은 정확해야 하며, 오해를 일으킬 수 있거나 거짓된 내용이어서는 안 된다.

(2) 상담심리사는 상담 수주를 위해 강연, 출판물, 라디오, TV, 혹은 다른 매체의 홍보에 대해 보수를 지급해서는 안 된다.

(3) 내담자의 추천을 통해서 새로운 내담자의 신뢰를 얻고자 할 때에는, 상황이 특수한 상태이거나, 취약한 상태인 내담자에게는 추천을 의뢰해서는 안 된다.

(4) 상담심리사는 출판업자, 언론인, 혹은 스폰서 등이 상담의 실제나 전문적인 활동과 관련된 잘못된 진술을 하는 경우 이를 시정하고 방지하도록 노

력한다.

(5) 상담심리사가 워크샵이나 훈련프로그램을 홍보할 때는 소비자의 선택을 위해서 적절한 정보를 제공하고 정확하게 홍보해야 한다.

3. 인간권리와 존엄성에 대한 존중

가. 내담자 복지

(1) 상담심리사의 일차적 책임은 내담자의 복리를 증진하고 존엄성을 존중하는 것이다.

(2) 상담심리사는 내담자의 잠재력을 개발하여 건강한 삶을 영위하도록 도움을 주며, 어떤 방식으로도 해를 끼치지 않는다. 상담심리사는 내담자로 하여금 의존적인 상담관계를 형성하지 않도록 노력하여야 한다.

(3) 상담심리사는 상담관계에서 오는 친밀성과 책임감을 인식하고, 상담심리사의 개인적 욕구충족을 위해서 내담자를 희생시켜서는 안 된다.

(4) 상담심리사는 내담자의 가족이 내담자의 삶에 중요하다는 것을 인식하고, 필요하다면 가족의 이해와 참여를 얻기 위해 노력한다.

(5) 상담심리사는 직업 문제와 관련하여 내담자의 능력, 일반적인 기질, 흥미, 적성, 욕구, 환경 등을 고려하면서 내담자와 함께 노력하지만, 내담자의 일자리를 찾아주거나 근무처를 정해 줄 의무가 있는 것은 아니다.

나. 다양성 존중

(1) 상담심리사는 모든 인간의 기본적인 권리, 존엄성, 가치를 존중하며 연령이나 성별, 인종, 종교, 성적인 선호, 장애 등을 이유로 내담자를 차별하지 않는다.

(2) 상담심리사는 내담자의 다양한 문화적 배경을 이해하려고 적극적으로 시도해야 하며, 상담심리사 자신의 고유한 문화적 정체성이 상담과정에 어떤 영향을 주는지를 인식해야 한다.

(3) 상담심리사는 자신의 고유한 가치, 태도, 신념, 행위를 인식하여 그것이 어떻게 다양한 사회에서 적용되는지를 깨닫고 있어야 하고, 내담자에게 자신의 가치를 강요하지 않는다.

다. 내담자의 권리

(1) 내담자는 비밀유지를 기대할 권리가 있고 자신의 사례기록에 대한 정보를 가질 권리가 있으며, 상담 계획에 참여할 권리, 어떤 서비스에 대해서는 거절할 권리, 그런 거절에 따른 결과에 대해 조언을 받을 권리 등이 있다.

(2) 상담심리사는 내담자에게 상담에 참여 여부를 선택할 자유와 어떤 전문가와 상담할 것인가를 결정할 자유를 주어야 한다. 내담자의 선택을 제한하는 제한점은 내담자에게 모두 설명해야 한다.

(3) 미성년자 혹은 자발적인 동의를 할 수 없는 사람이 내담자일 경우, 상담심리사는 이런 내담자의 최상의 복지를 염두에 두고 행동한다.

4. 상담관계

가. 이중 관계

(1) 상담심리사는 객관성과 전문적인 판단에 영향을 미칠 수 있는 이중 관계는 피해야 한다. 가까운 친구나 친인척 등을 내담자로 받아들이면 이중 관계가 되어 전문적 상담의 성과를 기대할 수 없으므로, 다른 전문가에게 의뢰하여 도움을 준다.

(2) 상담심리사는 상담 할 때에 내담자와 상담 이외의 다른 관계가 있다면, 특히 자신이 내담자의 상사이거나 지도교수 혹은 평가를 해야 하는 입장에 놓인 경우라면 그 내담자를 다른 전문가에게 의뢰한다. 그러나 다른 대안이 불가능하고, 내담자의 상황을 판단해 볼 때 상담관계 형성이 가능하다고 여겨지면 상담관계를 유지할 수도 있다.

(3) 상담심리사는 특별한 경우를 제외하고는, 내담자와 상담실 밖에서 사적인 관계를 유지하지 않도록 한다.

(4) 상담심리사는 내담자와의 관계에서 상담료 이외의 어떠한 금전적, 물질적 거래관계도 맺어서는 안 된다.

나. 성적 관계

(1) 상담심리사는 내담자와 어떠한 종류이든 성적관계는 피해야 한다.

(2) 상담심리사는 이전에 성적인 관계를 가졌던 사람을 내담자로 받아들이지 않는다.

(3) 상담심리사는 상담관계가 종결된 이후 최소 2년 내에는 내담자와 성적 관계를 맺지 않는다. 상담 종결 이후 2년이 지난 후에 내담자와 성적 관계를 맺게 되는 경우에도 상담심리사는 이 관계가 착취적인 특성이 없다는 것을 철저하게 검증해야 한다.

다. 여러 명의 내담자와의 관계

(1) 상담심리사가 서로 관계를 맺고 있는 둘 혹은 그 이상의 내담자들(예: 남편과 아내, 부모와 자녀)에게 상담을 제공할 것을 동의할 경우, 상담심리사는 누가 내담자이며 각 사람과 어떠한 관계를 맺게 될지 그 특성에 대해 명확히 하고 상담을 시작해야 한다.

(2) 만약 그러한 관계가 상담심리사로 하여금 잠재적으로 상충되는 역할을

수행하도록 요구한다면, 상담심리사는 그 역할에 대해서 명확히 하거나, 조정하거나, 그 역할로부터 벗어나도록 한다.

5. 정보의 보호

가. 사생활과 비밀보호
(1) 상담심리사는 사생활과 비밀유지에 대한 내담자의 권리를 최대한 존중해야 할 의무가 있다.
(2) 내담자의 사생활 보호에 대한 권리는 내담자나 내담자가 위임한 법적 대리인에 의해 유예될 수 있다.
(3) 상담심리사는 내담자의 사생활 침해를 최소화하기 위해서 문서 및 구두상의 보고나 자문 등에서 실제 의사소통된 정보만을 포함시킨다.
(4) 상담심리사는 고용인, 지도감독자, 사무보조원, 그리고 자원봉사자들을 포함한 직원들에게도 내담자의 사생활과 비밀이 보호되도록 주지시켜야 한다.

나. 기록
(1) 법, 규제 혹은 제도적 절차에 따라, 상담심리사는 내담자에게 전문적인 서비스를 제공하기 위해서 반드시 기록을 보존한다.
(2) 상담심리사는 녹음 및 기록에 관해 내담자의 동의를 구한다.
(3) 상담심리사는 면접기록, 심리검사자료, 편지, 녹음·녹화 테잎, 기타 문서기록 등 상담과 관련된 기록들이 내담자를 위해 보존된다는 것을 인식하며, 상담기록의 안전과 비밀보호에 책임진다.
(4) 상담기관이나 연구단체는 상담기록 및 보관에 관한 규정을 작성해야 하

며, 그렇지 않을 경우 상담기록은 상담심리사가 속해있는 기관이나 연구 단체의 기록으로 간주한다. 상담심리사는 내담자가 기록에 대한 열람이나 복사를 요구할 경우, 그 기록이 내담자에게 잘못 이해될 가능성이 없고 내담자에게 해가 되지 않으면 응하는 것이 원칙이다. 단, 여러 명의 내담자를 상담하는 경우, 다른 내담자와 관련된 사적인 정보는 제외하고 열람하도록 한다.

(5) 상담심리사는 기록과 자료에 대한 비밀보호가 자신의 죽음, 능력상실, 자격박탈 등의 경우에도 보호될 수 있도록 미리 계획을 세운다.

(6) 상담심리사는 상담과 관련된 기록을 보관하고 처리하는 데 있어서 비밀을 보호해야 하며, 이를 타인에게 공개할 때에는 내담자의 직접적인 동의가 있을 때에만 가능하다.

(7) 상담심리사는 다음에 정한 바와 같이 비밀보호의 예외가 존재하는 경우를 제외하고는, 내담자의 서면 동의 없이는 제삼의 개인, 단체에게 상담기록을 밝히거나 전달하지 않는다.

다. 비밀보호의 한계

(1) 내담자의 생명이나 사회의 안전을 위협하는 경우가 발생한 경우에 한하여 내담자의 동의 없이도 내담자에 대한 정보를 관련 전문인이나 사회에 알릴 수 있다. 이런 경우 상담 시작 전에 이러한 비밀보호의 한계를 알려준다.

(2) 내담자가 감염성이 있는 치명적인 질병이 있다는 확실한 정보를 가졌을 때, 상담심리사는, 그 질병에 위험한 수준으로 노출되어 있는 제삼자(내담자와 관계 맺고 있는)에게 그러한 정보를 공개할 수 있다. 상담심리사는 제삼자에게 이러한 정보를 공개하기 전에, 내담자가 자신의 질병에 대해서 그 사람에게 알렸는지, 아니면 조만간에 알릴 의도가 있는지를 확인한다.

(3) 법적으로 정보의 공개가 요구될 때에는 비밀보호의 원칙에서 예외이지만, 법원이 내담자의 허락 없이 사적인 정보를 밝힐 것을 요구할 경우, 상담심리사는 내담자와의 관계를 해칠 수 있기 때문에 정보를 요구하지 말 것을 법원에 요청한다.

(4) 상황들이 사적인 정보의 공개를 요구할 때 오직 기본적인 정보만을 밝힌다. 더 많은 사항을 밝히기 위해서는 사적인 정보의 공개에 앞서 내담자에게 알린다.

(5) 만약 내담자의 상담이 여러 전문가로 구성된 팀에 의한 지속적인 관찰을 포함하고 있다면, 팀의 존재와 구성을 내담자에게 알린다.

(6) 상담이 시작될 때와 상담과정 중 필요한 때에, 상담심리사는 내담자에게 비밀 보호의 한계를 알리고 비밀 보호가 불이행되는 상황에 대해 인식시킨다.

(7) 비밀보호의 예외 및 한계에 관한 타당성이 의심될 때에 상담심리사는 동료 전문가의 자문을 구한다.

라. 집단상담과 가족상담

(1) 집단상담에서 상담심리사는 비밀보호의 중요성을 설명하고, 집단에서의 비밀보호와 관련된 어려움들을 토론한다. 집단 구성원들에게 비밀보호가 완벽하게는 보장될 수 없음을 알린다.

(2) 가족상담에서 한 가족 구성원에 대한 정보는, 허락 없이는 다른 구성원에게 공개될 수 없다. 상담심리사는 각 가족 구성원의 사생활에 대한 권리를 보호한다.

(3) 자발적인 언행이 불가능하거나 미성년인 내담자를 상담할 때, 상담의 과정에서 필요하면, 부모나 보호자가 참여할 수 있음을 알린다. 그러나 상담심리사는 내담자의 이익을 위해 최선을 다한다.

마. 기타 목적을 위한 내담자 정보의 사용

(1) 교육이나 연구 또는 출판을 목적으로 상담관계로부터 얻어진 자료를 사용할 때에는 내담자의 동의를 구해야 하며, 각 개인의 익명성이 보장되도록 자료 변형 및 신상 정보의 삭제와 같은 적절한 조치를 취하여 내담자의 신상에 피해를 주지 않도록 한다.

(2) 다른 전문가의 자문을 구할 경우, 상담심리사는 사전에 내담자의 동의를 구해야 하며, 적절한 조치를 통해 내담자의 사생활과 비밀을 보호하도록 노력한다.

바. 전자 정보의 비밀보호

(1) 컴퓨터를 사용하면 광범위하게 자료를 보관하고 조사·분석 할 수 있지만, 정보를 관리하는 데 한계가 있다는 사실을 알아야 한다.

(2) 내담자의 기록이 전자 정보 형태로 보존되어 제3자가 내담자의 동의 없이 접근할 수 있을 때, 상담심리사는 적절한 방법을 통해 내담자의 신상이 드러나지 않도록 조치를 취한다.

6. 상담연구

가. 연구계획

(1) 상담심리사는 윤리적 기준에 따라 과학적인 방법으로 연구를 계획하고 수행한다.

(2) 상담심리사는 연구가 잘못될 가능성을 최소화하도록 연구를 계획한다.

(3) 연구를 계획할 때, 상담심리사는 윤리강령에 따라 하자가 없도록 한다. 만약 윤리적 쟁점 이 명확하지 않다면, 상담심리사는 윤리위원회나 동료

의 자문 등을 통해 쟁점을 해결한다.

(4) 상담심리사는 최선을 다해 연구 대상자의 권리와 복지를 보호하기 위한 적절한 조치를 취해야 한다.

(5) 상담심리사는 국가의 법과 기준 및 전문적 기준을 준수하는 태도로 연구를 수행한다.

나. 책임

(1) 상담심리사는 연구가 진행되는 동안 연구 대상자의 복지에 대한 책임이 있으며, 연구 대상자를 심리적, 신체적, 사회적 불편이나 위험으로부터 보호해야 한다.

(2) 상담심리사는 자기 자신 혹은 자기 감독하에 수행된 연구의 윤리적 행위에 대해서 책임이 있다.

(3) 연구자와 연구 보조자는, 훈련받고 준비된 과제만을 수행해야 한다.

(4) 연구를 수행하는 데 있어서, 필요에 따라 숙련된 연구자의 자문을 구한다.

다. 연구 대상자의 참여 및 동의

(1) 연구에의 참여는 자발적이어야 한다. 비자발적인 참여는 그것이 연구 대상자에게 전혀 해로운 영향을 끼치지 않거나, 관찰연구가 필요한 경우에만 가능하다.

(2) 상담심리사는 연구 대상자를 구하기 위하여 부적절한 유인가를 제공하지 말아야 한다.

(3) 상담심리사는 연구 대상자가 이해할 수 있는 언어를 사용하여 연구의 목적, 절차 및 기대되는 효과를 설명한 후에 연구 동의를 받아야 한다.

(4) 상담심리사는 모든 형태의 촬영이나 녹음에 대해서 사전에 연구 대상자의 동의를 받아야 한다.

(5) 상담심리사는 정보를 숨기거나 사실과 다르게 알리는 것이 연구와 관찰에 필요한 경우를 제외하고는, 모든 연구 대상자에게 연구의 목적 및 특성에 대해 사실대로 알려야 한다. 연구의 특성상 사실과 다르게 보고한 경우에는 연구가 끝난 뒤 가능한 한 빨리 사실 그대로를 알려 주어야 한다.

(6) 상담심리사는 연구 대상자의 참여에 영향을 줄 수 있는 물리적 위험, 불편함, 불쾌한 정서적 경험 등에 관하여 반드시 사전에 알려 주어야 한다.

라. 연구결과 및 보고

(1) 상담심리사는 연구 대상자의 요구가 있을 경우, 연구 대상자에게 연구의 결과나 결론 등을 제공한다.

(2) 상담심리사는 연구 결과를 출판할 경우에 자료를 위조하거나 결과를 왜곡해서는 안 된다.

(3) 출판된 자신의 자료에서 중대한 오류가 발견된 경우, 상담심리사는 그러한 오류에 대해 수정, 철회, 정정하여야 한다.

(4) 상담심리사는 타 연구의 결과나 자료의 일부, 혹은 기본적인 내용에 대해서 아무리 자주 인용된다 할지라도 자신의 것으로 보고해서는 안 된다.

(5) 상담심리사는 자신이 수행한 연구 및 기여한 연구에 대해서만 책임과 공로를 갖는다. 연구에 많은 공헌을 한 자는 공동 연구자로 하거나, 공인을 해 주거나, 각주를 통해 밝히거나, 혹은 다른 적절한 수단을 통하여 그 공헌에 맞게 인정해 주어야 한다.

(6) 전문적이고 과학적인 가치가 있는 것으로 판명된 연구결과는 다른 상담심리사들과 상호 교환해야 하며, 연구결과가 연구소의 프로그램, 상담활동, 기존 관심과 일치하지 않는다는 이유로 철회되어서는 안 된다.

(7) 상담심리사는 자신의 연구를 제3자가 반복하기 원하고, 그만한 자격이 있으면, 연구 자료를 충분히 이용하도록 할 의무가 있다. 단 연구 대상자의

정보를 보호해야 한다.

(8) 상담심리사는, 이미 다른 논문이나 출판물에 전체 혹은 일부분이 수록된
원고를 전 출판사의 승인이나 인가 없이 이중발표하지 않는다.

7. 심리검사

가. 기본 사항

(1) 교육 및 심리 평가의 주된 목적은, 객관적이면서 해석이 용이한 평가도구
를 제공하는 데 있다.

(2) 상담심리사는 교육 및 심리 평가 방법을 활용하여, 내담자의 복리와 이익
을 추구하여야 한다.

(3) 상담심리사는 평가결과와 해석을 오용해서는 안 되고, 다른 사람들이 평
가도구를 개발하고, 출판 또는 사용함에 있어서 정보를 오용하지 않도록
적절한 조치를 한다.

(4) 상담심리사는, 검사결과에 따른 상담심리사들의 해석 및 권유의 근거에
대한, 내담자들의 알 권리를 존중한다.

(5) 상담심리사는 규정된 전문적 관계 안에서만 평가, 진단, 서비스, 혹은 개
입을 한다.

(6) 상담심리사의 평가, 추천, 보고, 그리고 심리적 진단이나 평가 진술은 적
절한 증거 제공이 가능한 정보와 기술에 바탕을 둔다.

나. 검사를 사용하고 해석하는 능력

(1) 상담심리사는 자신의 능력의 한계를 알고, 훈련받은 검사와 평가만을 수
행해야 한다. 또한 상담심리사는 지도감독자로부터, 적합한 심리검사 도

구를 제대로 이용하는지의 여부를 평가받아야 한다.

(2) 컴퓨터를 이용한 검사를 활용하는 상담심리사는, 원 평가 도구에 대해 훈련받아야 한다.

(3) 수기로 하든지, 컴퓨터를 사용하든지, 상담심리사는 평가 도구의 채점, 해석과 사용, 응용에 대한 책임이 있다.

(4) 상담심리사는 타당도와 신뢰도, 검사에 대한 연구 및 검사지의 개발과 사용에 관한 지침 등 교육 · 심리적 측정에 대해 철저하게 이해하고 있어야 한다.

(5) 상담심리사는 평가 도구나 방법에 대해 언급할 때, 정확한 정보를 제공하고 오해가 없도록 해야 한다. 지능지수나 점수 등이 근거 없는 의미를 내포하지 않도록 특별한 노력을 기울여야 한다.

(6) 상담심리사는 심리 평가를 무자격자에게 맡겨서는 안 된다.

다. 사전 동의

(1) 평가 전에 내담자의 동의를 미리 얻지 않았다면, 상담심리사는 그 평가의 특성과 목적, 그리고 결과의 구체적인 사용에 대해 내담자가 이해할 수 있는 말로 설명해야 한다. 채점이나 해석이 상담심리사나 보조원에 의해서 되든, 아니면 컴퓨터나 기타 외부 서비스 기관에 의해서 이루어지든지, 상담심리사는 내담자에게 적절한 설명을 하도록 조치를 취해야 한다.

(2) 내담자의 복지, 이해 능력, 그리고 사전 동의에 따라 검사 결과의 수령인을 결정짓는다. 상담심리사는 어떤 개인 혹은 집단 검사결과를 제공할 때 정확하고 적절한 해석을 함께 제공하여야 한다.

라. 유능한 전문가에게 정보 공개하기

(1) 상담심리사는 검사 결과나 해석을 포함한 평가 결과를 오용해서는 안 되

며, 다른 사람들의 오용을 막기 위한 적절한 조치를 취한다.

(2) 상담심리사는 특별한 경우를 제외하고는, 내담자나 내담자가 위임한 법적 대리인의 동의가 있을 경우에만 그 내담자의 신분이 드러날 만한 자료(예를 들면, 계약서, 상담이나 인터뷰 기록, 혹은 설문지)를 공개한다. 그와 같은 자료는 그 자료를 해석할 만한 능력이 있다고 상담심리사가 인정하는 전문가에게만 공개되어야 한다.

마. 검사의 선택

(1) 상담심리사는 심리검사를 선택할 때 타당도, 신뢰도, 검사의 적절성, 제한점 등을 신중히 고려한다.

(2) 상담심리사는 다문화 집단을 위한 검사를 선택할 때, 사회화된 행동과 인지 양식을 고려하지 않은 부적절한 검사를 피할 수 있도록 주의한다.

바. 검사 시행의 조건

(1) 상담심리사는 표준화된 조건과 동일한 조건에서 검사를 시행한다. 검사가 표준화된 조건에서 시행되지 않거나, 검사 시간에 비정상적인 행동이 발생할 경우, 그러한 내용을 기록해야 하고, 그 검사 결과는 무효 처리하거나 타당성을 의심할 수 있다.

(2) 상담심리사는 컴퓨터나 다른 전자식 방법을 사용하였을 때, 시행 프로그램이 내담자에게 정확한 결과를 적절히 제공하도록 보장할 책임이 있다.

(3) 인사, 생활지도, 상담활동에 주로 활용되는 검사결과가 유의미하기 위해서는 검사내용에 대한 선수지도나 내용을 언급하면 안 된다. 그러므로 검사지를 안전하게 보호하는 것도 상담심리사의 책임이다.

사. 검사 점수화와 해석, 진단

(1) 상담심리사는 검사 시행과 해석에 있어서 나이, 인종, 문화, 장애, 민족,

성, 종교, 성적 기호, 그리고 사회경제적 지위의 영향을 고려하고, 다른 관련 요인들과 통합 비교하여 검사 결과를 해석한다.

(2) 상담심리사는 기술적 자료가 불충분한 평가 도구의 경우 그 결과를 해석할 때 신중해야 한다. 그러한 도구를 사용하는 특정한 목적을 내담자에게 명백히 알려 주어야 한다.

(3) 정신 장애를 진단하기 위해서 상담심리사는 특별한 관심을 가져야 한다. 내담자에 대한 치료 장소, 치료 유형, 또는 후속조치를 결정하기 위한 개인 면담 및 평가방법을 주의 깊게 선택하고 사용한다.

(4) 상담심리사는 내담자의 문제를 정의할 때, 내담자가 속한 문화의 영향을 받는다는 것을 인지한다. 내담자의 정신 장애를 진단할 때 사회경제적 및 문화적 경험을 고려해야 한다.

아. 검사의 안전성

(1) 상담심리사는 공인된 검사 또는 일부를 발행자의 허가 없이 사용, 재발행, 수정하지 않는다.

(2) 상담심리사는 시대에 뒤진 자료나 검사 결과를 사용하지 않는다. 다른 사람이 쓸모없는 측정이나 검사 자료를 사용하지 않도록 상담심리사는 도와준다.

8. 윤리문제 해결

가. 윤리위원회와 협력

(1) 상담심리사는 본 윤리강령 및 적용 가능한 타 윤리강령을 숙지해야 할 의무가 있다. 윤리적 기준에 대해 모르고 있거나, 잘못 이해하고 있다는 사

실이 비윤리적 행위에 대한 근거가 되지는 못한다.

(2) 상담심리사는 윤리강령의 시행 과정을 돕는다. 상담심리사는 윤리강령을 위반한 것으로 지목되는 사람들에 대해 윤리 위원회의 조사, 요청, 소송 절차에 협력한다.

나. 위반

(1) 상담심리사가 윤리적으로 행동하는지에 대한 의구심을 유발하는 근거가 있을 때, 윤리 위원회는 적절한 조치를 취할 수 있다.

(2) 특정 상황이나 조치가 윤리강령에 위반되는지 불분명할 경우, 상담심리사는 윤리강령에 대해 지식이 있는 다른 상담심리사, 해당 권위자 및 윤리위원회의 자문을 구한다.

(3) 소속 기관 및 단체와 본 윤리강령 간에 갈등이 있을 경우, 상담심리사는 갈등의 본질을 명확히 하고, 소속 기관 및 단체에 윤리강령을 알려서 이를 준수하는 방향으로 해결책을 찾도록 한다.

(4) 다른 상담심리사의 윤리위반에 대해 비공식적인 해결이 가장 적절한 개입으로 여겨질 경우에는, 당사자에게 보고하여 해결하려는 시도를 한다.

(5) 명백한 윤리강령 위반이 비공식적인 방법으로 해결되지 않거나, 그 방법이 부적절하다면 윤리위원회에 위임한다.

9. 회원의 의무

본 학회의 정회원, 준회원 및 종신회원은 상담심리사 자격을 취득하기 이전이라 할 지라도 예비상담심리사로서 본 윤리강령을 준수할 의무가 있다.

부 칙

(1) 본 윤리강령은 2003년 5월 17일부터 시행한다.

(2) 본 윤리강령은 학회 명칭과 상담전문가 명칭을 변경함에 따라 해당되는 용어를 수정하여 2004년 4월 17일자부터 시행한다.

(3) 본 개정 윤리강령은 2009년 11월 21일부터 시행한다.

4 한국상담심리학회 윤리강령 시행세칙

제1조(목적)

이 시행세칙은 한국 심리학회 산하 한국 상담심리학회의 상담심리사 윤리강령을 실행하는 데 필요한 윤리위원회의 조직, 기능 및 활동에 관한 제반사항을 규정함을 목적으로 한다.

제2조(위원회의 구성)

1. 윤리위원회는 위원장을 포함하여 7명의 위원으로 구성된다.
2. 위원장은 학회장에 의해 임명되며 이사회의 동의를 받아야 한다. 위원장의 임기는 2년이며, 1회 연임할 수 있다.
3. 위원장은 나머지 6명의 윤리위원을 학회장의 동의를 받아 선임하며 임기는 2년이다. 단 동시에 윤리위원이 교체되는 것을 피하기 위해 과반수 위원의 임기가 서로 1년간 겹치도록 선임한다.
4. 위원장은 위원직에 공석이 생길 경우 위와 동일한 방법으로 학회장의 동의를 받아 선임하며, 이 경우 위원은 남은 임기를 채운다.

제3조(위원회의 기능)

윤리위원회는 다음 각 호의 사항을 수행한다.
1. 학회 윤리강령의 교육
2. 학회 윤리강령과 시행세칙의 심의 · 수정

3. 다음 각 호에 해당되는 윤리강령 위반 행위에 대한 접수 · 처리 · 의결

    ① 현재 본 학회의 회원

    ② 위반혐의 발생 당시 본 학회 회원

    ③ 본 학회에 등록된 기관 회원 혹은 단체

제4조(위원장 및 위원의 직무)

1. 위원장의 직무

    ① 학회 회원에 대한 제소 접수

    ② 제소 내용의 사실 여부 및 윤리강령 위반 여부, 그리고 위원회의 조사 여부 결정

    ③ 제소인과 피소인에게 제소 건 통지

    ④ 윤리위원들에게 제소 건을 알림

    ⑤ 제소인, 피소인, 그 외 관련된 사람들에게 추가정보 요청

    ⑥ 위원회의 회의 주재

    ⑦ 제소인과 피소인에게 위원회 결정사항 통지

    ⑧ 학회 보조로 법률자문

    ⑨ 제소 건 진행시 권리행사를 회피하는 위원이 있어 의결정족수가 미달 될 경우, 해당사건 종결 시까지 다른 위원을 임시 지명

2. 위원의 직무

    ① 제소 내용에 대한 공정하고 신속한 처리

    ② 비밀 유지 및 업무와 관련된 개인과 기관의 권리 보호

    ③ 회원의 위반사실에 대한 정보를 접했을 경우 조사하여 제소여부 결정

제5조(제소 건 처리절차)

1. 제소인의 서명이 있는 문서화된 제소 건만을 접수한다.

2. 제소된 문건은 학회 또는 윤리위원회로 보내져야 하며, 문건에는 제소인 · 피소인, 그 외 관련자 등의 인적사항, 제소 내용 등이 포함되어야 한다.

3. 피소인의 신분을 확인한 후 정식 제소장의 사본을 제소인에게 보낸다. 피소인이 회원이 아닐 경우에는 제소인에게 그 사실을 통지해 준다.

4. 위원장은 제소 내용의 사실 여부, 사실일 경우 윤리강령의 위반 여부와 적절한 결정의 가능 여부를 결정한다. 만약 제소 건이 윤리강령을 위반하지 않았다고 판단되거나, 제소 내용이 인정되어도 적절한 결정이 불가능하다고 판단될 경우, 이 사실을 제소인에게 통지해 준다.

5. 정보가 불충분하여 제소 건의 처리 · 결정이 불가능할 경우, 필요한 정보를 더 요청할 수 있다. 이때 제소인과 관련자들은 요청일로부터 20일 내에 응답해야 한다.

6. 제소인의 서명이 있는 정식 제소장이 접수되면 피소인에게 피소통지서를 발송한다. 여기에는 윤리강령, 시행세칙, 기타 증거자료들이 포함된다. 피소인은 피소통지서를 받고 20일 이내에 서면으로 제소 건에 관련된 증거자료를 제출해야 한다.

7. 피소인은 피소통지서를 받은 후 30일 내에 청문회를 요청할 수 있다. 피소인은 청문회를 요구할 권리를 포기할 수 있고 그 경우 권리 포기각서에 서명해야 하며 이는 fax로도 가능하다.

8. 위원회는 적절한 이유가 있을 때 심사를 연기할 수 있다. 피소인도 적절한 이유가 있을 때 서면으로 심사 연기를 요청할 수 있다.

9. 위원회는 피소인으로부터 회답을 받은 15일 이후에 회의를 소집하고, 제소 내용과 답신, 관련자료 등을 검토하여 윤리강령 위반 사실의 여부를 결정한다.

10. 위원회는 심의 후에 해당 제소 건의 기각 여부를 결정할 수 있다.

11. 제소인과 피소인이 제소 내용에 대해 합의할 경우 위원회의 조사 및 징계

절차는 중단된다. 그러나 제소 관련 사실이나 증거들이 윤리강령에 명백히 위배된다고 판단될 경우에는 윤리위원회 직권으로 피소인에 대한 조사, 청문 및 징계 절차를 진행시켜 그 결과를 공지한다.

12. 위 모든 연락사항은 e-mail로 가능하며 그 내용을 반드시 문서화하여 보관한다.

제6조(청문 절차)

1. 피소인의 윤리강령 위반 여부와 위반 정도를 판단하기 위하여, 윤리위원회에 제소된 내용에 관한 청문 절차를 진행할 수 있다.

2. 청문회에는 윤리위원장을 포함한 전체 재적 윤리위원들의 과반수가 참석해야 한다. 필요에 따라 제소인, 피소인, 증인, 대리인, 기타 참고인 등의 출석을 요구할 수 있다. 이때 청문회 출석자들의 상호 대면으로 인한 사생활 침해 등의 피해를 막기 위해 각별히 주의해야 한다.

3. 출석 고지

   ① 피소인에 대한 출석 고지는 청문회 개최 15일 전에 출석요구서를 우편 발송함으로써 효력이 발생한다. 출석요구서에는 출석 요구 사유, 개최 일시, 장소, 진행 절차, 피소인의 권리 등에 관한 내용이 포함된다.

   ② 기타 관계자에 대한 출석 고지는 청문회 개최 전 서면 또는 유무선으로 할 수 있다. 이 경우 위원회는 청문회 개최 전까지 청문회 출석동의를 받아야 한다.

4. 피소인의 권리

   ① 피소인은 윤리위원회의 청문회 출석 요구에 가능한 한 참가해야 하며 참석하지 못할 경우 제출된 증거자료로 회의가 진행된다.

   ② 피소인은 참고인이나 증인을 대동하거나 대리 출석시킬 수 있으며, 이 경우 청문회 개최 3일 전까지 윤리위원회에 서면 또는 유무선으로 통

보하여 윤리위원장의 동의를 얻어야 한다.

5. 청문회의 실시

① 장소: 청문회장에는 윤리위원회가 허용하지 않는 사람의 접근을 금하며, 개최장소는 비밀유지가 가능한 곳이어야 한다.

② 기록: 모든 청문 내용은 녹음되어야 한다.

③ 범위: 청문회 출석 윤리위원들의 질의내용은 제소된 사실의 확인 및 추가정보의 획득에 초점을 맞춘다

6. 피소인을 포함한 모든 청문회 참석자들은 청문회에서 다음과 같은 권리를 지닌다.

① 자신에게 불리한 질의에 답변하지 않을 권리

② 자신에게 유리한 증거나 증언을 자유롭게 제시할 수 있는 권리

③ 추가적인 청문회 개최를 요구할 수 있는 권리

7. 청문회 종료 선언 및 고지: 위원회는 청문회의 개최 목적이 충분히 달성되었다고 판단될 경우 청문회의 종료를 선언하고, 이를 7일 내에 관련자들에게 알려 주어야 한다.

제7조(징계의 절차)

윤리위원장은 청문회와는 별도로 다음과 같이 피소인에 대한 징계회의를 소집할 수 있다.

1. 징계회의에는 윤리위원장을 포함한 전체 재적 윤리위원의 2/3 이상이 참석해야 한다.

2. 윤리위원장은 징계회의에서 제소 내용, 제소에 따른 조사 및 청문 절차, 결과 등을 보고한다.

3. 징계 결정은 다음의 절차를 따른다. ① 제소 내용, 조사 내용, 청문 결과 등을 토대로 자유토론 후 징계 여부와 징계 내용을 결정한 다. ② 징계 여부

와 징계 내용에 대한 만장일치가 이루어지지 않을 경우 무기명 자유투표를 실시하 며, 그 결과 출석위원 2/3 이상이 찬성한 안을 채택한다. ③ 징계 내용 중 영구 자격박탈은 참석한 위원의 만장일치 합의로 결정되며, 자격의 일시정지 는 자격 회복의 요건, 방법, 절차 등을 동시에 결정하여야 한다.

4. 윤리위원장은 제소의 내용, 조사와 청문의 진행절차 및 결과, 윤리강령 위반 항목, 징계결정의 취지 등을 포함한 징계내용을 7일 내에 한국 상담심리 학회장에게 보고해야 한다.

제8조(징계의 종류)

징계의 종류는 경징계(경고 및 견책)와 중징계(자격정지 및 자격 영구박탈)로 나누며, 징계 받은 피소인은 제소인의 심리적 및 신체적 건강의 회복을 위해 적극 협조해야 한다.

1. 경고
2. 견책 학회가 인정하는 상담심리사에게 최소 6개월 동안 25회 이상의 개인 상담을 받아야 한다.
3. 상담심리사(1급, 2급) 자격 정지 2년 이상 및 학회가 인정하는 상담심리사 에게 최소 1년 동안 50회 이상의 개인상담을 받아야 한다.
4. 상담심리사(1급, 2급) 자격 영구박탈

제9조(결정사항 통지)

1. 위원회는 청문회 종료 후 20일 내에 위원회의 결정사항과 피소자의 재심 청구 권리에 관한 내용을 공증 받아서 우편으로 발송한다.
2. 최종결정이 내려진 후 위원장은 학회장에게 피소인에 대한 징계 종류를 보고한다. 경징계의 경우에는 학회장에게만 보고하고, 자격정지 또는 자

격박탈의 중징계인 경우에는 학회장에게 보고 후 위반한 윤리 강령의 조항과 제재 내용을 학회 홈페이지, 뉴스레터, 관련학회, 유관기관 등에 통보하거나 발표하도록 건의한다.

3. 중징계의 경우에는 전문가 수첩에서 제재 내용을 확인할 수 있도록 조치한다.

제10조(재심 청구)

1. 위원회가 조사와 청문의 절차 및 방침을 위반한 경우나, 위원회가 제소인과 피소인으로부터 제공된 자료에 근거하지 않고 임의로 결정한 경우에 재심을 청구할 수 있다.

2. 위 항에 해당되는 피소인은 위원회의 결정을 통지받은 후 10일 내에 위원회에 서면으로 재심을 청구할 수 있다. 피소인이 재심청구를 포기한 경우 위원회는 재심청구기간 만료와 동시에 그 결정을 확정한다.

3. 재심을 청구한 날부터 재심이 종료될 때까지 위원회의 결정은 자동적으로 유예된다.

4. 학회장은 현재의 윤리위원장을 위원장으로 하는 재심 위원 5인을 새로 구성하여 임명한다.

5. 재심 위원들은 기존의 심사과정에서 사용된 모든 자료들을 검토하여 60일 내에 2/3 이상의 찬성으로 결정한다. 이 경우 재심 위원의 결정은 다음 경우로만 제한한다.

① 위원회의 결정에 동의하는 경우
② 위원회의 결정에는 동의하나 징계의 종류에는 반대하여 반송하는 경우
③ 위원회가 결정한 사안에 대해 재고를 권고하는 경우

6. 재심위원회는 제소인과 피소인에게 그 내용을 서면으로 통지하고, 필요한 경우 제소인과 피소인에게 추가정보를 요청할 수 있다. 이 경우 재심위원

들은 청문회 없이 결정을 내리게 된다.

7. 재심 결정이 윤리위원회의 결정과 같을 경우, 더 이상의 청문회나 재심은 없다.

제11조(기록)

제소 건에 관련된 위원회의 기록에 대해서는 철저히 비밀을 유지하며, 특히 청문회를 개최한 경우에는 필히 녹음된 자료를 5년간 보관한다.

제12조(제소 건에 관한 법적 조치)

1. 제소 건과 관련해 다른 어떤 형식의(민사 또는 형사) 법적 조치가 취해졌을 경우 제소인이나 피소된 회원은 위원회에 통지해야 한다.

2. 정식 접수된 제소 건에 관련된 심의는 어떤 형식이든 그 제소 건에 관한 모든 법적 조치가 취해질 때까지 보류된다. 만일 같은 제소 건이 아닐 경우, 위원회는 심의절차의 보류여부에 관한 법적인 자문을 구한다.

3. 만일 제소 건의 심의가 유예되면, 이를 제소인과 피소된 회원에게 통지한다.

4. 법적 조치가 종결되고 난 후 제소 건이 다시 진행될 때는, 제소인과 피소된 회원에게 이를 통지한다.

제13조(징계 말소 및 자격 회복 절차)

1. 견책 및 2년 이상의 자격정지 처분을 받은 상담심리사가 자격회복을 신청하는 경우에는 자격회복을 위한 소정양식(신청서, 상담자의 소견서 등)을 윤리위원회에 제출하여 심사를 받아야 한다.

2. 윤리위원회의 심사결과 과반수 이상의 찬성으로 자격을 회복할 수 있다.

제14조(임의탈퇴)

1. 본회에서 탈퇴를 원하는 회원은 문서로 탈퇴서를 제출하여야 하고, 탈퇴서가 수락되는 대로 이를 수락한다. 단, 윤리위원회에 제소된 회원의 경우 상황이 종료될 때까지 임의탈퇴는 보류될 수 있다.

부 칙

(1) 2004년 9월 1일이 제정된 시행세칙안은 2005년 9월 28일 윤리위원회의 의결로 개정되었으며 본 개정안은 2005년 10월 10일부터 시행한다.
(2) 본 시행세칙의 개정은 윤리위원장의 제안과 윤리위원회의 의결로 시행한다.
(3) 본 시행세칙에 미비한 사항은 윤리위원회의 의결로서 시행한다.

5 한국상담심리학회 연구윤리규정

제1장 총칙

제1조(명칭)

본 규정은 한국상담심리학회 학술지 '한국심리학회지: 상담 및 심리치료' 의 "연구윤리규정" 이라 칭한다.

제2조(목적)

본 규정은 한국상담심리학회에서 발간하는 학술지 '한국심리학회지: 상담 및 심리치료' 에 투고된 논문과 관련하여 연구윤리를 확립하고 연구윤리 검증에 관한 사항을 정하는 것을 목적으로 한다.

제3조(적용 대상)

본 규정은 한국상담심리학회에서 발간하는 학술지 '한국심리학회지: 상담 및 심리치료' 에 투고된 논문에 적용한다.

제4조(연구윤리 위반)

연구의 윤리성과 진실성에 위배되는 행위로, 본 연구윤리규정의 범위를 심각하게 벗어난 행위를 말한다.

제5조(심의)

한국상담심리학회 학술윤리위원회에서는 본 규정을 심의한다.

제2장 연구윤리규정

제6조(학문의 자유와 사회적 책임)

연구에 종사하는 연구자는 학문의 자유에 대한 기본권을 가지며, 그에 따른 다음과 같은 사회적 책임과 의무를 가진다.

1. 사상, 종교, 나이, 성별 및 사회적 계층과 문화가 다른 집단의 학문적 업적에 대하여 편견 없이 인정하여야 한다.
2. 자신의 연구에 대한 비판에 개방적이고, 자신의 지식에 대하여 끊임없이 회의하는 자세를 가져야 한다.
3. 자신의 주장을 반박하는 설득력 있는 증거를 발견하면, 자신의 오류를 수정하려는 자세를 가져야 한다.
4. 새로운 연구 문제, 사고 체계 및 접근법에 대하여 편견 없이 검토하여야 한다.

제7조(기관의 승인)

연구수행 시 기관의 승인이 요구될 때, 연구자는 연구를 수행하기 전에 연구계획에 대한 정확한 정보를 제공하고 승인을 얻는다. 또한 승인된 연구계획안대로 연구를 수행하여야 한다.

제8조(연구참여자에 대한 책임)

연구자는 연구참여자에 대해 다음과 같은 책임을 가진다.

1. 연구참여자의 인격, 사생활을 침해받지 않을 개인의 권리와 자기결정권을 존중한다.
2. 연구참여자의 안전과 복지를 보장하기 위한 조처를 하고, 위험에 노출되지 않도록 하여야 한다.
3. 연구참여자에게 심리적, 신체적 손상을 주어서는 아니 되며, 예상하지 못한 고통의 반응을 연구참여자가 보일 경우 연구를 즉시 중단하여야 한다.

제9조(연구 참여에 대한 동의)

① 연구 참여는 자유의지로 결정되어야 한다. 따라서 연구자는 연구참여자로부터 연구 참여에 대한 동의를 받아야 한다. 동의를 얻을 때에는 다음 사항을 알려주고, 이에 대해 질문하고 답을 들을 수 있는 기회를 제공한다. (단 미성년자의 경우 부모, 법적 보호자 또는 법적 대리인으로부터 동의를 받는다)

1. 연구의 목적, 예상되는 기간 및 절차
2. 연구에 참여하거나 중간에 그만둘 수 있는 권리
3. 연구 참여를 거부하거나 그만두었을 때 예상되는 결과
4. 참여 자발성에 영향 미칠 것으로 예상되는 잠재적 위험, 고통 또는 해로운 영향
5. 연구에 참여함으로써 얻을 수 있을 것으로 예상되는 이득
6. 비밀 보장의 한계
7. 참여에 대한 보상

② 실험 처치가 포함된 중재 연구를 수행하는 연구자는 연구 시작부터 참여자에게 다음 사항을 분명하게 알려 준다.

1. 실험 처치의 본질
2. 통제집단에게 이용할 수 있거나 또는 이용할 수 없게 될 서비스
3. 처치집단 또는 통제집단에의 할당 방법

4. 개인이 연구에 참여하고 싶지 않거나, 연구가 이미 시작된 후 그만두고
   싶어 할 경우 이용 가능한 처치 대안

5. 연구 참여에 대한 보상이나 금전적인 대가

제10조(연구를 위한 음성 및 영상 기록에 대한 동의)

연구자는 자료 수집을 위하여 연구참여자의 음성이나 영상이 필요한 경우에
는 기록하기 전에 연구참여자로부터 동의를 받아야 하는데, 다음의 경우는 예
외로 한다.

1. 연구의 내용이 공공장소에서 자연 관찰하는 것이거나, 그 기록이 개인의
   정체를 밝히거나 해를 끼치는 데 사용될 것으로 예상되지 않을 경우

2. 연구 설계에 속이기가 포함되어 있어서, 기록 후에 기록 사용에 대한 동의
   를 얻어야 하는 경우

제11조(내담자/환자, 학생 등 연구자에게 의존적인 참여자)

① 연구자가 내담자/환자, 학생 등 자신에게 의존적인 사람을 대상으로 연구
   를 수행할 때에는, 연구자는 이들이 참여를 거부하거나 그만둘 경우에 가
   지게 될 해로운 결과로부터 이들을 보호하는 조처를 한다.

② 연구 참여가 수강 과목의 필수사항이거나 추가 학점을 받을 수 있는 기회
   가 될 경우, 수강학생에게 다른 대안적 활동을 제공하여 학생 스스로 선택
   할 수 있도록 한다.

제12조(연구 동의 면제)

연구자는 다음 경우에 연구참여자로부터 동의를 받지 않을 수 있다.

1. 연구가 고통을 주거나 해를 끼치지 않을 것으로 판단되는 경우

   (1) 교육 장면에서 수행되는 교육 실무, 교과과정 또는 교실 운영 방법에

대한 연구

(2) 연구참여자의 반응 노출이 참여자들을 형사상 또는 민사상 책임의 위험에 놓이지 않게 하거나, 재정 상태, 고용가능성 또는 평판에 손상을 입히지 않으며, 비밀이 보장되는 익명의 질문지, 자연관찰 또는 자료수집 연구

(3) 조직 장면에서 수행되는 직업이나 조직 효율성에 관련된 요인들에 대한 연구로, 참여자의 고용 가능성에 위험이 되지 않고, 비밀이 보장되는 경우

2. 국가의 법률 또는 기관의 규칙에 의해 허용되는 경우

제13조(연구 참여에 대한 보상)

① 연구자는 연구 참여에 대해 적절한 정도의 보상을 한다. 그러나 연구 참여를 강요하게 될 정도로 지나치게 부적절한 금전적 또는 기타의 보상을 제공하지 않는다.

② 연구 참여에 대한 보상으로 전문적 서비스를 제공할 시, 연구자는 그 서비스의 본질뿐만 아니라, 위험, 의무, 한계를 분명히 하여야 한다.

제14조(연구에서 속이기)

① 연구자는 속이기 기법을 사용하는 것이 연구에서 예상되는 과학적, 교육적, 혹은 응용 가치에 의해서 정당한 사유가 되고, 또한 속임수를 쓰지 않는 효과적인 대안적 절차들이 가능하지 않다고 결정한 경우를 제외하고는 속임수가 포함된 연구를 수행하지 않는다.

② 연구자는 연구에 참여할 사람들에게 신체적 통증이나 심한 정서적 고통을 일으킬 수도 있다는 정보를 알려 주고 속이지 않는다.

③ 연구자는 실험에 포함된 속임수를 가능한 빨리, 가급적이면 연구 참여가

끝났을 때, 아니면 늦어도 자료수집이 완료되기 전에 설명함으로써, 참여자들에게 자신의 실험 자료를 철회할 수 있는 기회를 준다.

제15조(연구참여자에 대한 사후보고)

① 연구자는 연구참여자들에게 연구의 본질, 결과 및 결론에 대한 정보를 제공하는 것이 과학적 가치와 인간적 가치를 손상시키지 않는 한, 연구참여자들이 이에 대한 정보를 얻을 수 있는 기회를 제공한다.

② 연구자는 연구절차가 참여자들에게 피해를 입혔다는 것을 알게 되면, 즉시 그 피해를 최소화하기 위한 조처를 취하고, 차후 연구에서 같은 절차가 포함된다면 이를 수정해서 설계해야 한다.

제16조(동물의 인도적인 보호와 사용)

심리학 연구에서 동물실험은 불가피할 수 있다. 그러나 연구자의 기본 의무는 생명을 존중하는 것이므로 동물을 대상으로 연구할 때 다음과 같은 기준에 따라야 한다.

1. 연구를 위해 동물실험 이외의 대안적 방법이 없는지에 대해 신중히 생각하고, 대안이 없을 경우에만 동물을 대상으로 연구한다.

2. 동물실험은 과학적 지식을 얻기 위한 목적으로만 수행되어야 하며, 실험 방법, 사용하는 동물의 종, 동물의 수가 적절한지에 대해 심사숙고하여야 한다.

3. 현행 법률과 규정에 따라서 그리고 전문적 기준에 따라서 동물을 확보하고, 돌보고, 사용하며, 처리한다.

4. 동물 피험자의 고통, 통증 및 상해를 최소화하기 위해 노력한다.

5. 대안적인 절차 사용이 가능하지 않을 때에만, 그리고 그 목적이 과학적, 교육적 또는 응용 가치에 의해 정당화될 때에만 동물을 통증, 스트레스, 혹은

박탈 상황에 노출하는 절차를 사용할 수 있다.

제17조(연구결과 보고)

① 연구자는 존재하지 않는 데이터 또는 결과 등을 허위로 만들어 내거나(위조) 자료를 조작, 변형, 삭제하여 연구결과를 왜곡하는 행위(변조)를 하지 않는다.

② 연구자는 연구대상 개개인이 식별될 수 있는 자료는 익명화하여 보고하여야 한다.

③ 연구자는 연구결과가 내포하고 있는 사회적, 정치적, 인간적 함의에 대해 충분히 이해하고, 결과의 제시에 특별히 유의해야 한다. 그러나 이 원칙 때문에 연구자가 과학적 연구보고의 기준을 지킬 권리가 부인되는 것은 아니다.

④ 연구자는 출판된 자신의 자료에서 중대한 오류를 발견하면, 정정, 취소, 정오표 등 적절한 출판수단을 사용하여 오류를 바로잡기 위한 조처를 취한다.

제18조(표절)

① 연구자는 본인 연구의 고유성과 창의성을 지녀야 한다. 그렇지 않은 경우는 표절에 해당한다.

② 표절은 타인의 아이디어, 연구내용, 결과 등을 정당한 승인 또는 인용 없이 도용하는 행위를 말한다. 연구의 아이디어, 연구도구 및 한 문장까지 타인의 것에는 원저자와 출처를 명시하여야 하며, 그렇지 않는 경우는 표절로 간주한다. 자신의 이전 저작물에 대해서도 마찬가지로 출처를 밝혀야 한다.

③ 표절의 범위는 다음과 같이 규정한다.

1. 논문의 내용이 1/2 이상 동일한 경우는 표절로 간주한다. 즉, 동일 저자라
   도 두 논문에서 연구문제와 연구대상이 동일한 경우 표절로 간주한다.
2. 논문의 분석 자료가 동일하더라도 두 논문의 연구문제와 연구결과가 다를
   경우에는 표절로 간주하지 않는다. 단, 선행연구와 동일한 자료를 사용하
   였음을 밝혀야 한다.

제19조(출판 업적)

① 연구자는 자신이 실제로 수행하거나 공헌한 연구에 대해서만 저자로서의
   책임을 지며, 또한 업적으로 인정받는다.

② 논문이나 기타 출판 업적의 저자나 저자의 순서는 상대적 지위에 관계없
   이 연구에 기여한 정도를 상대적으로 정확하게 반영하여야 한다. 단순히
   어떤 직책에 있다고 해서 저자가 되거나 제 1 저자로서의 업적을 인정받
   는 것은 정당화되지 않는다. 연구나 저술에 대한 작은 기여는 각주, 서문,
   사의 등에서 적절하게 고마움을 표한다.

③ 예외적인 상황을 제외하고, 학생의 석사학위 또는 박사학위 논문을 토대
   로 한 여러 명의 공동 저술인 논문에서는 학생이 제1저자가 된다.

제20조(연구자료의 이중 출판)

국내외 출판을 막론하고 연구자는 이전에 출판된 자료(출판 예정이나 출판 심
사 중인 자료 포함)를 새로운 자료인 것처럼 출판하거나 출판을 시도하지 않는
다. 이미 발표된 자료를 사용하여 출판하고자할 때에는, 출판하고자 하는 저널
의 편집자에게 게재 요청 시에 이전 출판에 대한 정보를 제공하고 이중출판에
해당하는지 여부를 확인하여야 한다.

제21조(결과 재검증을 위한 연구자료 공유)

① 연구결과가 발표된 후, 다른 연구자가 재분석을 통해 발표된 결과를 재검증하기 위한 목적으로 연구 자료를 요청하면, 연구참여자에 대한 기밀이 보호될 수 있고, 또 소유한 자료에 대한 법적 권리가 자료 공개를 금하지 않는 한, 연구자는 자료를 제공한다.

② 전항에 의해 자료제공을 받은 연구자는 오로지 그 목적으로만 자료를 사용할 수 있으며, 그 외의 다른 목적으로 자료를 사용하고자 할 경우에는 사전에 서면 동의를 얻어야 한다.

제22조(심사)

투고논문, 학술발표원고, 연구계획서를 심사하는 연구자는 제출자와 제출내용에 대해 비밀을 유지하고 저자의 저작권도 존중한다.

제3장 연구윤리 위반 검증

제23조(연구윤리 위반 검증 책임주체)

① 제출된 모든 논문의 심사 및 출판 과정이 본 윤리 지침을 준수하였는지에 대하여 일차적으로 편집위원회가 검토한다.

② 편집위원회는 제출된 논문에서 윤리 심의가 필요한 경우, 학술윤리위원회에 심의를 요청한다.

③ 제출된 논문의 연구 전 과정 중에서 진실성이나 윤리성에 문제가 밝혀진 경우에는 저자 및 저자의 소속연구기관에 고지한다.

제24조(연구윤리 검증 원칙)

① 연구윤리규정 위반 사실 여부를 입증할 책임은 학술윤리위원회에 있다.

② 학술윤리위원회는 심의 요청자와 심의 대상자에게 의견진술, 이의제기 및 변론의 권리와 기회를 동등하게 보장하여야 하며 관련 절차를 사전에 알려 주어야 한다.

③ 본 학회는 학술윤리위원회가 부당한 압력이나 간섭을 받지 않고 독립성과 공정성을 유지할 수 있도록 노력하여야 한다.

제25조(연구윤리 검증 절차)

① 본 학술지에 이미 게재되었거나, 심사 중에 연구윤리 문제가 제기된 논문에 대해서 진위여부에 대한 심의는 학술윤리위원회가 담당한다.

② 학술윤리위원회는 접수된 안건에 대한 본격적인 심의에 착수하기 전에 논의를 통하여 자체심사 또는 심의위원회 구성과 관련한 외부 심의위원의 참여 여부 등 심의 절차를 결정할 수 있다.

③ 학술윤리위원회는 심의 대상자의 논문에 대한 충분한 검토를 거쳐 연구윤리 위반 여부를 결정한다. 이를 위해 학술윤리위원회는 필요시 심의 대상자, 심의 요청자, 문제가 제기된 논문의 심사위원 등을 면담할 수 있다. 심의 대상자가 위원회의 면담에 협조하지 않을 경우 연구윤리 위반으로 간주될 수 있다.

④ 학술윤리위원회는 심의대상자에게 충분한 소명기회를 부여한다.

⑤ 위원은 최종적인 결정이 내려질 때까지 심의 대상자와 제보자의 신분이나 회의 진행 사항 등을 외부에 공개하지 않는다.

⑥ 학술윤리위원회는 심의의 전 과정을 문서로 작성하고, 심의의 결정문은 학술윤리위원회 전원의 서명을 받아 보존한다.

제26조(연구윤리 검증 결과에 대한 후속조치)

① 학술윤리위원회는 연구윤리 위반에 대한 심의 결과를 심의 대상자 및 해당 연구기관에 통보하여야 한다.

② 심의 내용 및 결과의 합리성과 타당성에 문제가 있다고 판단되는 경우 추가적인 조사의 실시 또는 관련된 자료의 제출을 요구할 수 있다.

③ 연구윤리 위반이 확인된 저자 및 논문에 대해서 학술윤리위원회는 위반 행위 경중에 따라 다음과 같은 제재를 가한다.

1. 해당 학술지 논문목록 삭제

2. 논문투고자 향후 논문투고 금지(최소 3년 이상)

3. 본 학회 홈페이지 공지

4. 연구윤리 위반 가담자의 소속기관에 표절사실의 통보

5. 한국학술진흥재단에 해당 내용에 대한 세부사항 통보

부 칙

이 규정은 2008년 5월 17일부터 시행한다.

6 한국상담심리학회 연구진실성 심사 운영세칙

제1조(목적)

이 운영세칙은 심리학자의 연구윤리를 확립하고 연구부정행위를 사전에 예방하며, 연구 부정행위 발생 시 공정하고 체계적인 진실성 검증과 처리를 위한 심사 · 판정 등에 관한 사항을 규정한다.

제2조(연구부정행위에 대한 정의)

연구 부정행위라 함은 연구의 제안, 연구의 수행, 연구결과의 보고 및 발표 등에서 행하여진 주요부정행위(위조 · 변조 · 표절 · 이중출판)와 부적절행위를 말한다.

1. 주요부정행위

주요부정행위는 위조, 변조, 표절, 이중출판을 포함한다.

1) "위조"라 함은 존재하지 않는 자료(data) 또는 연구결과 등을 허위로 만들어 내는 행위이다.

2) "변조"라 함은 연구 재료 · 장비 · 과정 등을 인위적으로 조작하거나 자료(data)를 임의로 변형 · 삭제함으로써 연구 내용 또는 결과를 왜곡하는 행위이다.

3) "표절"이라 함은 이미 발표되거나 출간된 타인의 연구 내용 결과 등의 전부 또는 일부를 인용 없이 그대로 사용하거나, 다른 형태로 변화시켜 사용하는 경우이다. 이는 사용언어가 다른 경우에도 해당된다.

(1) 이미 발표되거나 출간된 타인의 연구 결과 중 핵심 개념의 전부 또는 일부를 인용없이 본인의 연구 개념처럼 발표·출간한 경우 표절에 해당한다. 이는 사용언어, 문장, 표현이 다른 경우에도 해당된다.

(2) 통상적으로 타인 논문에서 연속적으로 두 문장 이상을 인용 없이 동일하게 발췌·사용하는 경우 표절이다. 이는 사용언어가 다른 경우에도 해당된다.

(3) 타인이 기 발표한 연구 내용을 발췌하여 사용할 때에는 따옴표를 사용하여 인용하여야 한다. 단, 학술지에 따라 예외가 있을 수 있다.

(4) 기 발표된 타인의 연구 결과가 이미 교과서 또는 공개적 출판물에 게재된 아이디어, 사실, 공식, 기타 정보로서 일반적 지식으로 통용되는 경우 인용하지 않고 논문에 사용할 수 있다.

4) 이중출판

국내외 출판을 막론하고 심리학자는 이전에 출판된 연구결과(출판 예정이나 출판 심사중인 자료 포함)를 새로운 결과인 것처럼 출판하거나 출판을 시도하지 않는다. 이미 발표된 연구자료(data)나 결과를 사용하여 출판하고자할 때에는, 출판하고자 하는 학술지의 편집자에게 심사 요청 시에 이전 출판에 대한 정보를 제공하고 이중출판에 해당하는지 여부를 확인하여야 한다.

(1) 연구자 본인의 동일한 연구 결과를 인용표시 없이 동일 언어 또는 다른 언어로 중복하여 출간하는 경우, 이중출판으로 주요부정행위이다. 또한, 대부분의 연구 자료가 같거나 대부분의 문장이 같은 경우도 이중출판에 해당할 수 있다. 학위논문을 학술지논문으로 출판하는 경우는 예외로 한다.

(2) 학술지논문으로 발표된 연구결과들을 모아서 저서로 출간하는 경우는 이중출판에 해당하지 않는다. 단, 이 경우에도 기 발표된 출처를 명시하고 이미 발표된 결과들을 충실히 인용하여야 한다.

(3) 학술지에 실었던 논문내용을 대중서, 교양잡지 등에 쉽게 풀어 쓴 것은 이중출판에 해당하지 않는다. 그러나 이 경우 원출처를 명시하여야 한다.

(4) 연구자는 투고규정이 허용하는 범위에서 짧은 서간 형태(letter, brief communication등)의 논문을 출간할 수가 있다. 짧은 서간 논문을 출간한 후 긴 논문 을 추가 출간하는 경우나, 연구 자료를 추가하거나, 해석이 추가되거나, 자세한 연구수행과정 정보 등이 추가되는 경우는 이중출판에 해당하지 않는다.

(5) 이미 출판된 논문이나 책의 일부가 원저자의 승인하에 다른 편저자에 의해 선택되고 편집되어 선집(anthology)의 형태로 출판되거나 학술지의 특집호로 게재되는 경우 이중출판으로 간주하지 않는다.

(6) 동일한 연구 결과를 다른 언어로 다른 독자에게 소개할 때 원논문을 인용할 경우는 이중출판으로 간주하지 않는다.

(7) 동일한 연구를 다른 언어로 번역하여 투고하는 것은 이중출판으로 간주한다. 단, 다른 언어의 학술지에서 그 논문을 인지하고 그 편집장으로부터 사전 동의를 받아 해당언어로 번역하여 투고하는 경우는 이중출판으로 간주하지 않는다.

(8) 이미 출판한 학술지 논문이나 학술대회 발표집 혹은 심포지움 발표집 논문을 타 학술지에 게재하고자 하는 경우, 해당 학술지의 동의가 있으면 이중출판으로 간주하지 않는다. 단 이 경우 원논문을 인용해야 한다.

2. 부적절행위

주요부정행위처럼 직접 책임이 있는 심각한 행위는 아니지만, 결과적으로 책임 있는 연구수행을 방해하거나 위해하는 행위이다. 구체적으로는 아래의 각

호와 같다.

　1) 부당한 논문저자 표시

　　연구내용 또는 결과에 대하여 과학적·기술적 공헌 또는 기여를 한 사람에게 정당한 이유 없이 논문저자 자격을 부여하지 않거나 그렇지 않은 자에게 감사의 표시 또는 예우 등을 이유로 논문저자 자격을 부여하는 행위. 단순히 어떤 지위나 직책에 있다고 해서 저자가 되거나 제1저자로서 기재되는 것은 연구부적절행위이다.

　2) 조사방해 행위

　　본인 또는 타인의 부정행위 의혹에 대한 조사를 고의로 방해하거나 제보자에게 위해를 가하는 행위.

　3) 연구비 부당사용 및 연구결과 과장홍보

　4) 주요부정행위 교사·강요

　　타인에게 부정행위를 행할 것을 제안·강요하거나 협박하는 행위 등을 말한다.

　5) 주요연구부정행위로 인한 결과의 직접 인용

　　과거에 발생한 주요부정행위의 결과를 직접 인용하여 연구의 내용을 구성할 경우 부적절행위에 해당된다. 단 학회에서는 이러한 주요부정행위 논문이나 출판에 대해 회원들에게 충분히 공지하여야 한다.

제3조 출판 업적

1. 심리학자는 자신이 실제로 수행하거나 공헌한 연구에 대해서만 저자로서의 책임을 지며, 또한 업적으로 인정받는다.

2. 용어정의

　1) 주 저자(책임저자)는 주 연구자, 연구그룹장(팀장) 또는 실험실 책임자 등이 된다. 주 저자의 역할은 논문에 포함된 모든 자료를 확인하며 연구결

과물의 정당성에 대해 책임을 지는 일 그리고 논문원고 준비 동안에 공저자 간의 의견교환이 이루어지도록 하는 일도 맡는다. 주 저자는 제1저자, 공동저자, 또는 교신저자가 될 수 있고, 연구에 기여한 정도에 따라 저자명 기재의 순서를 정하기 위하여 저자들 간 합의를 도출한다. 2) 제1저자는 저자순서에서 제일 처음에 위치한 연구자로서 자료/정보를 만드는 데 중요한 역할을 하고 그 결과를 해석, 원고의 초안을 작성한자로 규정한다. 주 저자가 제1저자가 될 수도 있다.

3) 교신저자는 투고저자라고도 하며 학술지에 논문을 출판하기 위하여 원고를 제출하는 저자로 논문투고, 심사자와 교신역할을 하며, 연구물의 첫 장 각주에 교신저자의 연락처를 제시한다. 논문의 교신저자는 저자들 간 합의에 따라 주 저자, 제1저자, 또는 공동연구자가 할 수 있으며 학위논문에 기초한 경우 학생 또는 논문지도교수가 할 수 있다.

4) 교신저자가 주 저자가 아닌 경우에는 연구물의 첫 장 각주에 주저자의 연락처도 제시해야 한다.

5) 공동저자는 연구의 계획, 개념확립, 수행, 결과분석, 및 연구결과 작성 과정에서 중요한 연구정보를 상의하고 결론에 도달하는 데 기여한 자를 말한다.

3. 출판물에서 저자로 기재되는 경우는 학술적 · 전문적 기여가 있을 때에 한정된다. 작은 기여는 각주, 서문, 사의 등에서 적절하게 고마움을 표하는 것으로 한다.

4. 학술적 · 전문적 기여라 함은 실제로 글을 쓰거나 연구에 대한 상당한 기여를 의미한다. 상당한 기여는 가설이나 연구문제의 설정, 실험의 설계, 통계분석의 구조화 및 실시, 그 리고 결과해석을 포함하는 주요부분의 집필을 포함한다.

5. 예외적인 상황을 제외하고, 학생의 석사학위 또는 박사학위 논문을 실질

적 토대로 한 여러 명의 공동 저술인 논문에서는 학생이 제1저자가 된다. 단, 학위논문을 대폭수정 하거나 추가 경험자료를 수집하여 보완한 경우, 그리고 기타 예외적인 상황이 존재할 때는 그렇지 아니하다.

6. 학위논문의 축약본이나 일부를 출판할 경우 그러한 사항을 논문 첫 쪽의 각주에 명시한다.

제4조(절차에 대한 정의)

1. "제보자"라 함은 연구부정행위를 인지한 사실 또는 관련 증거를 상벌 및 윤리위원회에 알린 자를 말한다.

2. "피조사자"라 함은 제보 또는 상벌 및 윤리위원회의 인지에 의하여 연구부정행위의 조사 대상이 된 자 또는 조사 수행 과정에서 연구부정행위에 가담한 것으로 추정되어 조사의 대상이 된 자를 말한다.

3. "예비조사"라 함은 연구부정행위의 혐의에 대하여 본 상벌 및 윤리위원회가 조사할 필요가 있는지 여부를 결정하기 위하여 필요한 절차를 말한다.

4. "본 조사"라 함은 연구부정행위의 혐의에 대한 사실 여부를 파악하기 위한 절차를 말한다.

5. "판정"이라 함은 본 조사를 완결하고, 결과에 대한 처리를 제보자와 피조사자에게 문서로써 통보하는 절차를 말한다.

제5조(적용범위)

이 세칙은 한국심리학회 회원이 발표하는 출판물에 대하여 적용한다. 단, 이 세칙이 발효되는 시점 이후의 출판물에 국한하여 적용한다.

제6조(적용절차)

1. 제보 또는 상벌 및 윤리위원회의 인지에 의해서 혐의가 접수된 지 15일 이

내에 상벌 및 윤리위원장은 예비조사를 위해서 연구진실성예비조사위원회(이하 "예비조사위원회")를 구성한다.

2. 예비조사 결과로 본조사의 필요가 결정되면, 10일 이내에 상벌 및 윤리위원장은 연구진 실성 본조사위원회(이하 "본조사위원회")를 구성한다.

3. 본조사위원회로부터 본조사완결보고서를 접수한 후 상벌 및 윤리위원회에서 최종 판정 과 조치를 결정하면, 상벌 및 윤리위원장은 1주일 이내에 판정사항을 관계자(제보자, 기고자) 및 필요한 경우 해당기관에 알린다.

4. 예비조사 착수 이후 판정에 이르기까지의 모든 일정은 6개월 이내에 종료되어야 한다.

제7조(예비조사위원회)

이 규정은 2008년 5월 17일부터 시행한다.

1. (구성)위원회는 위원장 1인을 포함한 6인의 위원으로 구성한다. 위원은 상벌 및 윤리위 원회에서 선정하며 위원장은 위원 중 호선한다.

2. (위원장)위원장은 위원회를 대표하고, 회의를 주재하며, 부득이한 사유로 직무를 수행할 수 없는 때에는 위원장이 미리 지명한 위원이 그 직무를 대행한다.

3. (회의)

1) 위원장은 위원회의 회의를 소집하고 그 의장이 된다.

2) 회의는 재적위원 과반수 이상의 출석과 출석위원 3분의 2 이상의 찬성으로 의결한다.

3) 회의는 심의안건에 따라 가능한 경우 전자우편 또는 서면심의로 대체할 수 있다.

4) 위원회에서 필요하다고 인정될 때에는 위원이 아닌 자를 출석케 하여 의견을 청취할 수 있다.

제8조(연구부정행위 제보 및 접수)

1. 제보자는 상벌 및 윤리위원회에 구술·서면·전화·전자우편 등 가능한 모든 방법으로 제보할 수 있으며 실명으로 제보함을 원칙으로 한다. 다만, 익명으로 제보하고자 할 경우 서면 또는 전자우편으로 연구과제명 또는 논문 명 및 구체적인 연구부정행위의 내용과 증거를 제출하여야 한다.
2. 제보자의 신분에 대한 비밀보장은 철저히 한다.
3. 제보 내용이 허위인 줄 알았거나 알 수 있었음에도 불구하고 이를 신고한 제보자는 보호 대상에 포함되지 않는다.

제9조(예비조사의 기간 및 방법)

1. 예비조사는 제보·인지의 접수일로부터 15일 이내에 착수하고, 조사시작일로부터 30일 이내에 예비조사 결과보고서를 상벌 및 윤리위원장에게 제출함으로써 완료한다.
2. 예비조사에서는 다음 각 호의 사항에 대한 검토를 실시한다.
   1) 제보내용이 본 학회의 연구진실성 심사 운영세칙 제2조가 정한 연구부정행위에 해당하는지 여부
   2) 제보내용이 구체성과 명확성을 갖추어 본 조사를 실시할 필요성과 실익이 있는지 여부

제10조(예비조사 결과보고서)

예비조사 결과보고서에는 다음 각 호의 내용이 포함되어야 한다.
1. 제보의 구체적인 내용
2. 조사의 대상이 된 연구 부정행위 혐의
3. 본 조사 실시 여부 및 판단의 근거
4. 기타 관련 증거 자료

제11조(예비조사 결정)

예비조사에서 결정한 본 조사 실시 여부에 대한 구체적 사유를 결 정일로부터 10일 이내에 제보자에게 문서로서 통보한다. 단, 익명 제보의 경우에는 그러하지 않다.

제12조(본 조사 착수 및 기간)

1. 예비조사 완료 후 30일 이내에 착수되어야 하며, 이 기간 동안 본조사위원회를 구성하 여야 한다.
2. 본 조사는 조사시작일로부터 60일 이내에 완료하도록 한다.
3. 조사위원회가 제2항의 기간 내에 조사를 완료할 수 없다고 판단될 경우 위원회에 그 사유를 설명하고 조사기간의 연장을 요청할 수 있다.
4. 본 조사위원회는 본 조사 결과보고서를 상벌 및 윤리위원장에게 제출함으로써 임무를 완료한다.

제13조(본조사위원회의 구성)

1. 본조사위원회는 상벌 및 윤리위원회가 한국심리학회 편집위원회 혹은 관련 분과학회와 공조하여 6인 이상의 위원으로 구성한다.
2. 조사위원회에는 해당 연구 분야의 전문적인 지식 및 경험이 풍부한 자를 3인 이상 포함한다.
3. 위원장은 위원 중에서 호선한다.
4. 당해 조사 사안과 이해관계가 있는 자를 조사위원회에 포함시켜서는 아니 된다.

제14조(출석 및 자료제출 요구)

1. 본조사위원회는 제보자·피조사자·증인 및 참고인에 대하여 진술을 위

한 출석을 요구할 수 있다.

2. 본조사위원회는 피조사자에게 자료의 제출을 요구할 수 있다.

3. 제1항 및 제2항의 출석요구와 자료제출요구를 받은 피조사자는 반드시 이에 응하여야 한다.

제15조(예비조사 또는 본 조사에서 제보자와 피조사자의 권리 보호 및 비밀 엄수)

1. 어떠한 경우에도 제보자의 신원을 직 · 간접적으로 노출시켜서는 안 되며, 제보자의 성명은 반드시 필요한 경우가 아니면 제보자 보호 차원에서 조사결과 보고서에 포함하지 아니한다.

2. 연구 부정행위 여부에 대한 검증이 완료될 때까지 피조사자의 명예나 권리가 침해되지 않도록 주의하여야 하며, 무혐의로 판명된 피조사자의 명예회복을 위해 노력하여야 한다.

3. 제보 · 조사 · 심의 · 의결 및 판정 등 조사와 관련된 일체의 사항은 비밀로 하며, 조사에 직 · 간접적으로 참여한 자 및 관련 위원은 조사 및 직무수행 과정에서 취득한 모든 정보에 대하여 누설하여서는 아니 된다. 다만, 정당한 사유에 따른 공개의 필요성이 있는 경우에는 해당 위원회의 의결을 거쳐 공개할 수 있다.

제16조(본 조사에서 제척 · 기피 및 회피)

1. 위원이 당해 안건과 직접적인 이해관계가 있는 경우에는 그 조사에서 제척된다.

2. 본 조사위원회는 직권 또는 당사자의 신청에 의하여 제척의 결정을 한다.

3. 본 조사위원에게 조사수행의 공정을 기대하기 어려운 사정이 있는 경우에는 제보자와 피조사자는 기피신청을 할 수 있다. 다만, 동일한 사안에 대하

여 2인 이상의 위원을 기피할 수 없다.

4. 본 조사위원은 제1항 또는 제3항의 사유가 있는 때에는 위원장의 허가를 얻어 회피할 수 있다.

제17조(본 조사에서 이의제기 및 변론의 권리 보장)

본 조사위원회는 제보자와 피조사자에게 의견진술, 이의제기 및 변론의 권리와 기회를 동등하게 보장하여야 한다.

제18조(본조사결과보고서의 제출)

1. 본조사위원회는 의견진술, 이의제기 및 변론내용 등을 토대로 본조사결과보고서를 작성하여 상벌 및 윤리위원장에게 제출한다.

2. 본 조사 결과보고서에는 다음 각 호의 사항이 포함되어야 한다.

　　1) 제보 내용

　　2) 조사의 대상이 된 부정행위 혐의 및 관련 연구물

　　3) 해당 연구물에서의 피조사자의 역할과 혐의의 사실 여부

4) 관련 증거 및 증인

5) 조사결과에 대한 제보자와 피조사자의 이의제기 또는 변론 내용과 그에 대한 처리결과

6) 연구 부정행위 여부에 대한 결론 및 판정/조치에 대한 추천

7) 조사위원 명단 및 서명

제18조(판정 및 조치)

1. 상벌 및 윤리위원장은 본조사결과보고서를 제출받아 연구부정행위가 있는 경우, 15일 이내에 상벌 및 윤리위원회를 소집하여 판정 및 조치를 결정한다

2. 연구 부정행위 해당논문은 학술지 논문목록에서 삭제되고, 해당저자(들)은 1-3년간 한 국심리학회 산하 학술지에 투고를 금지한다. 또한 학회 회원 자격 여부(회원자격 박탈, 회원자격정지, 자격(면허) 상실, 자격(면허)정지)에 대한 징계를 할 수 있다.

제19조(기록의 보관 및 공개)

1. 예비조사 및 본조사와 관련된 기록은 상벌 및 윤리위원회에서 보관하며, 조사 종료 이후 5년간 보관하여야 한다.
2. 본 조사 결과보고서는 판정이 끝난 이후에 공개할 수 있으나, 제보자·조사위원·증인·참고 인·자문에 참여한 자의 명단 등 신원과 관련된 정보에 대해서는 당사자에게 불이익을 줄 가능성이 있을 경우 공개대상에서 제외할 수 있다

부칙: 본 연구진실성 심사 운영 세칙은 2009년 2월 25일부터 실시한다.
- 본 개정 시행세칙은 2005년 4월 16일부터 시행한다.
- 본 개정 시행세칙은 2007년 3월 17일부터 시행한다.
- 본 개정 시행세칙은 2007년 10월 20일부터 시행한다.
- 본 개정 시행세칙은 2009년 6월 20일부터 시행한다. 단, 〈제7조 수련과정 및 내용〉 2항 상담심리사 2급(상담심리사)의 8)은 2010년 하계수련과정 이수자부터 적용한다.

찾아보기

인 명

◈ 저자 소개

최해림
이화여자대학교 대학원 상담심리 전공 박사
서강대학교 심리학과 교수 역임
해인심리상담소 소장

이수용
계명대학교 대학원 교육학과 상담심리전공 박사
계명문화대학 사회복지상담과 명예교수
대한심리상담센터 원장

금명자
서울대학교 대학원 상담심리 전공 박사
대구대학교 심리학과 교수

유영권
미국 밴더빌트 대학교 대학원 기독교상담 전공 박사
연세대학교 연합신학대학원 상담학과 교수
연세대학교 상담센터 소장

안현의
미국 위스콘신 주립대학교 대학원 상담심리 전공 박사
이화여자대학교 심리학과 교수

전문적 상담 현장의 윤리

2010년 12월 28일 1판 1쇄 발행
2024년   9월 25일 1판 7쇄 발행

엮은이 • 한국상담심리학회
지은이 • 최해림 · 이수용 · 금명자 · 유영권 · 안현의
펴낸이 • 김 진 환
펴낸곳 • (주) **학지사**
　　　　　04031 서울특별시 마포구 양화로 15길 20 마인드월드빌딩 5층
대표전화 • 02) 330-5114　　　팩스 • 02) 324-2345
등록번호 • 제313-2006-000265호
홈페이지 • http://www.hakjisa.co.kr
인스타그램 • https://www.instagram.com/hakjisabook

ISBN 978-89-6330-596-7 93180

정가 **14,000**원

출판미디어기업 **학지사**

간호보건의학출판 **학지사메디컬** www.hakjisamd.co.kr
심리검사연구소 **인싸이트** www.inpsyt.co.kr
학술논문서비스 **뉴논문** www.newnonmun.com
원격교육연수원 **카운피아** www.counpia.com
대학교재전자책플랫폼 **캠퍼스북** www.campusbook.co.kr